国家出版基金项目
NATIONAL PUBLICATION FOUNDATION

新时代外国语言文学
新发展研究丛书

总主编　罗选民　庄智象

功能语言学新发展研究

Functional Linguistics: New Perspectives and Development

刘承宇　苏　杭／著

清华大学出版社
北　京

内 容 简 介

本书全面探讨了功能语言学的发展历程、理论框架、研究方法及其应用。全书分为五部分，第1章"概述"回顾了功能语言学的历史发展，特别是近十年的脉络；第2、第3章为"理论"部分，深入介绍系统功能语言学的核心概念及理论研究新进展。第4章"方法"部分分析了功能语言学的研究方法，并预测其未来趋势，涉及跨学科研究、语料库应用、语言科学等多个领域；第5、第6章展示了功能语言学在不同领域的"应用"，特别强调了在中国的应用研究；第7、第8章"总结"功能语言学在理论、方法、应用上的新发展，并进行评述与预测，涵盖适用语言学、生态语言学、语言类型学等多个研究方向。本书为功能语言学的学术研究和实践应用提供了全面的视角和深入的分析。

图书在版编目（CIP）数据

功能语言学新发展研究 / 刘承宇，苏杭著. —北京：清华大学出版社，2023.12
（新时代外国语言文学新发展研究丛书）
ISBN 978-7-302-57386-9

Ⅰ.①功… Ⅱ.①刘…②苏… Ⅲ.①功能（语言学）—研究 Ⅳ.① H0

中国版本图书馆 CIP 数据核字（2021）第 020261 号

策划编辑：郝建华
责任编辑：曹诗悦
封面设计：黄华斌
责任校对：王凤芝
责任印制：丛怀宇

出版发行：清华大学出版社
　　　网　　址：https://www.tup.com.cn，https://www.wqxuetang.com
　　　地　　址：北京清华大学学研大厦 A 座　　邮　编：100084
　　　社 总 机：010-83470000　　　　　　邮　购：010-62786544
　　　投稿与读者服务：010-62776969，c-service@tup.tsinghua.edu.cn
　　　质量反馈：010-62772015，zhiliang@tup.tsinghua.edu.cn
印　刷　者：大厂回族自治县彩虹印刷有限公司
装　订　者：三河市启晨纸制品加工有限公司
经　　销：全国新华书店
开　　本：155mm×230mm　　印　张：18.25　　字　数：258 千字
版　　次：2023 年 12 月第 1 版　　印　次：2023 年 12 月第 1 次印刷
定　　价：118.00 元

产品编号：088153-01

总　　序

外国语言文学是我国人文社会科学的一个重要组成部分。自 1862 年同文馆始建，我国的外国语言文学学科已历经一百五十余年。一百多年来，外国语言文学学科一直伴随着国家的发展、社会的变迁而发展壮大，推动了社会的进步，促进了政治、经济、文化、教育、科技、外交等各项事业的发展，增强了与国际社会的交流、沟通与合作，每个发展阶段无不体现出时代的要求和特征。

20 世纪之前，中国语言研究的关注点主要在语文学和训诂学层面，由于"字"研究是核心，缺乏区分词类的语法标准，语法分析经常是拿孤立词的意义作为基本标准。1898 年诞生了中国第一部语法著作《马氏文通》，尽管"字"研究仍然占据主导地位，但该书宣告了语法作为独立学科的存在，预示着语言学这块待开垦的土地即将迎来生机盎然的新纪元。1919 年，反帝反封建的"五四运动"掀起了中国新文化运动的浪潮，语言文学研究（包括外国语言文学研究）得到蓬勃发展。中华人民共和国成立后，尤其是改革开放以来，外国语言文学学科的发展势头持续迅猛。至 20 世纪末，学术体系日臻完善，研究理念、方法、手段等日趋科学、先进，几乎达到与国际研究领先水平同频共振的程度，取得了令人瞩目的成绩，有力地推动和促进了人文社会科学的建设，并支持和服务于改革开放和各项事业的发展。

无独有偶，在处于转型时期的"五四运动"前后，翻译成为显学，成为了解外国文化、思想、教育、科技、政治和社会的重要途径和窗口，成为改造旧中国的利器。在那个时期，翻译家由边缘走向中国的学术中心，一批著名思想家、翻译家，通过对外国语言文学的文献和作品的译介塑造了中国现代性，其学术贡献彪炳史册，为中国学术培育做出了重大贡献。许多西方学术理论、学科都是经过翻译才得以为中国高校所熟悉和接受，如王国维翻译教育学和农学的基础读本、吴宓翻译哈佛大学白璧德的新人文主义美学作品等。这些翻译文本从一个侧面促成了中国高等教育学科体系的发展和完善，社会学、人类学、民俗学、美学、教育学等，几乎都是在这一时期得以创建和发展的。翻译服务对于文化交流交融和促进文明互鉴，功不可没，而翻译学也在经历了语文学、语言学、文化学等转向之后，日趋成熟，如今在让中国了解世界、让世界了解中国，尤其是"一带一路"建设、人类命运共同体构建，讲好中国故事、传递好中国声音等方面承担着重要使命与责任，任重而道远。

20 世纪初，外国文学深刻地影响了中国现代文学的形成，犹如鲁迅所言，要学普罗米修斯，为中国的旧文学窃来"天国之火"，发出中国文学革命的呐喊，在直面人生、救治心灵、改造社会方面起到不可替代的作用。大量的外国先进文化也因此传入中国，为塑造中国现代性发挥了重大作用。从清末开始特别是"五四运动"以来，外国文学的引进和译介蔚然成风。经过几代翻译家和学者的持续努力，在翻译、评论、研究、教学等诸多方面成果累累。改革开放之后，外国文学研究更是进入繁荣时代，对外国作家及其作品的研究逐渐深化，在外国文学史的研究和著述方面越来越成熟，在文学理论与文学批评的译介和研究方面、在不断创新国外文学思想潮流中，基本上与欧美学术界同步进展。

外国文学翻译与研究的重大意义，在于展示了世界各国文学的优秀传统，在文学主题深化、表现形式多样化、题材类型丰富化、批评方法论的借鉴等方面显示出生机与活力，显著地启发了中国文学界不断形成新的文学观，使中国现当代文学创作获得了丰富的艺术资源，同时也有力地推动了高校相关领域学术研究的开展。

进入 21 世纪，中国的外国语言学研究得到了空前的发展，不仅及时引进了西方语言学研究的最新成果，还将这些理论运用到汉语研究的实践；不仅有介绍、评价，也有批评，更有审辨性的借鉴和吸收。英语、汉语比较研究得到空前重视，成绩卓著，"两张皮"现象得到很大改善。此外，在心理语言学、神经语言学和认知语言学等与当代科学技术联系紧密的学科领域，外国语言学学者充当了排头兵，与世界分享语言学研究的新成果和新发现。一些外语教学的先进理念和语言政策的研究成果为国家制定外语教育政策和发展战略也做出了积极的贡献。

习近平总书记指出："要着力推进国际传播能力建设，创新对外宣传方式，加强话语体系建设，着力打造融通中外的新概念新范畴新表述，讲好中国故事，传播好中国声音，增强在国际上的话语权。"为贯彻这一要求，教育部近期提出要全面推进新工科、新医科、新农科、新文科等建设。新文科概念正式得到国家教育部门的认可，并被赋予新的内涵和定位，即以全球新技术革命、新经济发展、中国特色社会主义新时代为背景，突破传统的文科思维模式与文科建构体系，创建与新时代、新思想、新科技、新文化相呼应的新文科理论框架和研究范式。新文科具备传统文科和跨学科的特点，注重科学技术、战略创新和融合发展，立足中国，面向世界。

新文科建设理念对外国语言文学学科建设提出了新目标、新任务、新要求、新格局。具体而言，新文科旗帜下的外国语言文学学科的发展目标是：服务国家教育发展战略的知识体系框架，兼备迎接新科技革命的挑战能力，彰显人文学科与交叉学科的深度交融特点，夯实中外政治、文化、社会、历史等通识课程的建设，打通跨专业、跨领域的学习机制，确立多维立体互动教学模式。这些新文科要素将助推新文科精神、内涵、理念得以彻底贯彻落实到教育实践中，为国家培养出更多具有融合创新的专业能力，具有国际化视野，理解和通晓对象国人文、历史、地理、语言的人文社科领域外语人才。

进入新时代，我国外国语言文学的教育、教学和研究发生了巨大变化，无论是理论的探索和创新，方法的探讨和应用，还是具体的实验和实践，都成绩斐然。回顾、总结、梳理和提炼一个年代的学术发展，尤其是从理论、方法和实践等几个层面展开研究，更有其学科和学术价值及现实和深远意义。

鉴于上述理念和思考，我们策划、组织、编写了这套"新时代外国语言文学新发展研究丛书"，旨在分析和归纳近十年来我国外国语言文学学科重大理论的构建、研究领域的探索、核心议题的研讨、研究方法的探讨，以及各领域成果在我国的应用与实践，发现目前研究中存在的主要不足，为外国语言文学学科发展提出可资借鉴的建议。我们希望本丛书的出版，能够帮助该领域的研究者、学习者和爱好者了解和掌握学科前沿的最新发展成果，熟悉并了解现状，知晓存在的问题，探索发展趋势和路径，从而助力中国学者构建融通中外的话语体系，用学术成果来阐述中国故事，最终产生能屹立于世界学术之林的中国学派！

　　本丛书由中国英汉语比较研究会联合上海时代教育出版研究中心组织研发，由研究会下属 29 个二级分支机构协同创新、共同打造而成。罗选民和庄智象审阅了全部书稿提纲；研究会秘书处聘请了二十余位专家对书稿提纲逐一复审和批改；黄国文终审并批改了大部分书稿提纲。本丛书的作者大都是知名学者或中青年骨干，接受过严格的学术训练，有很好的学术造诣，并在各自的研究领域有丰硕的科研成果，他们所承担的著作也分别都是迄今该领域动员资源最多的科研项目之一。本丛书主要包括"外国语言学""外国文学""翻译学""比较文学与跨文化研究"和"国别和区域研究"五个领域，集中反映和展示各自领域的最新理论、方法和实践的研究成果，每部著作内容涵盖理论界定、研究范畴、研究视角、研究方法、研究范式，同时也提出存在的问题，指明发展的前景。总之，本丛书基于外国语言文学学科的五个主要方向，借助基础研究与应用研究的有机契合、共时研究与历时研究的相辅相成、定量研究与定性研究的有效融合，科学系统地概括、总结、梳理、提炼近十年外国语言文学学科的发展历程、研究现状以及未来的发展趋势，为我国外国语言文学学科高质量建设与发展呈现可视性极强的研究成果，以期在提升国家软实力、构建人类命运共同体过程中承担起更重要的使命和责任。

　　感谢清华大学出版社和上海时代教育出版研究中心的大力支持。我们希望在研究会与出版社及研究中心的共同努力下，打造一套外国语言文学研究学术精品，向伟大的中国共产党建党一百周年献上一份诚挚的厚礼！

罗选民　庄智象

2021 年 6 月

前　言

本书为"新时代外国语言文学新发展研究丛书"之一，着重回顾和总结21世纪以来国内外系统功能语言学在理论、方法、应用三个方面的最新发展。

全书共分七章。第1章概述20世纪功能语言学的主要发展，着重介绍21世纪初功能语言学的发展情况和近十年功能语言学的发展脉络。第2章介绍系统、层级、元功能、语境、选择与盖然率等系统功能语言学的核心概念和表述。第3章围绕适用语言学、评价系统、多模态、生态语言学、语义发生学、语言类型学、语法隐喻、功能句法学等话题介绍功能语言学理论研究的新发展。第4章概述功能语言学研究方法及其发展，包括元功能、评价系统、多模态、语法隐喻等话题，以及适用语言学、生态话语分析、功能语言学应用研究等领域；探讨了功能语言学研究方法的未来走向，内容包括跨学科/超学科研究、语料库与功能语言学、认知科学与功能语言学、功能认知观、加的夫语法的个体认知观、认知语言学与功能语言学的互补性、多模态话语分析、语言类型学研究等。第5章从功能语篇分析、功能语言学与文体学、功能语言学与外语教学、功能语言学与翻译研究、系统功能语言学与自然语言处理等方面介绍了功能语言学的应用研究。第6章着重概述了中国语境下的功能语言学应用研究，内容涵盖功能语言学的中国渊源、功能语言学中国化的挑战与机遇、汉语功能语法、功能语言学与中国外语教学、功能语言学与中国医疗保健研究等话题。第7章概述功能语言学在理论、方法、应用三个方面的新发展，进而尝试对这些新发展进行评述。第8章对功能语言学发展趋势进行预测与研判，包括适用语言学、生态语言学、语言类型学、跨学科/超学科研究、系统功能音系学、系统功能字系学、功能语言学与自然语言处理等多个方面。

本书由刘承宇和苏杭负责全书整体框架设计，各章内容分别由以下人员撰写：第 1 章 "功能语言学学科发展概览"由刘承宇撰写；第 2 章 "功能语言学核心概念和表述"由向大军撰写；第 3 章 "功能语言学理论研究新发展"各节分别由苏杭（3.1 节、3.3 节）、汤洪波（3.2 节、3.8 节）、伍小琴（3.4 节）、李淑晶（3.5 节）、刘承宇（3.6 节）、黄磊（3.7 节）、向大军（3.9 节）撰写初稿，苏杭统稿；第 4 章 "功能语言学研究方法概述"各节分别由赵常友（4.2.1 节）、苏杭（4.2.2 节、4.3.1 节、4.3.2 节、4.3.3 节）、伍小琴（4.2.3 节、4.3.4 节）、汤洪波（4.2.4 节、4.2.6 节）、李淑晶（4.1 节、4.4 节）、单菲菲（4.2.7 节）、向大军（4.3.5 节）、黄磊（4.2.5 节）撰写初稿，李淑晶统稿；第 5 章 "功能语言学应用研究"各节分别由向大军（5.1 节、5.5 节）、赵常友（5.2 节、5.3 节）、单菲菲（5.4 节）、苏杭（5.6 节）撰写初稿，向大军统稿；第 6 章 "中国语境下的功能语言学研究"各节分别由刘承宇（6.1 节、6.3 节）、赵常友（6.2 节）、向大军（6.4 节）、单菲菲（6.5 节）撰写初稿，苏杭、刘承宇统稿；第 7 章 "功能语言学新发展：概述与评价"各节分别由苏杭（7.1 节、7.2 节）、刘承宇（7.3 节、7.4 节）撰写初稿并统稿；第 8 章 "功能语言学发展趋势：预测与研判"各节分别由刘承宇（8.1 节、8.9 节）、汤洪波（8.2 节）、李淑晶（8.3 节）、黄磊（8.4 节）、苏杭（8.5 节）、徐微（8.6 节）、向大军（8.7 节）、苏杭（8.8 节）撰写初稿，刘承宇统稿。全书内容由刘承宇、苏杭最终统稿、审校。

　　功能语言学从 20 世纪 50 年代开始产生以来，在国内外经历了 70 余年的发展历程，理论体系博大精深，应用领域广泛丰富。本书聚焦其在 21 世纪以来的新发展。由于头绪纷繁，内容繁多，难免挂一漏万，总结概述难免主观片面，请各位专家学者批评指正。

刘承宇

2023 年 11 月

目　　录

图 目 录

表 目 录

第 1 章
功能语言学学科发展概览

　　当代语言学主要采用形式主义和功能主义两种研究路径。形式主义认为，语言的形式和意义可以切割开来，语言研究的中心任务是探讨语法成分之间的形式关系，而不需要涉及这些成分的语义和语用性质；功能主义则认为，语言的形式与意义无法截然分开，语言研究不但要研究音系、字系、词汇、语法、语义等语言的本体，而且还要关注情景、社会、话语、语篇等语言使用的环境因素（黄国文、辛志英，2012）。功能语言学采用功能主义的研究路径，具有悠久的历史传统，在 20 世纪下半叶以来则以系统功能语言学作为其最重要的代表。

　　系统功能语言学从 20 世纪 60 年代初创立以来，经历了多个发展阶段，到 20 世纪 80 年代理论体系基本完备，进入不断发展和完善阶段，同时扩展到世界上多个国家，被广泛运用于句法研究、话语分析、语言教育、多模态话语分析等众多研究领域，成为当代语言学研究中最重要的一个学术流派。

　　系统功能语言学理论从 20 世纪 70 年代末、80 年代初被介绍到中国以后，得到学界的关注，发展迅速。胡壮麟等（1989，2005）较为系统全面地介绍了系统功能语言学理论。在此之后，方琰、任绍曾、朱永生、张德禄、杨忠、杨信彰等一大批系统功能语言学者长期致力于该学科理论在中国的传播与发展，出版了许多经典学术论著，组织召开了系列学术会议，培养了一大批系统功能语言学研究学者，极大地推动了该学科理论在中国的发展壮大，并在国际学术界也产生了一定的影响。

　　进入 21 世纪后，系统功能语言学理论在中国继续得到应用和拓展，其中最为突出的发展包括：（1）系统功能语言学视域下的语篇分析，包括多模态话语分析（如黄国文，2004；张德禄，2009a，2015）；（2）基于系统功能语言学（尤其是加的夫语法）的功能句法分析（如何伟、廖楚燕，2008；黄国文，2008；黄国文、冯捷蕴，2002；张德禄，2011）；（3）系统功能语言学视域下的翻译研究（如黄国文，2012a，2012b，2019；司显柱，2004）；（4）评价系统理论的引介与应用（如李战子，2001；王振华，2001，2004；杨信彰，2003）；（5）语法隐喻研究的不断深入（如丛迎旭，2014；范文芳，2001；胡壮麟，2004；刘承宇，2015；杨炳钧，2019；杨延宁，2020）；（6）生态语言学研究（如何伟、魏榕，2017，2018a，2018b；何伟、张瑞杰，2017；黄国文，2016b，2017）；（7）汉语的系统功能学研究（如彭宣维，2012；杨延宁，2020）等。

本章将首先综述 20 世纪功能语言学的主要发展，然后概述 21 世纪初功能语言学的发展（2000—2009），最后介绍近年功能语言学的发展脉络（2010—2019），为后续综览新时代功能语言学在我国的新发展提供理论背景和铺垫。

1.1　20 世纪功能语言学发展综述

系统功能语言学的创始人为英国语言学家韩礼德（Michael Halliday）。自 20 世纪 60 年代初创立以来，韩礼德的系统功能语言学理论经历了阶与范畴语法（如 Halliday，1961）、系统语法（如 Halliday，1966a，1966b）、系统功能语法（Halliday，1967/1968）和语言作为社会符号（如 Halliday，1978）等四个发展阶段（黄国文、辛志英，2012）。在此之后，韩礼德的系统功能语言学理论框架一直相对较为稳定（如 Halliday，1985，1994a；Halliday & Matthiessen，1999，2004，2014；Matthiessen，1996）。

与此同时，众多语言学家在将系统功能语言学理论运用于句法分析

（如 Fawcett, 1980, 2008）、话语分析（如 de Beaugrande, 1991）、语篇
分析（如 Halliday & Hasan, 1985；Hasan, 1984, 2005, 2012；Martin,
1992a；Martin & Rose, 2003；Martin & White, 2005）、体裁分析（如
Halliday & Hasan, 1985；Martin, 2000, 2001；Martin & Rose, 2008）、
评价系统（Martin & White, 2005b）、语言教育（如 Halliday, 2007b；
Hasan, 2011；Martin, 2012b）、自然语言处理（如 Bateman, 1990；
Bateman & Paris, 1991；Fawcett, 1980, 2008；Fawcett et al., 1993；
Halliday, 1995/2005；Halliday & Matthiessen, 1999, 2014；Matthiessen,
1990；Matthiessen & Bateman, 1991；Patten, 1988；Teich, 1999）的同时，
也在不断对该学科理论进行改进和完善。

1.2　21 世纪初功能语言学的发展

　　世纪之交，Halliday & Matthiessen（1999）提出"通过表意识解
经验"的观点，形成了基于语言看认知的研究范式，开启了系统功能
语言学研究的认知转向。这种趋势在进入 21 世纪后出版的《功能语法
导论》第 3 版（Halliday & Matthiessen, 2004）和第 4 版（Halliday &
Matthiessen, 2014）中得到持续体现，同时将这种认知机制及其所产
生的词汇语法及语篇结构与语义发生（semogenesis）联系起来进行
考察。另外，Halliday（2006）将系统功能语言学界定为一种"适用
语言学"（Appliable Linguistics）理论，开启了功能语言学研究的新
阶段。

　　Martin 等人从篇章语义学（discourse semantics）的角度，进一步
丰富和拓展了韩礼德的系统功能语言学理论，除了将语境层细化为文化
语境和情景语境，将其分别与语类（genre）和语域（register）对应之
外，还发展了韩礼德的人际意义，将其上升到语篇意义层面，通过对
评价性语言的系统研究，提出了评价系统（Appraisal System）（Martin,
1992a, 2000；Martin & Rose, 2003/2007；Maritn & White, 2005）。

与此同时，多模态研究作为社会符号学的一个应用型分支在这一时期应运而生，研究成果日渐丰硕，研究对象包括：（1）绘画、雕塑、建筑等（O'Toole，1994）；（2）视觉图像、颜色语法以及报纸的版面设计和不同媒介的作用等（Kress & van Leeuwen，1996/2006，2001）；（3）科技语篇和超文本的多模态特征（Lemke，1998，2000，2002，2009）；（4）数学语篇中的多模态现象、多模态技术等（O'Halloran，2000，2004，2005，2007）；（5）不同符号在多模态话语中的互补性（Royce，2002）等。

与此相应，国内系统功能语言学界也迅速跟进，介绍、阐释和运用国外同期的最新成果，并将其运用于翻译研究（黄国文，2002a，2002b，2003b，2004，2005，2009a，2009b；司显柱，2004，2005a，2005b，2008）、汉语语法研究（彭宣维，2011）、多模态语篇分析（张德禄，2009a，2009b，2009c）等。

1.3　近十年功能语言学的发展脉络

最近十年，国外系统功能语言学进一步发展，拓展系统功能语言学的应用范围，如 Bowcher & Smith（2014）追述了系统音系学的近期发展，Ngo et al.（2021）采用系统功能语言学描写肢体语言（body language）并建构了肢体副语言的元功能分析框架，Rudge（2022）将系统功能语言学应用于描述英国手语（British sign language），Kim et al.（2022）探讨了系统功能语言学在翻译研究中的应用。此外，国际学术界也不断尝试将系统功能语言学应用于描写不同语言，建立了多语种的系统功能语法，如 Lavid et al.（2012）将系统功能语法应用于描写西班牙语，Thomson & Armour（2013）系统论述了日语功能语法，Banks（2017）发展了法语功能语法等。这些研究推动了系统功能语言学在理论和应用方面的纵深发展。

国内系统功能语言学界在继续追踪国际同行的最新研究成果的同时，

一方面进一步凸显其作为社会符号学与适用语言学的功能，将其运用于多种类型的语篇分析，包括司法话语（刘承宇、汤洪波，2021；汤洪波、刘承宇，2021；王振华、吴启竞，2017）、教育语篇（赖良涛，2018；2019；于晖，2018）、科技语篇（杨信彰，2011，2019）、多模态语篇（张德禄，2009b，2010，2017，2018a）等。另一方面，基于系统功能语言学理论，结合批评话语分析、积极话语分析以及基于中国传统文化和当代中国社会文化语境新创的和谐话语分析（黄国文，2018；赵蕊华、黄国文，2021）等研究范式，开创了生态语言学／生态话语分析（何伟、魏榕，2018c；何伟、张瑞杰，2017；黄国文，2017；黄国文、赵蕊华，2017）等。

其次，通过总结梳理系统功能语言学的中国渊源（胡壮麟，2018a）、马克思主义思想（何远秀，2016），以及语义发生学思想（肖祎、刘承宇，2014）、复杂自适应系统思想（谢翠平、刘承宇，2015）等，进一步丰富了系统功能语言学理论。

同时，针对中国社会文化语境，加强对汉语 [如 Yang（2022）和 Fang（2022）采用系统功能语言学理论框架分别考察了现代汉语的情态系统和名词词组] 及我国其他民族语言的研究（如王勇、徐杰，2011），推动系统功能语言学的本土化。

此外，依托计算机、互联网等现代科学技术，广泛开展跨学科／超学科研究，在基于语料库的系统功能语言学研究方面成就显著（如 He，2019；Hunston，2013；苏杭、卫乃兴，2017）。

1.4　小结

系统功能语言学作为一种社会符号学，同时关注作为语言潜势的语言系统及其在语境中的使用与功能。作为一种适用语言学，系统功能语言学高度关注语言的社会担当（social accountability），强调其可用于解决各种与社会有关的社会问题。该理论经过数十年的发展，已经成为 20 世纪下半叶以来最有影响力的一种语言学理论。进入新时代以来，我国系统功能语言学界及时跟踪国外相关领域的最新研究成果，结合当前我国社会文化语境，针对汉语及我国其他民族语言，广泛开展应用研究，推动系统功能语言学理论的本土化；总结梳理其核心概念和基础理论，推动系统功能语言学理论向深度和广度不断拓展；运用语料库及计算机、互联网等现代科学技术，开展跨学科／超学科研究，推动系统功能语言学研究方法和研究范式不断守正创新。

第2章
功能语言学核心概念和表述

2.1 引言

系统功能语言学理论强调从社会符号学视角，结合语境（包括情景语境与文化语境），研究语言系统及其使用与功能，其核心概念包括系统、阶与范畴、语言作为社会符号、层次、功能、语境、示例化、个体化等。本章将介绍这些核心概念，着重概述韩礼德等系统功能语言学者的表述与阐释，为后续概览我国新时代功能语言学的新发展奠定理论基础。

2.2 系统与层级

2.2.1 系统

在现代语言学理论中，Saussure（1915）最早提出语言系统的概念。此后，系统被大多数语言学家明确为语言的组合或结构。例如，Hjelmslev（1953）认为系统的底层为聚合关系，过程的底层为组合关系（胡壮麟等，2008）；Firth（1957）则把语言中的聚合关系称为系统，组合关系叫作结构。

Halliday关于系统概念的理论发展可划分为阶与范畴语法（scale and category grammar）、系统语法（systemic grammar）两个阶段。他认为，所谓系统，即由一系列特征组成的网络，该范畴主要用于阐释在一系列类似项目中为何出现这一个项目而非另一个项目（朱永生等，

2004）。系统是表征聚合组织的核心范畴，包括两个方面：一是两个或多个术语（term）之间的对比性陈述，表征为特征（feature）；二是入列条件（entry condition），入列条件可以是一个简单的特征，或特征复杂体（feature complex）。系统可以形成系统网络，系统的每一个术语可以有一个或多个体现陈述（realization statement）。从 20 世纪 70 年代开始，Halliday 把语言系统与构成语义层的概念、人际和语篇三大元功能结合起来，根据不同用途把语言进一步划分为若干个语义系统。每一个系统包括若干个语义成分，例如，概念功能对应及物性、语态和归一度系统，人际功能对应语气、情态和语调系统，语篇功能对应主位、信息和衔接系统，语言功能的系统网络系统如图 2-1 所示。而当系统的每一个步骤都实现后，便可产生语言结构。

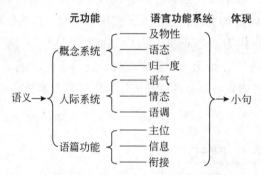

图 2-1　语言功能的系统网络（胡壮麟等，2017：45）

　　语言是人类使用最复杂、资源最强大、充满了各种意义潜势的表意系统（Halliday，2014），它在组合复杂性、聚合复杂性、层级复杂性、实现复杂性四个方面扩展其复杂性。这种复杂性可以用精密度来说明，其中聚合关系是系统理论的源泉（李战子、程子航，2008）。系统存在于音系层 / 字系层、词汇语法层、语篇语义层等所有语言层级。系统与语篇之间是相互作用、相互决定的，系统的存在是因为它是语篇的语义潜势，而语篇则是系统示例化的结果，两者的关系正如"天气"与"气候"的关系（Halliday，2014）。

　　语言的实际选择使用过程是说话者在特定语境下对语言系统潜势的示例化表征，这种选择并非任意，它至少受以下三个条件的制约：（1）语言系统本身；（2）所要表达的概念意义；（3）社会语境，包括说话者之间相互关系、交际意图、个体意库、文化差异等因素。系统的核心在于体验与意义，而这些都离不开在特定语境下对系统的选择，因此系统语法本质上也是功能语法。

2.2.2　层级

人类语言有诸多本质性特征，而其中最突出的有两个特征：元功能和层级化（Halliday，2014）。Halliday 的语言层级化理论（theory of stratification）受哥本哈根学派 Hjelmslev 两个平面的理论以及伦敦学派 Firth 系统学说的影响。

在 Halliday（1985，1994a，1999，2014）看来，语言是一个复杂的符号系统，包括多种层次或层级。语言本体从上到下至少包括语义层、词汇语法层和音系层三个层次（胡壮麟等，2008）。值得注意的是，在系统功能语言学中语法和词汇并非不同的层级，而是处于连续统的两端，称之为词汇语法（lexicogrammar）。在第 4 版《功能语法导论》中，Halliday & Matthiessen（2014）将语言进一步细化为语境层、语义层、词汇语法层、音位层、语音层五个层级；其中语义层和词汇语法层为内容层面（content plane），音位层和语音层为表达层面（expression plane），如图 2–2 所示。

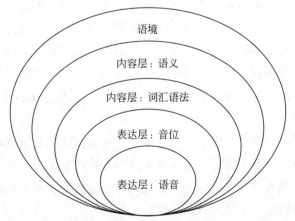

图 2–2　层级化语言 (Halliday & Matthiessen，2014：25)

9

Martin（2010b）认为，系统功能语言学过去 60 年中突出的贡献是对两个层级（hierarchy）和两种互补的研究。前者指实现化（realization）与级阶（rank）；后者指元功能（metafunction）与纵横轴（axis）。语言各个层次之间的关系有三种：实现化（realization）、示例化（instantiation）与个体化（individuation），这三种层次关系都是研究语言范式的理论资源，而其中发展得最为成熟的是实现化关系（马丁、王振华，2008）。

实现化将语言的不同系统组织为不同意义层级的抽象化过程（a scale of abstraction），即一种意义形式体现为另一种意义形式。具体而言，对意义（语篇语义层）的选择体现于对形式（词汇语法层）的选择，对形式的选择又体现于对实体（音位层、语音层或字系层）的选择，高一级的层次由低一级的层次实现。每一个层次又分别对应一个系统，每一个系统的构成成分又都分为若干层次，如词汇语法层次由词素、单词、短语或词组、小句构成，音系系统的层次成分包括音素、音节、韵步、调群等。示例化在具有意义潜势的系统与语篇之间形成连续统，个体化则揭示文化意库与个体意库之间的意义潜势。三者结合形成了当下系统功能语言学理论针对系统、语篇以及语言使用者研究的"三驾马车"。

语言是一种特殊社会符号系统，它能够帮助人类识解赖以生存的社会。语言层级结构与系统通过三大元功能组织起来，而它本身也要通过语境（语言的外部功能）才得以体现。从 20 世纪 60 年代开始，韩礼德开始把研究重心转移到语境变量的分类以及这些变量有动因关系的语义结构上。具体而言，语境变量中的语场（field）激活的是语义系统中概念元功能，语旨（tenor）激活的是人际元功能，语式（mode）激活的是语篇元功能。

语言层级的概念是受意义驱动的，它可以将我们对语言本质的了解拓展到语言的外部，而在肯定成分关系为建构性意义资源的前提下，凸显另外一种建构性意义资源——实现化，很自然地实现了从对语言的结构主义认识到功能主义的语言释解的过渡。

2.3　元功能

Halliday 的系统功能语言学的功能范畴包含五层含义：（1）一般意义上的功能；（2）儿童原型语言中的微观功能；（3）过渡时期语言中的宏观功能；（4）元功能或纯理功能；（5）语法功能（朱永生、严世清，2001）。

Halliday（1978，1985，1999，2014）从"有机体之间"（interorganism），即社会符号学的视角来尝试探讨语言建构社会现实以及维系人际关系的运作模式，他将成人语言划分为概念元功能、人际元功能和语篇元功能三大元功能。所谓元功能或纯理功能是指这三种功能是高度抽象化、高度概括化的功能，它很难在语言中找到对应的形式项。语法功能则是指元功能在语言系统中词汇语法层的具体体现形式，是形式化的意义潜势的离散部分，即构成一个意义系统的起具体作用的语义成分（朱永生等，2004）。

概念元功能包括经验功能和逻辑功能，是指语言具有反映客观世界与主观世界中各种经验资源和潜势的功能，它在语言系统中主要通过及物性系统来体现。人际功能强调语言具有建立、维系与反映交际双方地位、身份、动机、态度和对事物的判断、推断、评价等社会关系的功能，它主要通过语气系统、情态系统、评价系统、指称系统来体现。语篇功能关注语言使本身前后连贯并与语域发生联系的功能，语篇功能的实现由主位结构、信息结构和衔接系统协同完成。Halliday 认为语篇是语言系统、社会成员、交际环境相互作用的某种媒介而非结果，具有将概念功能与人际功能统一化的使动功能，互动性是其本质特征，语义的动态性亦正源于此（严世清，2005）。身份建构依赖概念、人际和语篇三大元功能的共同发声（co-articulation）（Tann，2010）。

Halliday 的元功能思想无疑打上 Malinowski、Firth、Bühler 以及 Sapir、Whorf 等人的烙印，而最终根源在于他的语言观——语言是具有各种意义潜势的社会符号系统。正如 Halliday（1978：18）本人所言，功能理论关注社会现实的意义展开过程而非母语学习中所涉及的生物、心理过程。元功能理论将 Halliday 的系统思想、层级思想以及语域、语境等思想完整、有机地结合起来，为系统功能语言学得以持续不断地向前推进奠定了理论基础。

2.4　语境

系统功能语言学视语言为一个多层级的网络符号系统，它从社会符号学的视角阐释语言与意义之间的关系，认为语境制约着对语篇语义系统的选择，因此将语境范畴纳入系统功能语言学理论体系并视其为重要组成部分。

Halliday 早期的语境观继承和发展了英国人类学家 Malinowski（1935）和伦敦学派 Firth（1957）等人有关语境讨论的结果，带有明显的功能主义倾向。多年来，他对语境及其相关问题开展了大量深入的社会文化视角的研究，形成了较为明确的"三元论"的语境观，即上下文语境、情景语境和文化语境。

Halliday（1956）在《现代汉语的语法范畴》（"Grammatical Categories of Modern Chinese"）一文中首次使用"语境"这一术语，用于指语篇中的上下文。20 世纪 60 年代中期，Halliday 开始把研究的重心转移到语境变量的分类及其与语义结构之间的对应关系上。1964 年，Halliday 在《使用者和语言的使用》（"The Users and Use of Language"）一文中明确使用了语域（register）这一概念，并将其与方言（dialect）区分。他指出，语域是基于语言使用变化的语言功能变体，方言是基于语言使用者的变异。

语域的区分可依据三个变量：话语范围，即语言产生的具体环境，包括话题以及话语参与者参与的整个活动；话语方式，即语言交际时所采用的渠道或媒介；话语风格（style of discourse），即话语参与者之间的人际关系。这三个变量通常被视为语场、语式和语旨。这三个变量制约着概念意义、人际意义和语篇意义的实现，而三种意义又将影响说话者对及物系统、语气系统、主位系统等资源的选择。

　　在关于语境层面的切分以及与之相关的术语使用等问题上，系统功能学派的主要成员如 Halliday、Hasan 与 Martin 之间存在一定的分歧。关于文化语境与情景语境之间的关系，最有影响力的论断体现在 Halliday 从潜势（potentiality）视角和 Martin 从分层（stratification）视角对语境模型的解读。Halliday 把语境看作一个整体层面而不再划分，文化语境和情景语境是同一层次的互补概念，两者之间的关系正如系统和语篇之间的辩证关系，区别在于观察视角或距离远近的差异。

　　文化语境是情景语境的抽象化系统，文化语境和情景语境之间是示例化关系。语境和语言之间是实现化关系，语言的选择实现具体情景语境，而文化语境则处于系统的一端，潜在地制约着具体的言语交际。语言与语境、系统与示例的关系如图 2-3 所示。

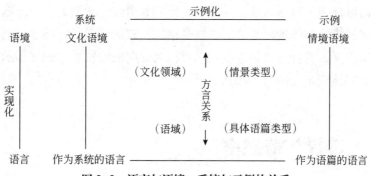

图 2-3　语言与语境、系统与示例的关系

　　Martin 的语境观借鉴吸收了 Gregory（1967）与 Halliday（1978）的语境观点以及 Hjelmslev（1953）关于语言符号的理论，认为文化语境是情景语境的内容层，情景语境是文化语境的表达层。文化语境是语言的内容层，语言是情景语境的表达层，两者之间的关系可用"元冗余"（metaredundancy）概念来阐释，即上一层次是下一层次的抽象化模式。Martin（1992b，1999b，2010a）提出的语境模型是多层次的。在术语的使用上，Martin（1992b）用语域和语类分别对应 Halliday 的情景语境和文化语境；语域和语类处于同一条纵轴上，分别属于不同层次，如图 2-4 所示。

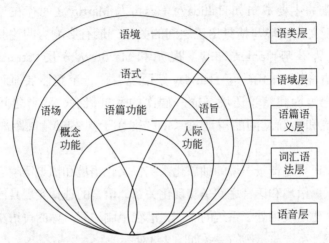

图 2-4　社会语境中的语言层级（Martin, 2010a: 29）

语域被视为符号系统，是语场、语式和语旨三者的集合。语域是语言模式的模式并体现语类，语类则是语域模式的模式，它通过影响语域来建构意义，这种意义创建呈现以目标为导向的阶段性，通过指示手段和或然率体现（杨信彰，2010）。

2.5　选择与盖然率

语言既是系统也是语篇，语言系统是以语篇的形式"例示的"（instantiated）。也就是说，系统与语篇的关系是一种渐变体的例示关系，系统与语篇分别处于渐变体的两端。系统功能语言学将语言使用看作说话人结合语境（含情景语境和文化语境）从作为语言潜势的语言系统中进行选择的过程。这个过程也被称为"示例化"，如图 2-5 所示。

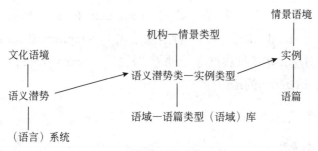

图 2-5　语言系统的实例化

　　从层次的角度看，说话者根据情景语境和文化语境确定拟表达的语义，然后选择一定的词汇语法进行体现；进而通过相应的音系（含语音）系统进行体现，在书面交际中再选择相应的字系予以体现。由于语境要素的多元性、复杂性和动态性，加上说话人交际目的（或意图）的影响，说话者在语义系统以及相应的词汇语法系统、音系（语音）及字系系统的选择都面临很大程度的多样性，因而具有不确定性、复杂性、动态性和模糊性。

　　盖然性是语言系统或语域次系统的定量特征，代表着语篇中相关频率的升华。Halliday（2002：400）指出，语法在本质上是一种盖然系统，在这个系统中任何特征意义的一个重要部分就是它相对于其他相互定义特征的盖然性。从全域上讲，系统的盖然性是整个语言系统的特征；从本域上讲，盖然性是既定语域次系统的特征（向大军，2022）。这种根植于共生思想的盖然性表明，语言某个语义特征的选择与其他选项之间其实是一种盖然率问题，其差别在词汇语法上就是选择概率的不同。为了阐明人们在实例化和体现过程中所做选择的多样性，Halliday汲取了信息理论中的"近似的"（approximative）或"概率的／盖然率的"（probabilistic）思想，认为盖然率是语言固有的特征之一。这种特征在人们选择词汇语法时表现得最为明显。加上词汇语法与语义系统之间往往不存在必然的联系，说话者通过意义识解经验时，有时会用某一语法类别或语法结构去代替另一语法类别或语法结构，这时就会产生语法隐喻（grammatical metaphor）。这两个类别分别代表了一个给定意义的两种表达变异：一种是一致式（congruent form），即通常所说的"平白体"（literal）语言；另一种是隐喻式（metaphorical form），即与一致式相对应，在某种程度上经过了"转义"（transferred）或"转类"（transcategorized）的语言。

2.6　小结

本章概述了系统功能语言学的核心概念，主要涉及系统、阶与范畴、语言作为社会符号、层次、功能、语境、示例化、个体化等。系统功能语言学有其深刻的理论渊源、哲学思想和语法架构。除上述核心概念外，系统功能语言学的关键术语还包括意义、轴关系、不确定性、马克思主义取向、适用语言学等。系统功能语言学既注重理论创新，又关注理论应用，有其理论发展的内部机理和基本规律。系统功能语言学融功能性、适用性和共生性为一体，必将在新时代为语言及语言学研究的纵深发展提供新的路径。

第 3 章
功能语言学理论研究新发展

3.1　引言

　　本章介绍系统功能语言学的主要理论研究，包括适用语言学、评价系统、多模态、生态语言学、语义发生学、语言类型学、语法隐喻和功能句法学，旨在系统梳理系统功能语言学在理论研究方面的新发展。

3.2　适用语言学

　　"适用语言学"（Appliable Linguistics）是 Halliday 不断强调的系统功能语言学核心思想（Halliday，2006，2008）。Halliday 于 2006 年在香港城市大学"Halliday 语言研究智能应用中心"成立仪式上做了题为"Working with Meaning: Towards an Appliable Linguistics"的发言，他在发言中正式提出"适用语言学"的概念（Halliday，2008）。Appliable Linguistics 表述系统功能语言学的走向，涵盖了语言与其他与意义相关话题的关系，并通过范畴界定将其与 applicable 进行了明确区分，指出前者是适用于各种环境和各种范围，而后者仅指基于某一特定目的语言意义的应用。

　　Halliday 认为 appliable 不是理论的名称，也不是什么新鲜事物；只是一种描述，无法以 applicable 取而代之。Halliday（2008：7）认为：

　　... what I have called an "appliable linguistics" —a comprehensive and theoretically powerful model of language which, precisely because it was comprehensive and powerful, would be capable of being applied to the problems, both research problems and practical problems, that are being faced all the time by the many groups of people in our modern society who are in some way or other having to engage with language.

Halliday（2008：189）在《语言系统的并协与互补》（*Complementarities in Language*）一书中对 Appliable Linguistics 的含义做了深入解读：所谓"适用语言学"，就是指能适用于帮助众多在工作中需要以这种或那种方式与语言打交道的人的语言学理论。在著作中，Halliday 通过讨论语言中的三种互补关系，即词汇与语法的互补、作为系统的语言与作为语篇的语言的互补、口语与书面语的互补，强调把理论看作解决实际问题的资源，旨在建立"一个连贯的适用语言学理论"（Halliday，2008：ii）。

Mahboob & Knight（2010：1）指出"适用语言学"是一种语言方法，它将日常现实生活中与语言相关的问题（包括理论和实践）作为一种不同的社会、专业和学术背景的起点，然后发展和贡献一个可以在语境中回应和适用的语言理论模型，他们指出：

> "Appliable linguistics" is an approach to language that takes everyday real-life language-related problems—both theoretical and practical—in diverse social, professional and academic contexts as a starting point and then develops and contributes to a theoretical model of language that can respond to and is appliable in the context.

Webster（2008）认为"适用语言学"是一种全面的、理论上强大的语言模型，因为它能够应用于理论问题和实践问题的识别和解决，这些问题都是我们现代社会中许多群体一直面临的，虽然他们在用不同的方式使用语言。

系统功能语言学既是一门理论语言学，又是一门将理论与应用联系紧密并且将理论用于实践的适用语言学理论（Halliday，2008；黄国文，2017）。Halliday（2006）认为"适用语言学"虽然以语言的功能取向，但不是逃避理论，因为没有理论，就不可能有一致和有效的实践。Halliday（2008）认为"适用语言学"能被用来解决许多理论问题（research problems）和实践问题（practical problems），这些问题是以各种方式被语言使用者在工作和生活中遇到的。Halliday（2009）指出，系统功能语言学是一个以"问题为导向"的理论，旨在帮助识别和解决由理论外部所引起的问题，如从事某种语言活动或至少对某种语言起关键作用的人们所面临的问题。Halliday（2010）进一步指出"适用语言学"就是一种语言研究的方法，这种方法在理论上是强大的，同时又是可供用来解决那些与语言有关的问题；"适用语言学"不是系统功能语言学理论的新名字，也不是指新的东西，而是对目前的系统功能语言学理论的一个描述。

我国的多位学者对"适用语言学"作了思考和解释。黄国文（2006）认为"适用语言学"可以用来解决各种与语言有关的问题，并援引Coffin（2001）的观点，认为该理论的目的之一就是解决各种问题。胡壮麟（2007）则认为，"适用语言学"的长期目标是建立语言的意义发生系统，其工作机制是以社会理据来解释和描写语义发生，当前的工作重点是研究智能应用。胡壮麟（2007：5）还指出，"适用语言学为新世纪的系统功能语法研究提出新的目标，即建立一个语言的语义发生系统，为进行功能语义学的研究打好基础。在一定程度上，它是社会对世界的认识。结合对认知的研究，它具有社会认知语言学的意义。"

辛志英（2012）对"适用语言学"进行了解读：Halliday 创立的语言学理论从一开始就朝着适用语言学的方向努力，把理论作为解决问题的手段，目的在于发展一种语言学方法和语言学模式，将语言学与日常行动和任务联系起来。该理论的适用性既是系统功能语言学理论的努力方向，也是它的一个重要特质；该理论发展是和解决与语言相关的问题分不开的，是为解决问题服务的。辛志英（2012：16）认为系统功能语言学是一个以问题为导向的理论，系统功能的适用语言学研究主要解决与语言有关的问题。适用性既是系统功能语言学的努力方向，也是它的一个重要特质。

系统功能语言学之所以被称为"适用语言学"，主要在于其社会责任（social accountability）。Halliday（2007：223）介绍他在20世纪50年代做研究时就想要建构"一个对社会负责的语言学"（a socially accountable linguistics），这可以说明系统功能语言学在成为一种独特的理论之前，社会责任就一直是Halliday和他的同事们工作的重点。Halliday（韩礼德等，2015）认为他是用马克思主义的语言观和方法来研究语言。从本质上讲，系统功能语言学就是一种关注社会行动的新马克思主义语言学（neo-Marxist linguistics）（Martin，2000）。

Matthiessen（2012）谈到系统功能语言学强调语言学的社会责任与社会环境的关系，因为语言学研究需要应用于社会环境之中，作为一种干预方式（a mode of intervention）对社会实践进行审视和指导。从另外一个层面讲，只有将语言学放在社会语境中进行考察，并对语言意义进行构建和解释，语言学的适用性及其选择标准才能在社会语境中得到评估，语言学才能发挥其应有的价值。同时，语言学家也要理论联系实际，在实践中（即在具体的社会干预过程中）使语言学理论发扬光大，服务社会，突出语言学家的社会责任感。

3.3 评价系统

评价既是语言的核心功能，也是构建和维持人际关系的重要策略，因此，评价语言的使用一直是国内外语言学研究的热点话题之一。国内外学者从不同视角、采用不同术语对评价语言做了大量的探讨，如"情感"（affect）（Ochs，1989；Ochs & Schieffelin，1989），"评价"（evaluation）（Hunston & Thompson，2000；Thompson & Alba-Juez，2014），"评价"（appraisal）（Martin，2000；Martin & White，2005），以及"立场"（stance）（Conrad & Biber，2000；Englebretson，2007）等。本

节介绍系统功能语言学视域下国内外有关评价语言近十年的研究概况。

众所周知，评价系统是对系统功能语言学中人际功能的进一步发展，其主要倡导者是 James Martin、Peter White 等人（Martin，2000；Martin & White，2005）。评价系统被广泛认为是目前学界最为系统成熟的评价语言研究理论框架（Bednarek，2006；Hunston，2011；Thompson，2014）。评价系统下辖三个语义系统：介入（engagement）、态度（attitude）和级差（graduation），每个语义系统又包括若干次系统或范畴。具体而言，级差主要包括语力（force）和聚焦（focus），态度包括情感（affect）、评判（judgement）和鉴赏（appreciation），介入包括单声（monogloss）和多声（heterogloss）等。评价系统整体框架如图 3-1 所示。

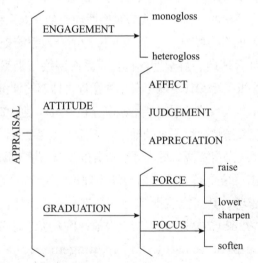

图 3-1　评价系统概览（Martin & White, 2005: 38）

需要指出，多位国内学者已从不同角度综述了评价语言相关研究（如房红梅，2014；刘世铸，2010；刘兴兵，2014；徐玉臣，2013），讨论了存在的问题和发展趋势。参考前期研究综述，并通过细读近十年评价语言研究的相关文献，我们发现国内外评价研究主要集中在以下几个方面：评价系统引介与修订；评价系统与语篇分析；评价系统与翻译研究；评价意义的语法模式；评价语言研究方法论。

3.3.1 评价系统引介与修订

本节主要综述近十年有关评价的引介或修订研究，早期有关评价系统的引介文章可参见王振华（2001）和张德禄、刘世铸（2006）等。姜望琪（2009）讨论语篇语义学与评价系统之间的关系，尝试厘清语篇语义学和评价系统的内涵。姜望琪指出，语篇语义学包括协商、识别、连接等语篇系统，但评价系统的提出标志着语篇语义学的完善，是语篇语义学研究进入新阶段的标志。王振华、路洋（2010）聚焦介入系统，在讨论多语性和对话性理论的基础上，认为对话性理论是介入系统的理论基础，对话形式是介入的根本特征，进而深入讨论了介入系统框架。他们最后指出，如何更加合理地、科学地建构自言系统网络，仍然有待进一步的探索和研究。徐玉臣（2015）从语义学视角探讨情态的评价意义潜势，指出情态与态度和介入系统关系密切。该研究在一定程度上弥补了前期研究对情态的评价意义潜势研究不足的缺陷。王伟（2014）强调从"接受"的视角讨论评价系统态度资源，提出评价资源的受众解读有助于丰富评价语言研究，并指出"接受研究可以拓展评价理论的文化研究导向，完善评价理论的哲学思考，其研究前景广阔，意义重大"（王伟，2014：64）。

Martin & White（2005：46）指出当前评价系统的意义分类更多是理论假设 ["our maps of feeling（for **affect**, **judgement** and **appreciation**）have to be treated at this stage as hypotheses about the organization of the relevant meanings"]，因此，学界尤其是国际学术界对完善该理论分类做出了诸多有益尝试，在一定程度上回应了 Martin & White 关于评价系统更多是理论假设从而为其他相关研究提供参考的论述。在情感系统方面，Bednarek（2008）基于语料库考察，在原有的情感次范畴的基础上，提出 surprise 和 dis/inclination 应当被视为与 un/happiness、dis/satisfaction 和 in/security 平行的意义范畴（见图 3-2）。该修正得到

Thompson（2010）的认可。他指出，尽管 Bednarek 只是做了细微调整，但看起来调整过的情感范畴更易于应用（"It looks as though her revised categories will be easier to apply"）（Thompson，2010：402）。

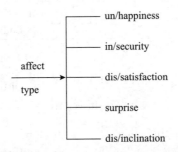

图 3-2　Bednarek (2008: 167) 修订的情感系统范畴

Thompson（2014）简要探讨了第三人称情感描述（如 "She is not happy with media attention."），以及 directed 和 undirected affect 是否存在情感触发因素（如 "She is an independent and cheerful person."）。Thompson（2014）指出第三者情感描述和 undirected affect 应该被划分为评判资源，因为该类情感从侧面揭示了一个人的性格或个性特征（character traits）。这一研究进一步推动了评判系统的修订研究（Su & Hunston，2019a）。

除 Bedanrek（2008）外，Benítez-Castro & Hidalgo-Tenorio（2019）基于语料库考察，从心理学视角审视了情感系统，强调情感与目标（goal）的关系，提出了新的分类（见表 3-1）。此分类考察了目标达成或预期实现后人的情感变化，突出了情感的社会心理属性。同时，新的分类更为详尽细致，应当有助于评价分析的实际操作，也有助于丰富和完善评价语言的理论描述。

表 3-1　Benítez-Castro & Hidalgo-Tenorio (2019) 修订的情感意义分类

Goal-seeking emotions	Attention-grabbing	Surprise	
		Interest	Interested
			Uninterested
	Inclination	Inclined	
		Disinclined	

（续表）

			Quiet	
Goal-achievement emotions	Satisfaction	Security	Trust	Confident
				Trusting
		Happiness	Hedonic	
			Eudaimonic	
	Dissatisfaction	Insecurity	Disquiet	Confused
				Anxious
				Fearful
				Embarrassed
				Unclear
			Distrust	Doubtful
				Mistrustful
		Unhappiness	Anger	Frustrated
				Angry
			Sadness	
Goal-relation emotions	Attraction	Liking		
		Affection		
		Respect		
		Sympathy		
		Tolerance		
	Repulsion	Disgust		
		Antipathy		
		Disrespect		
		Indifference		
		Intolerance		

　　有关鉴赏系统的修订更多。学者们通过考察不同语篇中鉴赏意义的表达，对鉴赏系统做了相应的修订。Hao & Humphrey（2012）考察了生物学研究论文，细分了"估值"（valuation）的次范畴，包括 prominence、benefit、necessity、worthiness 和 effectiveness。Lee（2015）通过分析劝说语类（persuasive essays），将估值细分为 sociability valuation、maintenance valuation、salience valuation 和 validity valuation。Hommerberg & Don（2015）考察了品酒语篇（discourse of wine taste），

认为 uniqueness、typicality、naturalness、affordability、location、durability、potential-to-develop 等也可被视为估值的次范畴。此外，Su（2016）采用语料库语言学研究方法，考察了产品评论中的评价，提出了适用于分析该类语篇的评价分析框架，包括 quality、satisfactoriness、recommendability 和 worthiness。这些研究一方面表明评价意义与具体语篇语境的密切联系（Millar & Hunston，2015），另一方面也表明评价系统仍需要考察更多语篇类型中评价语言的使用，以丰富和完善理论框架。

　　相对于情感和鉴赏，对评判系统修订的研究尚不多见。Ngo & Unsworth（2015）提出 normality 可以细分为 fortune、reputation 和 behaviour，capacity 可细分为 mental capacity、material capacity 和 social capacity。关于评判的另一项研究参考 Su & Hunston（2019a）。他们采用语料库语言学研究方法考察自传语篇，并结合人格心理学的相关研究，指出有关于人的情感特征（如 confident、arrogant 等）的表达应被视为评判资源，并提出"情感性"（emotionality）作为评判的一个次范畴。修订过的评判系统见表 3-2。

表 3-2　Su & Hunston (2019a: 433) 修订的评判系统

	Evaluation of behaviour	Evaluation of character
Social esteem	**Normality:** uniqueness e.g. *luck to-inf., famous for, notable for, popular with*, etc. **Capacity:** ability e.g. *adept at, capable of, skilled with, clueless about*, etc.	**Tenacity:** dependability/resilience e.g. *careful to-inf., brave about, adaptable to n, conservative in*, etc. **Emotionality:** emotional personality e.g. *confident in, dismissive of, jealous for, complacent with*, etc.
Social sanction	**Propriety:** appropriateness e.g. *generous with, rude about, short on, guilty of*, etc.	**Veracity:** honesty/truthfulness e.g. *frank about, honest with, blunt in, dishonest about*, etc.

　　目前学界对级差和介入的相关研究相对较少。Geng & Wharton（2016）通过考察博士论文讨论部分评价语言的使用，新增了一个次范畴，即 Justify-from-data，但同时指出，这个次范畴可能只适用于该语

类。张德禄（2019）关注介入体现中的语法模式和特征，从词汇是最精密的角度探讨词汇和语法模式如何一起体现评价系统中的介入。张德禄（2019：10）做了如下总结："（1）原有的介入系统只是从定位的角度研究，不够全面，本文增加了声音系统。（2）语法和词汇在体现介入系统时形成一个连续体；它们既可以作为整体的部分，是互补的，也可以作为可选择的体现方式相互替代，这样，就在体现同一范畴时有多种形式可以选择。（3）作者声音是主导声音，其他声音也是作者选择的，用以表达作者的意义。（4）定位的分级点越接近极点，自言性越强，越来越趋向对话缩约，声音和定位的选项越少。而且否定比肯定的对话性要强。越接近中心区域，对话性越强，可有更多的声音和定位选项。（5）研究的角度对于理论的设计很重要。从不同的角度研究同一对象，也可以设计出不同的理论模式，产生不同的结果。"这一研究有助于进一步推动介入系统朝着更精密和纵深的方向发展。

整体而言，虽然学界对评价系统的关注热度不减，但深入细化评价系统分析框架的任务依然任重而道远。此外，如何通过语料库语言学研究方法进一步验证评价系统的合理性和有效性，也是未来研究需要重点探讨的方向（参见 Su & Hunston, 2019a, 2019b）。

3.3.2　评价系统与语篇分析

徐玉臣（2013：12）通过综述文献指出，"文章数量最多的领域则是评价理论在话语（语篇）分析中的研究。"我们通过细读相关文献，发现评价系统视域下的语篇分析研究仍然是近十年评价系统研究的主流趋势，这从侧面证实评价系统在语篇分析中的适用性，以及语篇分析在系统功能语言学中占据重要位置（黄国文，2010）。近十年学者们利用评价系统对各类语篇进行了分析，部分代表性研究简述如下。

黄雪娥（2013）分析《献给爱米丽的玫瑰》中的态度资源，以期揭示评价语言和语篇意识形态的关系。她的研究发现，表层的态度资源语言形式是体现深层次意识形态的重要语言资源，也体现了系统功能语言学关于选择即意义的思想。董敏（2012）采用评价系统对一场美国议会辩论文本进行标注，进而从级差系统的视角探讨辩手如何通过评价资源立论和驳论，表明级差可以诠释辩论话语中的态度和介入意义。赵永青等（2012）以2007—2009年三年的"CCTV杯"英语演讲大赛决赛阶段的45篇命题演讲为语料，借助评价系统讨论演讲者如何通过评价资源以建构二重身份（即竞技者和劝说者），表明评价系统也可应用于分析演讲语篇。李琳（2016）以系统功能语言学评价系统为理论框架，以企业风险话语为语料，标注其中的评价标记语，包括情感标记语、判别标记语、鉴赏标记语、扩展标记语、公告标记语和否认标记语，进而建立结构方程模型，考察不同类别的评价标记语与企业CEO风险认知的联系。该研究可为后续考察语言因素与商务现象之间的关联提供借鉴和启示。王振华、张庆彬（2013）以评价系统为框架，通过搜集112所国内985和211大学，以及根据2012《泰晤士报》世界大学排序的前112所高校，自建校训语料库，探讨中外大学校训语篇中评价语言使用的异同以及所体现的潜在意识形态。研究表明中外校训在大学理念、大学职能等宏观方面具有较大的共性，其差异主要体现在道德性、科学性和自由意识等方面。王欢、王国凤（2012）参照评价系统，定性分析两篇硬新闻语篇，讨论其间的评价语言资源运用策略。他们的研究表明，硬新闻高频使用态度标记语。此外，在语言语境方面，文章发现语言语境对新闻语篇理解起着至关重要的作用。江潇潇（2018）应用评价框架讨论媒体话语关于斯里兰卡"一带一路"报道中的态度资源。孙铭悦、张德禄（2015，2017）探讨语篇层面的评价策略，尝试构建评价组篇机制分析框架。他们指出，评价组篇机制分析框架包括三个层面（语境层、意义层和词汇语法层）、两个维度（微观维度和宏观维度）、一个中介层（修辞策略层）。该研究一定程度上为评价系统的发展提供了新的研究视角。许家金（2013）基于评价系统框架，限定叙事题目，对比分析中国学习者和英语本族语者在话语评价方面的异同，指出"要使英语评价表达更为地道，了解汉语和英语的评价表达，摆脱汉语评价系统和汉语评价表述的影响，增加英语评价表达的'库存'，十分必要"（许家金，2013：77）。徐玉臣等（2014）基于评价框架，分析了 90 篇国际学术期刊上发表的英文科技论文，发现态度资源在学术文本中呈现不均衡的分布态势：结论部分包含最多的评价策略，引言部分次之，研究结果和方法部分最少。岳颖等（2017）颇具创新地将语篇分析与计算机技术结合，利用 UAM Corpus Tool 对目标语篇进行态度资源标注，尝试将评价系统中态度意义的语篇组织进行可视化设计与图形实现，以表征其连续性、动态性与整体性特征。该研究在一定程度上验证了评价语言分布可视化的可能性。

国际学术界也有相当多的评价与语篇分析相结合的研究。Ho（2014）考察了职场请求邮件中的评价资源，发现职场员工撰写职场请求邮件时大量使用评价语言，以此来实现关系管理；Beangstrom & Adendorff（2013）探讨了房地产中介广告中的评价资源，揭示房地产中介是如何与潜在客户建立人际关系的；Fuoli（2012, 2018）则关注评价资源的合理运用与企业形象建构等。这些研究拓展了评价系统的应用范围，验证了评价系统在语篇分析中的应用。未来研究可以进一步考察评价系统在分析其他语篇类型中的应用，进而充实和丰富评价研究。

3.3.3 评价系统与翻译研究

近来也有少量将评价系统应用于翻译的研究。刘晓琳（2010）参照评价系统，考察两个《红楼梦》英译本和原文中的评价语言使用，尝试揭示翻译过程中译者对原文的忠实程度。该研究表明评价理论对翻译理论研究和实践有着一定的指导意义。李涛、胡开宝（2015）基于评价系统考察中国政治语篇不同语式翻译文本中级差资源的重构异同，并尝试探讨级差资源重构过程中翻译主体间的权力关系及其对翻译行为的制约。他们的研究发现人际交往和谐管理模式是级差资源重构的有效语用理据。司显柱、庞玉厚（2018）考察评价系统对翻译研究尤其是翻译质量评判及其在翻译实践中的具体应用，认为翻译文本与原文本中评价语言的使用是考察和评判翻译质量的重要参数，进而指出评价理论在翻译研究中的适用性。于丽（2019）基于评价系统对比分析源语文本和翻译文本中评价范畴，对小说翻译的研究与实践，以及翻译质量的评估有一定的启示意义（如如何保持源语文本和翻译文本中评价意义的一致和平衡等）。整体而言，虽然结合评价系统和翻译研究的文献不多，但这些研究都显示了评价系统有助于推动翻译理论研究和实践，以及对翻译质量的评估也能有所启示。

3.3.4　评价意义的语法模式研究

有别于大部分评价研究从词汇或文本细读的视角，近几年有少许学者尝试探讨评价意义的语法模式。早期探索性研究包括 Hunston & Sinclair（2000）、Hunston（2003）等。近十年来，相关研究渐趋增多，如 Bednarek（2008）参照 Hunston 等人的研究，考察特殊高频词汇，并结合这些词汇的语法形式，尝试建构了情感局部语法（a local grammar of affect）。国内学者如刘世铸（2009）以大英语料库为语料，也探讨了语法结构表达情感意义的潜势及其语义类型（如基本情感和复杂情感）和分布规律。刘世铸、张征（2011）基于大英语料库探讨评判的语法模式，讨论态度的语法实现形式。他们的分析归纳了 12 个可用于表达评判的语法型式，并识别了三种评判语义类型（情感的、社会的、美学的评判）。基于此，刘世铸、张征（2011）尝试构建一个评价语法框架和语义分类模式，丰富评价理论的研究视角。苏杭、卫乃兴（2017）借助语料库语言的局部语法概念探讨评价语言，描述评价的词汇语法实现形式，一方面表明局部语法能更为系统直观地描写话语行为，另一方面为评价语言研究提供了新的视角和路径，有助于发现新的语言事实，进而丰富和完善现有理论表述。有关评价局部语法的研究，Hunston & Su（2019）是目前较为系统完善的，他们通过分析，确定了 22 个不同的分析模式（部分例句分析，见表 3-3 至表 3-6）。

表 3-3　Hinge + Evaluation + Target

Pattern ＼ Element	Hinge	Evaluation	Target
it v-link ADJ that	It is	awful	that it should end like this
it v-link ADJ ing	It was	ridiculous	putting him behind bars
it v-link ADJ *about*	It's	too bad	about the reviews
there v-link sth ADJ *about*	There's	something strange	about Mr. Ross

表 3-4　Evaluator + Hinge + Evaluation + Target

Pattern ＼ Element	Evaluator	Hinge	Evaluation	Target
ADJ *about*	he	was	happy	about people having to move
ADJ *at*	she	felt	guilty	at having been spared ...
ADJ *in*	traders	were	interested	in the development
ADJ *on*	they	were	keen	on the idea of education
ADJ that	he	was	annoyed	that no meal was available

表 3-5　Evaluator + Evaluative act + Hinge + Evaluation + Target

Pattern ＼ Element	Evaluator	Evaluative act	Hinge	Evaluation	Target
v *it* ADJ that	We	thought	it	important	that Phil continue to write
v *it as* ADJ to-inf	We	regard	it	as immoral	to judge people on the basis of how they were born
v *it* ADJ *for* n to-inf	Mike	thought	it	silly	for me to wait in the car

表 3-6　Target (Actor) + Hinge + Evaluation + Action

Pattern / Element	Target...	Hinge	Evaluation	... Action
ADJ to-inf.	We	would be	foolish	to ignore them
ADJ -ing	I	was	daft	going into management
ADJ *at*	She	was	dood	at raising money
ADJ *in*	Mr. Gates	has been	hugely successful	in creating a world-beating business

通过分析，Hunston & Su（2019）进一步概括并简要阐释了适用于分析评价语言的局部语法分析术语，见表 3-7。

表 3-7　评价局部语法分析术语及阐释

Element	Explanation (The element construes...)
Target	the entity that is being evaluated; a human being, thing, situation, etc.
	e.g. *She was evasive about what she wanted help with.*
Evaluator	the source of the evaluation
	e.g. *Carolyn finds it hard to talk about the future.*
Evaluation	the evaluative meaning expressed
	e.g. *I was quite dishonest about my feelings.*
Evaluative act	the act of making an evaluation
	e.g. *He had often found it useful to pretend to be stupid.*
Hinge	the element that (a) links different functional terms, and (b) signals an evaluation is being made
	e.g. (a) *They've been very judgemental about me having left my son.* (b) *It is strange that he had never tried it before.*
Proxy	a person on behalf of whom evaluation is made
	e.g. *She was afraid for her son.*
Action	the behaviour/activity carried out by the Target and part of what is being evaluated
	e.g. *We would be foolish to ignore them.* e.g. *I became very bad at math.*
	the behaviour/activity that affects the Target and is part of what is being evaluated
	e.g. *Watches are attractive to look at.*

（续表）

Element	Explanation (The element construes...)
Specifier	a restriction on the scope of the evaluation.
	e.g. *The event is not suitable for <u>children under ten</u>.*
Topic	a specific domain that someone talks or thinks about
	e.g. *Police were vague about <u>the gunman's demands</u>.*
Role	the role in respect of which something is evaluated
	e.g. *Mercator was important as <u>a mathematician</u>.*
Comparator	part of a statement of similarity or difference
	e.g. *The tutorials are quite distinct from <u>an audition class</u>.*
Affected	someone or something affected by the evaluated action or condition
	e.g. *You should be considerate of <u>others</u>.*
Reason/ Cause	the reason for or cause of the evaluation
	e.g. *They were unlucky <u>that we scored when we did</u>.*
Actor/Method	a specification relating to someone performing an action
	e.g. *Success is achievable by <u>anyone willing to work hard</u>.*
Evidence	evidence for the truth of the evaluation
	e.g. *Saturn's low density is apparent from <u>its outline</u>.*

　　这些术语可以应用于从局部语法视角分析各类语篇中的评价表达，丰富了评价语言的研究路径。此外，Hunston & Su（2019）还探讨了评价局部语法的应用，包括语言教学以及利用局部语法实现评价语言自动识别和提取的可能性。最后，Bednarek（2009）以及 Su & Hunston（2019b）系统探讨了语法型式在区分态度意义三分法中的应用，指出评价系统提出的态度三分法在较大程度上具有形式理据。不过，他们的研究也表明，利用语法形式来自动识别和区分态度意义的类别有一定难度。

3.3.5　评价语言研究方法论

　　虽然评价系统的应用研究不少，但是学界对评价语言的研究方法着墨不多，国内更少。Bednarek、郇昌鹏（2018）关注评价研究的方法，探讨应用评价系统分析文本时的一些关键原则。他们指出，现有研究大多应用评价系统进行话语分析，较少涉及评价分析的方法论问题，因此二位作者探讨评价研究方法论，重点关注文本选取、评价分析方法原则 [研究步骤的透明度、语料标注和分析的一致性、简约法则（涉及的概念或范畴），以及语料之间和语料内部的差异]、评价分析结果阐释。相对来说，国外学者对评价研究方法论的探讨略深一些，值得讨论的包括 Fuoli & Hommerberg（2015）、Fuoli（2018）以及 Myskow（2018）。

　　Fuoli & Hommerberg（2015）、Fuoli（2018）重点讨论评价语言的手工标注。Fuoli & Hommerberg（2015）围绕透明性（transparency）、信度（reliability）和可复制性（replicability）讨论手动标注评价语言。Fuoli 指出，完整的标注手册（annotation manual）和标注者信度测试（inter-coder agreement test）有助于达到标注透明、信度高、可重复性强的目的。Fuoli（2018）进一步阐释了评价标注方法，包含七步：（1）明确项目研究内容和标注框架；（2）选择标注工具；（3）草拟标注手册；（4）评估标注信度；（5）修正标注手册；（6）语料标注；（7）结果分析。该研究进一步明晰了如何有效标注特定语篇中的评价表达，有助于评价分析的实践。

　　Myskow（2018）也讨论了评价语言研究方法。他结合 Martin & White（2005）的评价系统和 Hunston（1994，2000）的 status、value 和 relevance 框架，提出了适用于历史语篇的评价语言分析框架，包括 inter-evaluation（evaluations of the past by historical participants）、super-evaluation（the authorial voice that performs evaluations of the past）、extra-evaluation（the authorial voice engages with other views toward the past, and in doing so takes up a more scholarly or disciplinary posture）、meta-evaluation（defined as evaluation of the present discourse under construction）（见图 3-3）。各层级评价意义相互联系、相互支撑。Myskow（2018）进而利用该框架分析了一个历史文本，展示了该框架在分析历史语篇中评价语言的有效性。

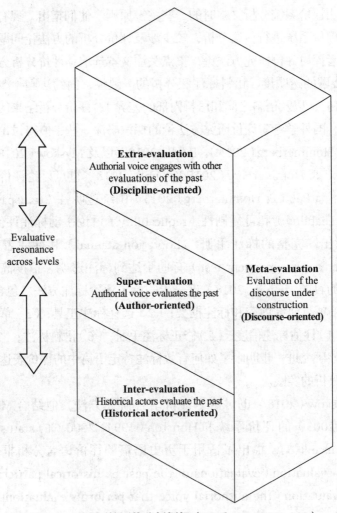

图3-3 历史语篇评价分析框架(Myskow, 2018: 338)

整体而言，评价语言在理论和应用研究上得到了进一步发展和深化，然而目前学术界对评价语言研究方法的关注却稍显不足，很多研究问题，例如是否以及如何实现评价语言在语料库中的自动识别和提取，如何利用语料库语言学研究方法验证或完善评价语言的理论表述等，依然尚待解决（见本书4.3.3节）。

3.4　多模态

多模态是指"在符号产品或者事件中几种符号模态的使用"（Kress & van Leeuwen，2001：20）。多模态的出发点是把语言及其意义的社会阐释扩展到所有的呈现和交际模态——诸如图像、文字、手势、凝视、言语、姿态等（Jewitt，2009）。也有不少研究者使用多符号（multi-semiotic）这一术语（如 Halloran，1999a，1999b）。由于本研究方向聚焦于其中的图文关系，因此本节主要关注并梳理其中涉及图文关系和教育的研究。

由于符号、图像、图文关系以及多模态等学界常用术语相互之间存在着诸多剪不断、理还乱的关系，而且这些术语的使用及阐释也有不少令人困扰之处，因此本节首先尝试梳理相关研究，以期对后来的研究起一个澄清及指引的作用，使后来的研究者能对本领域的研究有一个清楚的认识，也有利于该领域研究的有序、深入展开。

Messaris（1997）列举了视觉图像的三种主要作用：（1）通过模仿真人或事物的外貌来诱发情感；（2）作为摄影证据来证明某事真的发生过；（3）在待销的东西和其他图像之间建立一种含蓄的联系。Messaris 认为广告图像的这三种功能来自视觉交际潜在的、根本的特征。

在多模态研究方面，虽然诸多学者的探索基于 SFL，但是他们的侧重点也有所不同。其中 Lim（2004a）从 SFL 的视角探索了符号资源和系统的本质，Stöckl（2004）把多模态构建成一个系统网络，由核心模态、中间的变体、边缘模态、次模态和特征等构成，并根据符号的、认知的以及语义的标准探索了语言的和图画的模态。虽然国内外关于多模态的相关研究迄今为止主要以系统功能语法为理论基础，但是，我们同时看到，对多模态的研究实际上涉及各种理论的综合运用（李华兵，2013）。

3.4.1 模态研究的理论基础

根据 Jewitt（2009）的研究，多模态有四个相互交织的理论假设作为支撑。第一个假设是：语言是多模态整体的一个部分。语言被认为是交际中最显著的模态，尤其是在学习和教育领域。多模态也基于这样一种假设：表征和交际总是凭借各种模态，它们均有平等的构建意义的潜势。简言之，多模态分析中最基本的假设就是：意义是通过诸多呈现的和交际的模态——而不仅仅通过语言，无论是书面语还是口语——被创造、传播、接收、理解并在理解中被重新创造的。Norris（2004：3）更是指出，"所有的互动都是多模态的。"

第二个假设是：多模态整体中的每一个模态被看成可以实现不同的交际行为。多模态分析假定，所有的模态，像语言一样，是通过它们文化的、历史的以及社会的使用来实现社会功能的。也有证据表明，不同的模态对于学习、学习者身份的塑造以及学习者如何通过语篇创造阅读路径具有不同的潜在影响。

第三个假设是：人们通过对模态的选择和配置来整合意义。因此模态间的互动在意义的构建上就至关重要。源于多模态符号资源的各符号的意义，像语言一样，是社会性的。也就是说，这些意义是在产生的瞬间所运作的规范和规则所塑造的，并受特定社会语境中符号制造者的动机和兴趣所影响。

第四个假设是：和言语一样，源于多模态符号资源的符号意义是社会的。也就是说，符号生产者通过符号的阅读／理解过程来选择、调适并重塑意义。

New London Group（1996）提出要把知识和教育理解为多模态的。未来教育的一个关键设计要素被预示为"为其他意义模态进行的设计"，是因为对交际背景（与全球化、新技术以及新的工作要求）进行社会和文化的重构的呼吁。结论是要阅读该"新"媒体，仅有语言意义是不够的。

Bezemer & Kress（2008）比较了 20 世纪 30 年代和当代教材，发现现在的教科书没有过去那么多的文字。虽然之前的教科书页面上也有图像，但是现在教科书上的图像更多，而且教材中图像和文字结合的方式也不同于以前。相关研究从不同的视角考察过多模态资源对教学的影响，一些聚焦理解，或者聚焦图像对学生记忆或者概念理解的影响，另外一些研究聚焦于设计者使用图像的方式，还有一些研究对图像进行分类统计并计算不同教材中出现的频率，并把结果和其他媒体（包括学术期刊和报纸）进行比较。

Bernstein（1996）的语境重构概念在社会的和符号的这两方面具有明显的关联意义。社会的视角阐明了教育之外的语篇是如何以适合于特定教育场所、观众和意图的方式实现的，以构成教育主题的内容。从符号的意义上看，这主要关涉模态和媒体。模态就是从社会和文化方面形成的构建意义的资源。图像、文字、布局、言语、移动图像都是模态，都在学习资源中使用。意义是由各种模态构建的，并且总是有不少于一种模态来构建意义。图像的资源有：框定空间内各要素的位置、大小、颜色、各种图符——线条、圆——以及诸如空间关系的资源等。资源的差别意味着模态可以用来做不同种类的符号活动，或者以不同的方式和不同的资源共同进行更广泛相似的符号活动。也就是说，符号具有不同的可供性——构建意义的潜能和局限。

3.4.2　符号资源和系统本质的探索

Lim（2004）从 SFL 的视角探讨了符号资源和系统的本质，认为符号资源既包含表达层和内容层，在每一层上也具有系统网络。系统就是通过符号资源来表达的意义潜势的组合。和语言的情态相同，视觉图像可以作为一种意义资源，并与语言的情态相比较。Lim 也提出，因为语言和图像这两种符号资源均具有共同的历史来源，要理解语言和图像的本质，也可以进一步延伸 Saussure（2001）关于能指和所指之间的任意性的表述。由于需要理解图像这一符号资源，Lim 还提出把图像符号看成图像的词汇，与语言中单词的角色相类似。

O'Halloran & Lim（2014）介绍了视觉信息这一概念，特别是在既有语言又有视觉图像这两种符号资源的语篇中的视觉信息。根据Halliday（1978）的社会符号学理论，符号资源不可避免地与语境和社会现实相联系。符号资源具有内容层和表达层，而系统则是每一个符号的基于元功能的意义潜势的部署，并且具有辅助系统和子系统。例如，语言在表达层具有排版这一系统，而排版之下还有字体这一子系统，而字体之下还有颜色这一子系统等。Eggins（1994）关于交通信号灯等的例子也可以很好地阐释这一点。它是一种模态，由于它既有表达层，也有内容层。表达层由颜色即红、黄和绿构成。颜色系统是有意义的，但它本身不是一种符号资源，而是一个系统。其他符号资源还有雕塑、音乐、数学和视觉图像。Lim主要关注视觉图像这一符号资源，并对语言和视觉图像作为模态进行了比较，探讨了视觉图像是意义资源的理据。O'Toole（1994）和Kress & van Leeuwen（1996/2006）认为视觉图像是工具或者符号资源，在意义构建上具有和语言模态相同的能力。语言和图像模态应该享有同样的地位这一立场已经得到广泛的认可（参见Baldry，2000；Kress & van Leeuwen, 2001；Thibault, 2000）。

语言和视觉图像具有相同的历史来源和诸多相似之处（Eisner，1990）。Lim认为语言和视觉图像之间的差异在于能指（尤其是符号资源的表达层）和所指（即所呈现的概念之间的关系的任意性的程度）。相反，Kress（1993：173）倾向于另一个极端，认为"在人类所有的符号系统中，能指和所指的关系总是有理据的，并且从来都不是任意的"。他也认为像生产者的"兴趣"这样的因素，它们要受时间、社会和文化的影响，在符号的组织中起至关重要的作用。此外，Kress & van Leeuwen（2001）也在多模态交际的讨论中考虑了设计、生产和分布层次。Lim更强调通过符号的阅读可以获取的意义，而不是符号产生用来传递的意义。不同于语言，视觉符号具有更低程度的任意性，因此暗含更高程度的相似性。Lim提出，正如语言中意义的构建单位是词汇项目或者单词，视觉符号中的构建单位是图像。此外，图像也具有语境和文化特征。不同的符号社区会有不同的呈现相同物体和观点的风格。需要注意的是,图像符号的确定依赖于它和周边共现语境(co-text)的关系。Lim 的主要目的是提出一些理论问题,特别是关于符号资源的性质,对今后的多模态(尤其是图文关系)的研究具有积极的启发意义。

早先关于意义的著作聚焦于符号(sign),把符号看成单一的实体以进行各种符号的研究。从 Halliday(1978)开始,强调把符号看成一个系统,共同构建意义。根据 SFL,视觉符号可以看成合法的意义资源,和语言类似。Halliday(1978)基于这样的假设:意义资源必须具备(1)表达层和意义层;(2)每个层面上都有操作系统。根据 Halliday(1978)的著述,可以基于 SFL 建立意义资源本质的指导原则。一种意义资源具有一个内容层,其中有一套操作语法以及一个表达层,其中内容层被清楚地表达出来。系统也有自己的子系统,如意义资源有语言、交通信号、雕塑、音乐、数学以及视觉符号。

相反,Lim(2004)倾向于使用 O'Halloran(1999a)的观点,把符号隐喻(semiotic metaphors)(O'Halloran, 2003)和共用空间(homospatiality)(Lim, 2004)这些过程称为机制(mechanisms)。Lim(2004)持不同的观点,认为可以不把字体看成符号模式,但是可以看成系统构型。它有自己的子系统,如线条、阴影、形状等,通过它们,图像模态可以表达意义。这些系统代表符号资源的意义潜势构型,本身具有纵聚合的选择,而不是表达层和内容层。和语言的意义资源相比,视觉符号可以观察到具有表达层(展示层)和内容层(语法和意义层)。当语言符号通过声音来表达时,展示层就是语音;当语言通过书写来实现,表达层就是字迹,或者字体。

对于视觉符号而言,展示和语法的区分不太容易,这是由于两个层面上的要素相互交织的性质所决定的。不过区分这两者还是有用和必要的(如图 3-4)。

图 3-4　笑脸图符

从图 3-4 可以看到，表达层包括用于构建意义的颜色和形状，即黑色的线条、两个黑色的圆圈以及黄色的圆。它们各自及共同具有意义潜势。而语法层，如 O'Toole（1994）和 van Kress & Leeuwen（1996/2006）阐释的那样，在元功能上构建意义。视觉语法是关于一个项目和另一个项目的拼接来产生连贯的信息。部分构建到整体中的关系，如不同形状是如何形成图符笑脸的，这都在语法层上操作。

O'Toole（1994）借鉴 Halliday 语言的级阶观点，从组成成分（member）、构图方式（figure）、叙事片段（episode）以及作品（work）等单位来分析视觉图像，即类同于 SFL 的成分分析。Lim 则倾向于 Peirce 的观点，把符号看成促进交际的工具，因此需要生产者和读者具有共同的假设，并因此理解社区内共同的符号模态所传递的意义。

语言的任意性在不同语言中不一样，如汉语和埃及的象形文字，这一点需要注意区分。和语言不同，视觉符号的任意性更低，因此暗示更高程度的图符性。然而，视觉符号本来就是图符的，即它与所代表的主体相似。Barthes（1977：17，29）提出了"完美类比"（perfect analogon）这一术语来描述图符的最高可能水平，诸如相片产生的图像。在视觉图像中图符性水平越高，所指和能指之间的关系就通过"模拟"（mimesis）或者"相似性"（resemblance）相关联。analogon 的另一端是 abstraction。analogon 的任意性更低，而 abstraction 的任意性则更高。语言的字体/笔迹通常是抽象的。科学和数学标记页倾向于抽象的一端。表现主义绘画，如毕加索的作品，居于抽象和图符标尺的中间。由于抽象的特征是更低水平的图符性但是更高水平的任意性，能指和所指间的关系是通过编码（codification）来强化的。"符号社区"这一概念来自 Labov（1972）的语言社区，描述同样文化中的人，具有同样的假设，在共同的符号资源中进行选择来构建意义。因此，熟悉和了解该社区相关知识就尤为重要。

　　语言中构建意义的砖块是词汇项目或单词；视觉图像的建筑砖块是图像符号（icon）。对于图像符号的确认取决于它和周围上下文语境，这和语言中某些模糊词语依赖周围的上下文语境来消除歧义相似。本节仅提出把图符看作视觉图像的词汇。今天，在英国的全国统一课程设置和澳大利亚各州的英语教学大纲中，均要求教授语法。一些教育工作者和教师已经使用了 Kress & van Leeuwen（1996/2006）根据 SFL 对语言的描述而发展出来的 "视觉语法设计"。把语言和图像看成社会符号系统并从系统的、功能的理论处理方式的普遍性出发，就可以把视觉和文本的语法当成描述和分析的资源，来发展学生对多模态语篇的识读能力。

3.4.3　多模态系统网络的构建

　　Stöckl（2004）提出了纸质媒体中语言—图像—联系的理论和语篇分析问题。文章把多模态构建成一个系统网络，由核心模态、中间的变体、边缘模态、次模态和特征等构成。之后文章根据符号的、认知的以及语义的标准探索了语言的和图画的模态。Stöckl 的核心观点是：在多模态交流事件中，模态和次模态转换或融合并混合使用，这在两个广告语言中得到展示，勾画出了分析的层次和标准，这对于精确分析语言—图像—联系是必要的。这两则语篇显示出语言中有强烈的图画要素，在图像符号中有语言要素。第一个层次是语言和图像之间语义的和纵聚合的纽带；第二个层次是我们通过语言—图像—联系的设计，可以提供的认知操作；第三个层次，样本语篇中语言和图像的总体语篇结构是隐喻的投射和自由化；第四是视觉图像的特定性。接着，Stöckl（2004）粗略勾画出了各模态之间运作的一些基本符号原则：

　　（1）Halliday 的三个元功能是第一原则，可以轻易用于所有可以想象得到的模态并用于作为整体的多模态文本；

（2）切分，即把更大的符号结构或者感知的格式塔分解成它们的构成要素，这似乎是在所有模态均可运作的符号原则；

（3）语篇中的意义来自三个相互交织的层面：指示、蕴含和联想；

（4）多模态交际中另外一个常见的符号原则见于模态与伴随模态建立语义关系的必要性中；

（5）符号产生意义的三种方式是图像符号、指示符号和象征符号；

（6）识别格式塔相似性，即模态间的类似，是多模态交际中所要求的核心的心智操作。

这六条原则既有理论上的思考，也有具体的操作示例，既基于系统功能语言学，也借鉴认知语言学部分理论，同时融合了符号学的相关成果，具有较好的启示意义。

3.5 生态语言学

3.5.1 生态语言学起源及研究范式

生态语言学的任务是通过研究语言中的生态因素和语言与生态的关系，揭示语言与环境的相互作用。虽然对环境问题的关注在洪堡特（Wilhelm von Humboldt）、萨丕尔（Edward Sapir）、马林诺夫斯基（Bronislaw Kasper Malinowski）、弗思（John Rupert Firth）等语言学家的论著中早有体现（黄国文，2016a），并且20世纪50年代英国学者 Trim（1959）就使用过"语言生态学"（linguistic ecology）这一术语（Eliasson，2015），然而人们仍倾向于将豪根（Haugen，1970）题为《语言的生态》（"On the Ecology of Languages"）的报告视为生态语言学的开端（Fill，2001；范俊军，2005）。20世纪90年代，"韩礼德模式"形成，并与"豪根模式"共同成为生态语言学的两种主要研究范式。

3.5.1.1　豪根模式

豪根（Haugen）将语言和环境的关系比作生物和生态环境的关系。他认为一种语言的真正环境是"将它作为语码的社会"，社会中的各种语码会如自然生态系统中的有机生命一样相互影响、竞争，甚至死亡（Haugen，1970，1972）。这种"语言生态"的隐喻为语言研究者所接受，在 20 世纪 80 年代曾被广泛使用，成为语言生态学的主流研究范式（范俊军，2005），并被称为"豪根模式"（Fill，2001）。豪根模式下的研究热点有"语言的生存发展状态，语言多样性，语言世界系统，语言的生存、发展、消亡，濒危语言保护，语言进化，语言活力，语言规划，语言与现实世界的互变互动关系，语言多样性与生物多样性的关系，生态系统与文化系统"等（黄国文，2016a）。豪根模式的主要研究方式是借用如"环境""恒定性"（conservation）、"相互作用"（interaction）等生态学概念来研究心理语言学和社会语言学现象，以期帮助人们从新的视角审视这些现象。

3.5.1.2　韩礼德模式

生态语言学的另一个范式是韩礼德模式。与豪根不同的是，韩礼德关心的是语言在各种生态问题中所起的作用。在 1990 年希腊的塞萨罗尼基举行的国际应用语言学大会上，韩礼德指出语言与增长主义、人类中心主义等思想有着深刻的关系。他告诫应用语言学家应重视语言在不断增多的环境问题中所起的作用，从而奠定了一种新的生态语言学的研究范式（Fill，2001）。韩礼德模式的主要研究方法是话语分析（或称批评话语分析、生态话语分析、生态批评话语分析），包括对语言系统的分析和对语言使用（与生态有关的语篇）的分析。针对语言系统，Halliday（1990a）探讨了英语等欧洲标准语中名词的数、代词、施事等语法现象，并指出自然资源的无限性、人类的特权地位等思想意识已经成为语言系统中结构上的内在特性。他还认为，语法是不能人为修改的，我们能做的是去注意其中的生态因素所反映的生态观念，同时处理处于语法外层的具体问题（specific issues at the outer layers of the grammar），即语言使用（生态话语、语篇）的问题。

近年，生态语言学研究的第三个模式，可称为"综合模式"，渐渐进入人们的视野。综合模式以整体观、联系观看待语言和环境之间的关系，呼吁把生态语言学建立成"一个统一的自然化科学"（Steffensen & Fill，2014）。代表人物有 Sune Vork Steffensen、Alwin Fill、Jørgen Chr. Bang 和 Wilhelm Trampe 等一些西方国家的生态语言学家。尤其值得一提的是，Bang & Trampe（2014）倡导了辩证生态语言学。他们认为一切事物（包括每个人）都是相互依存的，并参与着彼此的存在模式。也就是说，在生物学、社会学和意识形态层面，任何个体都是与其他个体共存而构成环境的一部分。在辩证、普遍矛盾思想的基础上，辩证生态语言学家提出了社会活动"核心矛盾"和"辩证对话"模式的分析方法，以求解决其所关心的一个核心问题，即推进民主、生态的思维和行为方式。

我们在下一节主要梳理生态话语分析的研究中一些不同于传统意义的核心概念。

3.5.2　生态话语分析的核心概念

3.5.2.1　生态话语和生态话语分析

虽然（批评）生态话语分析的范式肇始于 Halliday（1990），但是他本人并没有对生态话语（ecological discourse）的概念进行定义。他甚至很少使用"生态"（ecology）一词，取而代之的概念是"环境"（environment）。早期的相关研究中，"环境话语"（environmental discourse）一词更为常用。"生态话语"的使用可追溯到 Paul Rutherford 发表于 *Australian Journal of Communication* 期刊上的文章 "The Administration of Life: Ecological Discourse as Intellectual Machinery of Government"（1994），但是该文的重点在环境治理，而不是话语分析。Alexander & Stibbe

（2014：2）在区分生态话语分析（the analysis of ecological discourse）
和话语的生态分析（the ecological analysis of discourse）两个概念时说，
前者是分析"人们用以谈论环境"的话语。虽然他们没有直接对其进行
定义，但是这个说法较为符合目前"生态话语"这一概念所用的语境。
黄国文、赵蕊华（2017）在区分广义和狭义的生态话语分析时，也曾发
表过类似的见解，即生态话语是关于生态的话语。这与"环境话语"的
内涵并无二至。

在话语分析领域，"话语"一词虽然与"语篇"在不同的语言学学
派的使用中所指意义有所差别，但是也有很多学者对它们不予严格区
分，将两者交互使用并概指以口头或书面的形式呈现的、大于句子的语
言单位（胡壮麟，1994）。生态话语的研究价值在于其中体现着人们的
生态观念，而观念支配着行为。根据对行为的不同影响，Stibbe（2014，
2015）将生态话语大致分为有益性（beneficial）、破坏性（destructive）
和中性（ambivalent）三类。黄国文、陈旸（2018a）认为以三分法划分
生态话语的维度不足以在话语分析过程中详尽地描述和分析话语的生态
性质，进而提出从有益到破坏的话语连续体。无论是类型学还是拓扑学
视角的描述，对语篇生态性质的判断是生态话语分析的一个重要内容。

黄国文、赵蕊华（2017）认为生态话语分析是狭义的生态语言学，
对话语的生态分析是广义的生态话语分析。狭义的生态话语分析与基础
生态学所关心的问题更为接近，主要是包括人在内的生物或者生物群体
与其生存环境之间的关系（Odum，1969）。这使其研究对象聚焦于人、
语言及自然生态三者。广义的生态话语分析还包括对其他话语中的生态
因素分析，如以生态视角对有关各国间关系的话语的分析（何伟、魏榕，
2017a，2017b）、对反映边缘人群生态的话语的分析等。广义的生态话
语分析是对社会生态系统进行自然生态的隐喻，将生态思想投射到人与
人之间的关系上。

生态话语分析往往借用 Flairclough 和 Kress 等的批评话语分析的
研究方法，因此也常被认为是一种将生态问题考虑在内的批评话语分析
（Alexander & Stibbe，2014；Stibbe，2014），有的学者直接称之为"生

态批判话语分析"（Carvalho & Burgess, 2005；Goatly, 1996；Murata, 2007；戴桂玉、仇娟, 2012）。但是，也有人认为把生态话语分析当成批评话语分析的一个下属分支并不合适（黄国文、赵蕊华, 2017；辛志英、黄国文, 2013），因为两者的关注点和落脚点都不同。批评话语分析关注人与人之间的权势关系，重在解构文本以批评关系的不平等，而生态话语分析关注人与自然的关系，重在对其进行重新建构。从其落脚点来说，生态话语分析具有积极话语分析（positive discourse analysis）（Martin, 2004）的特征。然而，黄国文、赵蕊华（2017：588）认为积极话语分析也是"以人为中心的"，因而更适宜以"和谐话语分析"（harmonious discourse analysis）的思路进行研究。所谓和谐话语分析就是在语言分析中重点探讨"和谐话语"（harmonious discourse）的构建和推广，而不是采用西方的批评话语分析路径，带着批判的眼光看待世界；采取整体论（多元论、系统论）而不是二元论的分析原则，将话语分析与政治、经济和社会发展与历史文化因素相结合（黄国文, 2016b；黄国文、赵蕊华, 2017）。

综上所述，我们认为生态话语分析在学科上仍然属于话语分析，是话语分析理论在生态问题中的具体应用。其次，生态话语分析可以是批评话语分析、积极话语分析，也可以是和谐话语分析。这些研究方法各具特色，各有所长。批评话语分析长于解构，积极话语分析长于建构，和谐话语分析强调建构中的历史文化因素。各法均有可以借鉴之处。第三，从研究的总体目标来看，三者是一致的，都是要促进社会变革以构建和谐的主体间关系。因此，也可以说，积极话语分析是一种批评话语分析（黄会健等, 2007），而和谐话语分析是一种积极话语分析，进而也属于批评话语分析。积极话语分析是批评话语分析的进一步延伸（朱永生, 2006），它从另一个方向向总体目标更进一步；和谐话语分析把主体间关系由人扩展到自然。如果我们对"主体"这一概念进行生态化的认识，主体间关系就是包括自然在内的所有生态主体之间的关系。

3.5.2.2　生态主体

"主体"这一概念在哲学史上和现实生活中都有两种含义。一种是指属性、状态、变化、关系的承担者。如亚里士多德认为，主体就是本体，是属性、状态和作用的承担者。霍布斯将物质看作一切变化的主体（转引自李林昆，1991）。马克思也曾把贵金属表述为"作为货币关系的主体"（转引自李林昆，1991）。日常生活中也常有"物质是运动变化的主体""分子、原子是化学运动的主体""蛋白质和核酸是生命运动的主体"等说法。在这种含义上使用的主体概念，是没有客体概念和它对应的。

17 世纪以来，产生了与客体概念对应起来的主体概念。这时，主体是对象性活动的承担者、发动者，也就是与客体相对的、自觉的、能动的存在物（袁贵仁、韩震，1988）。在讨论哲学问题时，主体一般指人。而非人生物／存在是人类认识和实践的对象，是客体。从人类认识与实践的特点来说，人是唯一的主体。自然被动地承受人的影响，只能是人类认识和实践的客体。但是在生态哲学的视域下，人与自然都具有双重的主、客体身份，因为自然会通过长期的自组织规律而对人施加影响（周书俊，2002）。再者，人是自然界长期发展的产物，自然界的存在是人类生存和发展的基础，所以人必须主动或被动地服从自然的规律，在自然环境中不断地改变着自我。从这种意义上说，人是自然的"对象"，人是"客体"，而自然是发动者，是"主体"。

生态哲学从生态危机的背景下产生和发展起来，关注的是人作为生态系统中一个普通的成员与其他生物及整个生态系统的关系。它强调的是即使人类有意识、有理性、能创造，也仍然要同其他生物一样，服从生态规律，并且其他生物也具有影响生态系统整体稳定性的作用。"我们的'生命支持系统'日复一日地存在着，依赖的是无数互相依赖的生物和物理化学因素之间的功能性互动。洋流的运动和土壤微生物的活动对我们的存在而言，与我们呼吸的氧气一样重要"（Murdy, 1975:

1169）。也就是说，生态哲学关心的是每个生物在维持系统稳定性方面的共性，而不是人区别于非人生物的特性。所以，在生态危机的背景下，不管是从与客体对应的主体概念还是没有与客体对应的概念来说，人与自然都是主体。

3.5.2.3　生态哲学与生态哲学观

生态哲学与生态哲学观这两个概念在生态语言学界并没有十分清晰的区别。它们常常被相互借用。黄国文、陈旸（2016b）认为分析者的"生态观"（ecological view）也可被称为"生态哲学"（ecological philosophy，简称 ecosophy）。Stibbe（2015：12）持类似观点，认为 ecosophy 是生态哲学的简称（a shortening of "ecological philosophy"），是观照生态问题的一系列哲学原则。在他们看来，ecosophy 一词与 ecological philosophy 同义，既可以指生态哲学，又可以指生态哲学观。

ecosophy 一词来自 Naess。为了讨论深层生态（deep ecology）思想，Naess（1973，1989）区分了 ecophilosophy 和 ecosophy 两个概念。他（Naess，1989）认为哲学（philosophy）具有两层意义：一是指一个学科，一种研究知识的方法；二是指引导个体作出相应决策的个人化的价值观和世界观。生态哲学（ecophilosophy）当属第一层含义，生态哲学观（ecosophy）是第二层，如表 3-8 所示。

表 3-8　生态哲学与生态哲学观（译自 Naess, 1989：37）

	普遍哲学	与生态有关的哲学
学科	哲学（philosophy）	生态哲学（ecophilosophy）
价值观、世界观	哲学观（a philosophy）	生态哲学观（an ecosophy）

Naess 认为生态哲学是针对生态学和哲学这两个学科交叉地带众多基本问题的、没有价值倾向的、去情景化的描述性研究，而生态哲学观是个体在涉及自我与自然之间关系的情境中所秉持的个人信念。由此可见，生态哲学观在此意为个性化的生态观或生态观念的体系，而生态哲学是一个学科。两者之间的区别性因素是个体价值倾向（value priorities）。Naess（1989）认为在任何实际情境中，个体的价值倾向都是基本要素。因此，他将生态哲学的基本问题抛在一边，提倡每个人都应该建立一个属于他自己的生态哲学观，例如 Ecosophies X, Y, or Z[1]。

生态哲学是应用哲学的分支学科。生态哲学讨论的主要问题有环境在人类社会发展中的作用、自然的内在价值、自然的权利和人类中心主义等（刘可风等，2005）。在生态语言学领域，很多学者（如 Stibbe，2014，2015；何伟、魏榕，2017a；黄国文，2018a，2018b）强调生态哲学对于生态话语分析的重要性。Stibbe（2015）提出，生态哲学观（ecosophy）是研究者对生态话语进行评价的依据。它会体现在对语篇的评判标准上，并最终决定评价结果。然而，与哲学领域不同的是，生态语言学家似乎无意于对生态哲学学科内部所争论的一些基本问题进行深入探讨。他们更加关心的是如何建立起可以指导话语分析的伦理框架（ethical framework），使生态话语分析有据可依，使其结果不至于完全主观而更加令人信服。这使得生态语言学界对不同的哲学观念抱有非常宽容的态度。Stibbe（2015：11）曾这样陈述他的观点："每个生态语言学家都会有体现他自己的价值观和最为关心之事的一套哲学原则，以此来评判（语篇中所蕴涵的）故事（stories，即信念）……"黄国文（2017）也认为，不同研究者因经历、生存环境和伦理观念等方面不相同而必然持有不同的生态哲学观。

由此可以得出以下三点：（1）不论生态语言学界使用"生态哲学"和"生态哲学观"中的哪个概念，他们所指均为个性化的生态观念体系，并不深入到生态哲学作为一个学科所关心的基本问题；（2）生态语言学者对不同于己的哲学观点是接受的，并且认为不同是必然的，因为生态哲学观是包含个人价值倾向的行为和评判原则，是无对错之分的（Stibbe，2015）；（3）生态语言学家并不（似生态哲学家那样）执着于一些生态问题的真理性，而更在意与其生态哲学观相适应的语言分析框架的实用性。

1　Naess 将自己的生态哲学观称为"Ecosophy T"。

当然，也有学者对这两个概念进行了区分。何伟、魏榕（2018c）认为生态哲学与生态哲学观不同，后者是前者的外化形式。他们还提出生态哲学观的几个特征：系统性、个人化、社会性、文化性、可持续性和进化性（何伟、魏榕，2018c）。这不得不说是为生态话语分析研究迈出了很有价值的一步。但是，与 Naess 的做法相同的是，他们完全抛开生态哲学而试图直接建立可以指导行为的生态哲学观，即可以用于判断话语生态属性的伦理框架。这样的结果是，生态哲学和生态哲学观之间是否存在差异变得不重要了。因为不管是否区分这两个概念，生态话语分析者只要能够有个说得通的观念体系就行了，生态哲学似乎是一个不太相干的概念。

因此，就目前生态话语分析领域的情形来看，生态哲学（观）指的是基于对生物、环境与人类之间辩证关系的认识的、一种可以指导语篇分析的伦理框架。如 Larson（2011：10）在对语法隐喻的生态语言学分析的过程中提出了"社会生态可持续性"的哲学框架，用以判断"我们所选择的隐喻是否会有益于我们通往可持续发展的道路，还是会将我们引入歧途"。又如何伟、魏榕（2018d）针对国际生态话语建立的"多元和谐，交互共生"生态哲学观，用以判断国际生态话语中蕴涵的生态意义。

显然，生态语言学者的生态哲学研究受到了 Naess 的影响。Naess 对生态哲学和生态观的区分是有意义的，但是他同时又割裂了两者之间的联系。他（Naess，1989：37）说不管生态哲学往哪个方向发展，我们致力于生态哲学研究的最终目的在于建构自己的生态观，以解决与自己实际情况相关的生态问题。这个观点本身是没有问题的，但是它并不能得到"建立个人的生态观可以不考虑生态哲学"这一推论，好像作为一门学科的生态哲学所讨论的问题与个人哲学观念的建立完全没有关系。正是由于 Naess 以及很多生态语言学研究者绕过了生态哲学的基本问题，他们在对"人类中心"和"非人类中心"等重要概念没有进行深入讨论和认识的情况下，就采取了"非人类中心"的观点，以至于陷入"非人类中心"的悖论和互相矛盾的研究结果。

3.5.3　生态话语分析的相关研究

　　20 世纪 90 年代以后，虽然众多学者仍然研究豪根先前提倡的语际关系，"但是显然这一议题已不是现今生态语言学的中心议题"了（周文娟，2016）。"综合模式"的历史虽可以追溯到 20 世纪 80 年代，却直到近些年才开始被更多的人所了解。与此同时，随着生态危机的加剧及人们生态意识的增强，"韩礼德模式"的影响逐渐扩大，对有关环境问题的话语研究越来越重要了。总体上来说，以"韩礼德模式"为主的生态话语分析包含两个方面的内容：一是对生态话语研究方法体系的建构；二是以批判话语分析为主要方法的实证研究。

3.5.3.1　实证研究

　　虽然生态话语分析的方法体系建构最近几年才成为研究热点，其实证研究却已较为丰富。生态话语分析的实证研究最早开始于针对（英语）语言系统的分析，而后对环境语篇的分析也逐渐丰富起来。

1. 对语言系统的分析

　　受非人类中心主义伦理思潮的影响，生态话语分析对语言系统的分析主要集中于其中所体现的"人类中心"思想。Halliday 首开先河，Goatly 等人随后加入。主要内容可归纳为以下三点：

　　一是对体现人类利益的语言资源的分析和批判。Fill（2001：49）认为人类中心主义在语言中的体现之一是人类总是按照对自己的有用程度来命名自然物，如 pest（有害动植物）、weed（杂草）、vermin（害虫、害兽及害鸟）、natural resources（自然资源）等词汇。这样不仅忽视了自然的其他方面，而且不利于维护自然的利益。另一个被严厉批评的人类中心主义语言现象是"增长主义"。在语言系统中，一些具有"增长性质"的词汇受到人们的偏爱。它们有时被当作中性词使用，如"How fast is the car? How big is the apple?"中的"How fast"意为"What speed"，"How big"意为"What size"，其中所包含的 slow、small 等意义被隐去（Fill, 2001: 48）。有时增长词会替代表示减少或下降意义的词汇出现，典型的例子是"负增长"。由于增长词总是引起积极的情感反应（Halliday, 2001a），它们反过来又影响人们对生产和消费的态度，造成过度浪费。究其根本，"增长主义"源自语言对人类利益的标记。因为即使在当今社会，"个子高""速度快"仍然是人们获得更多生存和发展资源的有利条件。

二是对体现人类实践主体性的语言资源的分析和批判。Goatly（1996）认为一致式及物系统将现象拆分为参与者、过程和环境成分，这与生态的整体性并不协调。Halliday（1990a）则批评英语语法过分强调人类的作用，而不愿意接受非人类施事。像"What is the forest doing?"这类把自然物设置为施事的表达，在正常情况下会让人感到不自然。只有在有关灾害的语篇中，无生命物体才可以充当物质过程的施事，如"The flood damaged the house."。人类施事是人类在实践中作为主体进行活动的体现。有了主体性和自我意识，人类便把自己从世界的整体中分离出来，使自我在其他成分和环境中成为施事。因此，对人类施事和一致式及物系统的批判实际上是对人类主体性的批判。

三是对体现人类独特性的语言资源的分析和批判。在英语等欧洲语言中，人称代词 she/he 指代有意识的、具有态度和观点的生命，即人类；it 指代无意识的、不会产生观点的非人类有机体和无生命物体。Halliday（2001a）认为这种差异并不仅仅是对人与非人生命在指称上的区分，而且是代表人类对有意识与无意识事物的划分。无意识的事物只能是信息的来源，但不能投射观点。这种语义潜势使人类难以接受地球是一个具有生命、能够感受，甚至可以思考的存在。也就是说，自然与人类具有相同的特征，但是（英语）语法表达的意义却是这些属性都是人所特有的。在 Halliday 看来，这种体现人类独特性的语言资源对生态和谐无益。

总体来讲，生态话语分析通过否定人类利益的正当性（人可以追求自己的利益）、人类的主体性（人类是认识和实践的主体，非人类是人类认识和实践的对象）和独特性（人类不同于生态系统中的其他物种）

来批评（英语）语言系统中的人类中心主义。Halliday 和 Goatly 等人对英语语言系统的批判可谓相当严厉和彻底，这种分析方式对环境语篇的分析产生很大的影响。由于语言系统难以改造，或至少是无法在短期内改造（Halliday, 2001a），生态话语分析此后的研究主要针对生态语篇展开。

2. 对环境语篇的分析

从 20 世纪 90 年代发展至今，生态话语分析研究所涵盖的主题、体裁以及所用的研究方法越来越全面。其主题涉及从物种多样性（Stibbe & Zunino, 2008）到气候变化（Poberezhskaya, 2018），从企业的"绿漂"（Howlett & Raglon, 1992）到生态旅游（Stamou & Paraskevopoulos, 2008）等方方面面的生态问题；其关注的体裁包括教材语篇（Stibbe, 2004）、广告（Howlett & Raglon, 1992；何伟、耿芳, 2018）、法律文书（Bang & Door, 1993）、公司简介（Alexander, 2009；戴桂玉、仇娟, 2012）、游客留言（Stamou & Paraskevopoulos, 2008）以及新闻报道（Goatly, 2002；Pajo, 2015）等多种形式；其研究方法虽然以质性的批评话语分析为主，但是也逐步出现与语料库技术相结合的量化研究（如Alexander, 2009），并且框架理论、隐喻理论、身份认同理论等也被证明是有效的理论工具（如 Stibbe, 2015）。除此之外，环境语篇分析还呈现以下特征：

第一，从其隐含的生态哲学思想来说，偏向非人类中心主义。环境语篇研究因具体语境的多样性而呈现丰富的主题，但其研究思路大体承袭 Halliday 等人对语言系统的分析方式，即通过否定人类利益的正当性、人类的主体性和独特性来批评语篇中的人类中心主义。如 Kahn（1992）通过对野生动物职业语言中被动语态的分析批判了人类对非人生物权利的忽视和践踏，Stibbe（2015）以新闻语篇中评价资源的分析批评了人们意识形态中的"增长主义"，等等。动物权利的维护常常与人的主体性和独特性产生联系，增长主义与人的利益又是密不可分的概念。可以说，这些研究背后的哲学思想都是人类中心主义在具体语境下的变体。在非人类中心主义的大环境下，也有少数人类中心的实证研究（如 Larson, 2011）。

第二，从所选择的语言参数来看，偏向概念意义。根据系统功能语法（Halliday, 1994a），语言的使用依据其功能表达三种意义：概念意义、人际意义和谋篇意义。概念意义主要由及物系统来体现。及物系统又可以由更加具体的成分来表达。实施、受事、作格结构、主动语态、被动语态等都是实现概念意义的语法概念。大多数环境语篇的分析都是以概念意义为语言参数。例如，Bang & Door（1993）运用"施事"和"指称"两个范畴对两个丹麦语法律语篇进行了分析，Gerbig（1993）发现语篇通过选用主动、被动和作格结构等将破坏臭氧层的产业群体的责任隐藏起来，赵蕊华（2016）从概念意义对应的语域、语义和词汇语法三个层面揭示了语篇对非人类动物身份的构建，何伟、耿芳（2018）以及物性系统理论为基础对英汉环境保护类公益广告话语进行对比分析。当然，少数实证研究也试图利用其他语言参数进行分析。例如，Stibbe & Zunino（2008）通过分析某些搭配和隐喻用法中的前提讨论了"生物多样性"的多重含义，戴桂玉、仇娟（2012）根据及物性和态度资源对 20 篇生态酒店英文简介的语言特征进行分析，黄国文、陈旸（2017a）对《一只小鸟沿小径走来》进行了语域与语类和元功能分析。但是总体来看，概念意义是生态话语分析所选择的主要语言参数。

第三，从语料选择来看，中文语料研究偏少。尽管近几年国内开展生态语言学实证研究的学者逐渐增多，但是以中文环境语篇为语料的研究很少。上文提到的戴桂玉、仇娟（2012），赵蕊华（2016）以及黄国文、陈旸（2017a）所选均为英文语料。也有少数以汉语环境语篇为语料的研究，但其目的是进行英汉对比分析（如何伟、耿芳，2018）。以其他语种为语料的还有 Bang & Door（1993）对两个丹麦语法律语篇进行分析，陆娇娇（2018）以 2009—2013 年中德主流纸媒报道为例分析了中德气候变化新闻话语的差异等。相比之下，英文语料的研究最多。不仅以英语为母语的研究者通常选择英文语料，其他语言的研究者也往往选择英文语料。原因之一可能是英语作为世界通用语，在政治、经济和学术等领域都处于优势地位，因而英语语篇中所体现的意识形态问题最受关注；此外，系统功能语言学是生态话语分析的一个常用分析工具，而系统功能语法通常是以英语为例解释语言问题的。

各种主题和体裁的环境语篇研究大致都具有以上几个宏观特征，但是每个体裁因实现的社会功能不同，其研究的方法、核心内容等方面可能会存在独特之处。下一小节针对环境新闻话语研究进行简要评介，以期进一步说明生态话语分析的理念和研究方法。

3.5.3.2　生态语言学视角下的新闻话语研究

生态话语分析关心环境（生态）问题，而环境新闻是环境事件与新闻本身的结合（许正隆，1999），这使得环境新闻成为生态语言学与新闻话语研究的交集。简单地说，环境新闻就是以环境问题为主题的新闻报道。Frome（1998：ix）将环境新闻定义为"意在为公众在环境事务相关决策中提供准确信息的、有目的的新闻作品"。陆红坚（2001：5）认为环境报道的最终目标是"提高公众的环境意识，并使他们自觉参与到环境保护中来"。这些观点虽然是从新闻学角度对环境新闻的定义和功能的阐述，却表现出对语言所抱有的、与生态语言学领域相同的期待，即希望语言可以在环境问题中发挥积极的作用。

近年来，环境新闻分析研究很多，气候变化是热点之一，仅以"哥本哈根"和"新闻"为主题就可以在 CNKI 总库中搜索到 68 条文献[1]。但多数研究难以归为严格意义上的生态话语分析。它们要么专注环境问题中不同利益方（如东西方国家间）的话语权，环境语篇被选为语料与环境本身无关，只是因为环境问题的争论方式反映各相关主体的权势关系，也就是借环境话题来进行权势关系分析（如陈俊、王蕾，2011；冯

1　文献检索截至 2023 年 1 月 10 日。

捷蕴，2014；陶贤都、李艳林，2015；岳丽媛、张增一，2017）；要么是关于新闻实务的语言研究，或从新闻学角度讨论环境报道的价值取向，并未落实到具体的语言层面（如蒋晓丽、雷力，2010；王积龙，2009）。

这与新闻话语的研究范式有关。从已有的文献来看，对新闻话语的研究主要在两个领域展开：一是新闻学；二是语言学。新闻学领域的早期研究主要是从新闻实务出发，结合新闻报道中的实际情况或问题进行讨论，分析的材料和问题都非常具体，给出的建议也很具有针对性和可操作性。但是分析过程不免流于表面和琐碎，更多的是一种经验式的感悟和直观性的评论（赵为学，2008）。直到语言学的话语分析方法引入新闻学，这种情况才有所改观。

环境新闻自 19 世纪在美国的环境保护运动中诞生以来，在 20 世纪 60 年代走向成熟，不断地对政府的环境决策进行积极的干预。例如，自然学家兼《森林与河流》（*Forest and Stream*）杂志主编 George Bird Grinnell 30 多年间不懈地对滥杀、滥捕猎物的现象进行声讨，最终导致美国一系列自然生物保护法的出台，其中包括 1885 年冰河国家公园的建立和 1894 年的黄石公园保护法（张威，2004）。国内的环境新闻发展自 20 世纪 80 年代以来也非常迅速。1985 年，中国设立了专门的环境新闻报刊《中国环境报》。1993 年，中国加入国际环境新闻记者协会。到 21 世纪初，中国的环境新闻已融入了世界潮流（张威，2004）。可以说，国内外环境新闻正在崛起。

环境新闻对美国环境政策的干预似乎已经很有力地证明了其对受众环保意识的影响。然而新闻语篇究竟是通过何种话语方式做到这一点的？环境新闻所起的作用是否如环境新闻从业者所抱有的良好愿望那样总是可以提高公众环保意识，会不会有时适得其反？语言学界对此进行了分析。Goatly（2002）采用批判话语分析的方法调查了 BBC 广播电台关于自然的语言表征。他发现，影响思维或表达意识形态立场的不是语言的结构，而是从语言资源中做出的词汇选择。他指出鲸鱼、狼等的消极形象是新闻报道建构出来的，而其他的表征方式虽然存在却缺乏语类和意识形态的必然性。Carvalho（2005）分析了 1985 至 2000 年英国的高质报刊，展示了"气候变化的政治调控"是如何"由媒体建构的"，发现政府话语对新闻语篇的结构化产生持续的影响，且一些特定的词汇和隐喻也受到偏好，因为它们有助于隐藏现实的某些方面并避免引起人们的注意。廖云路（2014）通过对涉藏生态报道的话语分析，发现无论是国内媒体还是国外媒体，甚至西藏本地媒体，在报道中均体现出刻意将西藏生态建构为明显区别于主流群体的"他者化"思维。这种报道方式并不利于让受众了解西藏的真实生态状况。

由此看来，生态话语分析证明了环境新闻并非全然有益于生态意识培养。除了关注生态问题，环境新闻还应有语言学的指导。但是对于新闻语篇究竟通过何种话语方式得以提高受众的生态观念，这个问题仍然没有很好的回答。未来研究可以进一步探讨此问题。

3.6　语义发生学

系统功能语言学作为普通语言学和适用语言学，在过去的 50 年中对语言的各个层面进行了理论建构和应用拓展，"语义发生"（semogenesis）是其阐释语言意义发展演变过程的核心概念。这一思想初见于 Halliday 从 20 世纪 70 年代开始的一系列关于婴幼儿语言发展的论文（如 Halliday，1975，1978，1979 等，见 Halliday，2005a），继而在他 90 年代发表的系列论文中得到发展（如 Halliday，1990b，1993，1995，见 Halliday，2007），最终在 20 世纪末与 Matthiessen（Halliday & Matthiessen，1999）明确提出了"语义发生时间框架"。然而，语义发生理论的后续发展并不充分，因此，我们需要对这一概念进行系统梳理，回顾已有的研究成果，以便更准确地把握语义发生理论在未来研究中的走向。

3.6.1 语义发生理论

与传统语法主要关注语言形式不同，系统功能语法是一种关注意义的语法。Halliday 曾不止一次地表明他的最终目标是建立语义发生机制（如 Halliday，2004b，2007，2008）。Halliday & Matthiessen（1999）认为语言与意义的产生不分先后，相辅相成。"semogenesis"一词由"sem(o)-"和"-genesis"两个词素构成。从词源上讲，"sem"源于希腊语"σῆμα"（标记，特征），Halliday 曾强调"semiotics"是指"意义学"，认为语言系统是一个开放的产生意义（semogenic）的系统（见 Halliday，2007：ix；严世清，2002）。"genesis"则借用了生物学中的概念，表示"生成"。有学者主张译为"意义进化论"或"意义发生学"（如严世清，2012；杨忠，2010；朱永生、严世清，2011）。我们认为译为"语义发生"更为妥当。首先，表意的符号系统很多，而在系统功能语言学范畴内，主要研究对象还是语言的意义，译为"语义"比"意义"更有针对性；其次，尽管这一概念的提出受到了生物进化论的影响（Halliday，2005a，2007；Halliday & Matthiessen，1999；Rose，2006；丁建新，2007，2009；严世清，2002），但主要是为了描述语言发展史与大脑进化的关系，即"evolution of language"。个人语言发展和具体话语的产生具有个体差异和过程短暂等特点，很难以"进化"概之，而"发生"则兼有事物从无到有和发展过程之意。

语义发生指"产生普通或特定意义的过程模式"（Halliday & Matthiessen，1999：17），这些模式是用语法识解经验构建世界的指导性原则。他们对该理论的内涵做出了详细解释（Halliday，2005a，2007，2008；Halliday & Matthiessen，1999，2004），认为语义发生遵循时间顺序，可以划分为三个阶段：种系发生（phylogenetic time frame）、个体发生（ontogenetic time frame）、话语发生（logogenetic time frame）[1]。

1　Halliday & Matthiessen（1999: 17）指出，可能还存在其他语义发生过程，但他们的讨论仅限于种系发生、个体发生和话语发生三个方面。

种系发生指人类语言的进化；个体发生是指个人语言能力的发展；话语发生则关系到话语意义的展开，是意义建构在语篇中得以实现的过程。语义经过不断的产生、传递、再生、扩展、变化，呈循环螺旋发展。种系发生为个体发生提供环境，个体发生又为话语发生提供环境；反过来，话语发生为个体发生提供原材料，个体发生又为种系发生提供原材料（Halliday & Matthiessen，1999）。

3.6.2　语义发生与语法化之异同

作为系统功能语言学的核心概念之一，"semogenesis"在 Halliday 和 Matthiessen 2004 年出版的《功能语法导论》（第 3 版）中似乎没有深入阐述，只是在该书第二章对整个系统的词汇语法层进行的概述中，在"Grammaticalization"（语法化）一节唯一一次讨论了时间框架中的"phylogenetic time"，"ontogenetic time"和"logogenetic time"。他们指出，"系统语法是围绕语法化这一核心概念组织起来的，而意义是在相互关联的对比中得到识解的"（Halliday & Matthiessen，2004：47）。他们还同时探讨了如何将语法化看作按照时间顺序生成意义的过程。那么，语法化是否等同于语义发生呢？哪种表述才体现了系统功能语言学有关时间框架的内涵？

首先，正如 Halliday & Matthiessen（2004）所说，语法化的产生是因为语言意义不能只依赖词汇，否则现有词汇量远不足以表达人们的思想。各种语言语法化形式虽不一致，但都是语言进化过程中的必要环节，具有普遍性，是种系发生的有机组成部分。其次，正是由于意义潜势系统在时间框架中不断被语法化，语篇才最终成为语言系统的例示。

与 1999 年着重定义语义发生相比，Halliday & Matthiessen（2004）更多地讨论了语法化产生意义的具体过程。这说明"语义发生"和"语法化"是从不同研究视角描述意义生成过程：前者自上而下，对语义发生进行高度概括；后者自下而上，作为具体的实现意义步骤，从语言形式上描述语义发生的实现机制。因此，语义发生和语法化是互补的，前者是抽象的总结，后者是具体实现形式，两者都以时间框架为轴。Halliday & Matthiessen（2004：47）认为语法是语言的固有属性，并非语言发展的产物，而"语法化"更多的是突出从无到有的过程。再者，这一术语容易与认知语言学讨论的"语法化"发生概念上的混淆，因此大部分学者使用"语义发生"来概括时间框架。

3.6.3　语义发生研究发展现状

自 Halliday（2005a，2007）提出"语义发生"概念以来，国内外学者对其进行了多方面的研究。从研究的整体情况看，个体发生与话语发生因为有具体语言形式作为支撑，在研究中较易观察和控制。Halliday（1975，2005a）、Torr（1997）等人通过对自己子女的跟踪观察和分析，展现了语言由原型语（protolanguage）到成人语言（adult language）的具体过程，并根据语言的发展阶段作出相应的解释。相较之下，种系发生过程的研究至今还未形成完整的考察方式，但也不乏有人尤其是国外学者对语言的产生和发展问题进行积极的思考。由 Williams & Lukin（2004）合编的论文集就整合了多位学者（如 Halliday、Hasan、Matthiessen、Painter、Thibault 等）从功能的视角对语言的产生和发展进行的讨论。其中，Matthiessen（2004）仿照人类进化历程对人类语言发展进行分段，提出个体发生已经简要复述了种系发生过程，对意义进化的复杂进化的研究可以借鉴前人对婴幼儿语言的个体发生研究模式。Halliday & Matthiessen（2004：47）认为也可以通过"追踪特定语言历史中的语言实例（如英语中的第二时态和被动语态）"来观察种系发生，这也为语义发生理论向历时研究发展指明了方向。

除了追求语义发生理论本身的不断完善，还有很多学者将该理论与其他语言研究相结合。Yamaguchi（1998）将语义分为物理、社会、心理等空间，认为语法隐喻、多元符号、多元情态和副语言等是语义发生过程的不同表现形式，试图将语义发生过程与人类语言和智力的发展过程一一对应。他的研究是对语义发生的跨学科视角的有益尝试，遗憾的是，他的论述中存在部分术语定义模糊的情况，并且最终未形成语言与智力对应发展模式。

Martin（1997，1999）希望通过一系列实验项目来发现影响学生读写能力的关键因素并指导教学。他通过基于语体的读写能力培养，考察了个体发生中的一个阶段和一次完整的话语发生过程，并据此修正了读写能力教学模式，在教学中增加了协商文本过程。

此外，Tench（2003）关注英语语调中的语义发生过程，补充了除"解构"以外的"整合"与"重构"等其他英语语调中的语义变化过程。Farahani & Hadidi（2008）检视了科幻小说和现代散文小说中语法隐喻的语义发生。Fincham（2009）把语义发生框架作为联系意识形态与语言形式变化的中介，对哲学语篇进行语体分析。Tann（2010）通过语义发生过程反映群体身份构建问题。

国内较早关注语义发生问题的是严世清（2002）。他整理了Halliday 语言学理论的哲学源头及发展，追溯"语义发生"这一术语的源头，从生物进化论角度讨论了"genesis"一词（严世清，2012），这对系统功能语言学的发展来说是基础的也是重要的一环。在朱永生与严世清合著的《系统功能语言学再思考》（2011）中，他们分别从生物科学的影响、Vygotsky 的社会建构论对比以及中国古代哲学对其具有的阐释作用等三个方面，梳理了语义发生的概念来源、本体定位、发展过程及其与语法隐喻的关系问题，为研究语义发生提供了新的视角，有利于对该话题的进一步挖掘。

丁建新（2007，2009）梳理了功能语言学与进化论思想的关系，认为系统功能语言学中关于语言起源、系统、功能语法、社会符号、语法隐喻等思想都明显受到了"物竞天择，适者生存"的进化论思想的浸染。

杨忠（2010）则将语义发生归为功能语义研究范式的重要组成部分。他认为 Matthiessen & Halliday（2009）在阐释"例示"时将语言与语境对应，发展了话语语义学，但缺乏空间维度，忽略了系统发展与文化语境的内在联系。他提出，为避免语义发生过程对民族特性难以解释，应区分特定文化背景（种族视角）和语义普遍性（种系视角），但对代表种族视角的空间维度应当如何建立，并未详细说明。

王天华（2012）针对新闻语篇的隐性评价意义进行了话语发生方面的研究。他认为受语篇语境的影响，隐性评价手段在展开语篇时能够形成评价语义元关系（meta-relation），从而建构语篇价值并动态地对读者群定位，决定整个语篇的语义走向。这可以被视为评价理论与语义发生理论的衔接点之一。

3.6.4 相关领域研究

语言的起源和发展问题历来受到神经科学、心理学、哲学、遗传学、语言学等学科的重视，但侧重点不同，因而各学科间有可能互为补充和借鉴。比如，演化语言学与系统功能语言学同样关注语义的发展，不同的是前者采取认知科学视角，从内在的大脑机制研究语言进化；而后者采取社会视角，着重外在因素对语言发展的影响。王士元（2011；Wang, 1978）从演化语言学角度讨论了语言的演化问题。他提出语言演化的三个尺度：宏观史（macrohistory）、中观史（mesohistory）、微观史（microhistory），这与语义发生理论对于意义和语言发展的观点不谋而合。但他认为，只有实证研究才是认识语言演化的根本途径，要回答"语言是什么?"必须借助脑神经认知的研究，句法分析不过是"无谓的甚至是走火入魔的研究方式"（王士元，2011：2）。实际上，语言并非自然科学的产物，尽管实证研究可以提供丰富的信息和资料来提高语料处理能力，但作为思想的物质载体，语言和思想一样，是不可完全靠数据操控的，语言分析也就不能完全依照精密科学的研究路径。脑神经科学无疑可以大大地促进我们对人、进而对语言发展进行深入了解，但脑神经科学的发展并不能直接决定语言研究的发展；相反，语言是使一切科学得以表述的前提，语言的功能是从语言诞生之日起就具有的本质属性。对于语言的理解和探讨不能只期待脑成像等精密技术的完善，还应从功能的角度对语义的发展过程进行思辨性的推理。因此，各学科间的合作和互动能更好地推动我们对客观存在的认识向前发展。

3.6.5　未来研究展望

综上所述，系统功能视角下的语义发生理论在过去的 20 年中得到了持续不断的发展，但仍处于起步阶段，存在不足，主要体现为研究内容较为零散、缺乏整体性和目标性、与其他学科的结合不多、尚未形成成熟的理论指导和研究方法。然而，从它所关注的话题和已经取得的成果来看，该理论无论是在理论建构还是适用性研究方面，都具有很大的发展潜力。

我们认为，在理论充实方面，以下几个方面值得拓展：（1）对语义发生概念进行定位，即描述该理论在系统功能语言学中的具体地位与作用，梳理其与纯理功能、音系、词汇语法、语篇语义等其他重要概念的关系，回答"是什么、为什么、怎么样"等问题，为最终建立语义发生学打下理论基础。（2）充实并完善时间框架，分别探讨种系发生、个体发生和话语发生的运作机制，以及讨论各阶段的分类。（3）以词汇语法为载体，关注语言变化情况，并总结出语言变化规律。（4）探讨语义发生理论与语言学各分支学科及理论之间的界面关系，如历史语言学、社会语言学、认知语言学、演化语言学、语料库语言学等。（5）Halliday & Matthiessen（1999）曾提出可能存在其他语义发生过程，那么这些过程是什么，如何运作，如"语义发生是否存在空间框架""其他过程是否与时间框架一一对应"等问题都是语义发生理论应关注的领域。

在适用性研究方面,可关注的问题更多,范围更广:(1)对种系发生进行历史维度的研究,关注语言发展过程中已经发生或正在经历的语言变化,记录语言的历史。(2)针对不同群体,如婴幼儿、青少年、大学生、老年人等,进行个体发生研究。个体语言发展的各个阶段可能呈现出不同的语言特征,受到外界语言环境影响的程度也不尽相同,了解这些特征能够更好地指导语言学习和适用,帮助语言使用者选择不同的语言策略。(3)对不同语篇进行话语发生研究可以促进语篇分析从单纯意义分析向语篇意义生成过渡,也体现出功能语言学与语用学所关注的对象是自然语言意义的不同方面。

同时,我们认为,语义发生的研究需要走定性研究与实证研究并重、与不同学科分支相结合的路径:

一是与历史语言学相结合的路径。Halliday 与其他当代语言学家的一个重要区别在于他不仅重视共时语言现象,也强调历史研究的重要性。语言能够经过长期的选择淘汰演变为现有语言现象,必然受到特定历史因素的影响。可以选择 2 至 3 个历史时期的经典作品作为考察对象,对意义表述的特征进行总结,再逐一考察这些特征与下一阶段表意特征的可能过渡方式,依靠表意特征的准历时研究推断出不同历史时期语言演变的趋向。

二是与社会语言学相结合的路径。系统功能语言学强调社会视角,也继承了许多社会语言学的研究方式。采用社会语言学常用的实地调查方法可以记录语言社团的发展情况,考察不同语言社团之间话语建构过程的差异;也可以通过问卷调查和访谈的形式发现说话人关于语言的态度是否对语言发展有影响等。将语义发生与社会语言学相结合能够帮助我们更好地观照语境对语言变化所产生的影响,同时也可以反过来丰富和发展系统功能语言学有关语境理论的实际操作部分。

三是与语料库语言学相结合的路径。从语篇入手研究语言的系统性这一研究思路触发了语料库的使用。语言能够理论化的根本来源是语篇,因而引入语料库是可能的也是必要的。在对个体发生和话语发生进行研究时，语料库语言学无疑是最有效的研究工具。Matthiessen & Halliday（2009：142）认为，"语料库构成了语法学家们基本的数据库"，利用现代语料库的定量基础来描写语篇背后的规则会"可靠得多"。在语言研究领域，基于语料库的质化与量化相结合的研究方法可能成为主流的研究方法。针对婴幼儿语言发展阶段的记录建立婴幼儿语言语料库，将在很大程度上丰富语料库涵盖的范围，为个体发生研究提供大量真实可靠的数据支持。

四是与认知语言学相结合的路径。个体发生研究需要依靠认知语言学从语言内部机制探讨语言发展过程中的范畴化，从演化的角度看神经系统的发展过程，与语言障碍研究也有结合的可能性。此外，话语发生研究关注语篇语义的生成，但对动态话语的分析模式尚不固定，与语料库语言学和认知语言学的结合也将极大地支撑话语发生研究，为语篇语义生成提供一个易于操作的研究范式。

"语义发生"这一概念的提出体现了系统功能语言学对语言发展整体图景的把握，无疑是系统功能语言学作为一门普通语言学和适用语言学所需要的视野，并为以系统功能语言学为基础的界面研究提供了理论上的可能。但针对这一概念的研究在现阶段还停留在对时间框架进行初步解读和应用，研究内容较为零散，没有完整的理论体系；与各个分支学科的研究结合的方式尚不明确。通过梳理语义发生理论的发展历程和基本观点，可以看到，语义发生在未来的研究中应走理论建构和适用性研究相结合的道路：首先充实理论框架本身，厘清时间框架的内涵，包括语言历史记录和思辨，个体语言发展的连续统在不同阶段的表现，语篇语义的生成等，并探讨是否还存在除时间外的其他框架；其次应走与其他语言学分支相结合的路子，如历史语言学、社会语言学、语料库语言学、认知语言学、话语分析等，都可以进入结合的视野。另一方面，充实后的理论框架需要实际检验，因此搜集整理自然语料，建立语料库并进行统计分析，也是语义发生理论研究的有机组成部分。总的说来，这一理论可以为语言演变和发展及语义生成研究提供新的平台，丰富系统功能语言学的理论及应用价值，值得从多学科视角对其进行更加深入、系统的研究。

3.7　语言类型学

　　所谓"类型"就是具有共同特征的事物所形成的种类。类型学是一种方法论，是科学研究的一个重要环节。根据研究对象的不同可划分为各种不同类型学，如建筑类型学、汽车类型学、生物类型学、语言类型学等。语言类型学，顾名思义就是语言学家为了追求语言之间可能存在的某种普适性规律，对世界上所有语言进行划分的一种研究方法，后来逐渐发展成为一门独立的语言学分支学科。语言的类型研究既可着眼于语言的形态，也可着眼于语言的功能，旨在挖掘语言个性，抑或强调语言共性。语言类型学的发展大致经历了两个阶段：传统语言类型学阶段（19 世纪初至 1963 年）和当代语言类型学阶段（1963 年至今）。下面对两个阶段的类型学理论特点进行介绍。

3.7.1　语言类型学理论特点

3.7.1.1　传统语言类型学

　　传统语言类型学发端于 19 世纪欧洲大陆的历史比较语言学，强调对语言个性和差异性的研究，根据形态差异确定语言间的亲疏关系，进而建立世界语言谱系图。对多种语言进行系统的研究始见于 Schlegel（1808）的著作。语言学家施列格尔兄弟（F. von Schlegel 和 A. W. von Schlegel），根据不同语言所采用的表达语法意义的手段的不同，将世界语言分成三大类：孤立型、粘着型和屈折型。后来，洪堡特在此基础上加上了第四种：综合语。这是对语言进行的第一次系统的类型对比和类型分类，可以看作语言类型学的发端。

　　孤立语的主要特征是缺乏形态变化和附加成分，词和语素一一对应，主要通过语序和虚词表示语法意义。汉语和越南语是典型的孤立语。粘着语的特点是一个词根上有若干表示语法关系的附缀形式，每个附缀只表示一个语法意义，每个语法意义也只用一个词缀表示，词缀同词缀之间界限分明。日语、蒙古语和土耳其语是典型的粘着语。屈折语的主要特征是有丰富的词形变化，主要靠形态变化来表示语法关系，而且往往一个词尾表示几个语法意义。英语和拉丁语是典型的屈折语。综合语的特点是主语、宾语和其他语法项结合到动词词干上，以构成一个单独的词，句子是基本的语言单位，没有独立存在的造句基本单位，即词。阿伊努语和爱斯基摩语是典型的综合语。

　　传统语言类型学主要根据词法形态差异对语言进行分类，因此也可称为"形态类型学"。通过语言调查搜集大量语言事实，进而通过所掌握的语料寻找语言共性，继而对语言进行分类。因为具有历史同源的语言往往具有相似的形态特征，因此，这四大语言分类至今仍对语言历史来源的考察提供了有力的证据，并且对语言类型差异的研究具有重要影响。然而，形态类型学把语言分成这四类，也存在一些弊端。实际上，很少有语言属于某种单纯的形态类型的语言，某些特定的语言兼有几种类型的特征，在归类上有时难以确定。此外，这种分类与其他语言结构的规律并没有建立联系，在这个意义上，对于揭示语言的类型特征作用有限。

3.7.1.2　当代语言类型学

　　当代语言类型学的萌芽是结构主义语言学中布拉格学派的Trubetzkoy（1939）等人对具体语言的语音系统中标记现象的考察。Greenberg（1963/1966）的《一些主要与语序有关的语法共性》（"Some Universals of Grammar with Particular Reference to the Order of Meaningful Elements"）被认为是当代语言类型学的开山之作，开始逐渐形成自己的研究目的和方法。其主要任务是阐明在语音之外的形态和词汇等系统都存在着标记对立现象，并强调语音、语义和语言使用的普遍性因素。当代语言类型学以语法研究为主，尤以语序研究这一分支最为深入，已经从分类走向解释阶段，重点是对语言变异的原因进行阐释。

不同的语言学理论被引入语言类型学研究，为语言类型学研究提供了新的视角。

系统功能语言学作为功能语言学的一个重要的分支，与语言类型相互借鉴、相互补充。《语言类型学：功能视角》（*Language Typology*：*A Functional Perspective*）（Caffarel et al., 2004）的出版标志着系统功能类型学（Systemic Functional Typology，以下简称 SFT）的诞生。SFL 把语言看作一种具有层级性和元功能性的符号系统，它是关于人类语言的普遍理论，是普通语言学理论。SFL 理论可以应用于翻译、语言教学、语篇分析等领域，SFT 就是 SFL 的众多应用领域中的一种。SFT 是在 SFL 理论的指导下对具体语言或者具体符号系统进行描写，属于描写层面，而不是理论层面。然而，SFT 中，理论与描写既有区别又有联系，二者是实现与被实现的关系。作为人类语言的普遍理论是抽象和概括的，主要用于指导特定的语言或者特定语言的某一方面的描写，从而避免某一强势语言的描写强加于另外一种语言的描写。

综上，传统的语言类型学以词法结构为参项，按照构词形态将语言划分为孤立型、粘着型、屈折型和综合型。然而，这种分类并没有从理论上进行解释，不能解释不同语言类型的动因和条件。当代语言类型学不再以给语言分类为目标，它主要是通过跨语言比较来发掘人类语言共性，探讨"万变不离其宗"的规律，它对语言进行分类，更注重对语言分类的理论解释，也就是说这些分类的背后都蕴含共性，可称其为"语言共性和语言类型学"。因此，当代语言学从多方面发展了传统语言学，其宗旨、取向不同于传统语言类型学。

3.7.2 语言类型学研究发展现状

SFT 研究将 SFL 理论应用于自然语言描述。作为标志 SFT 诞生的著作，《语言类型学：功能视角》（Caffarel et al., 2004）从 SFL 的不同理论视角探讨了来自 7 个语系的 8 种具体语言的语法，其中 2 种语言来自欧洲（法语、德语），5 种语言来自亚洲（他加禄语、越南语、汉语、日语、泰卢固语），1 种语言来自澳大利亚（皮詹加加拉语）。几年后，Caffarel 和 Teruya 分别在法语和日语的系统功能描述方面完成了更加细致的工作（Caffarel，2006；Teruya，2007）。此外，还有其他语言种类的研究，如汉语（Yang，2007，2011）、越南语（Van，1997）、非洲语言（Heine & Nurse，2000）等。除了对整个语言的描述之外，研究的领域也涉及语言的方方面面，如主位（Teruya，2009）、语篇意义（Thomson，2005）、语法隐喻（Yang，2011）等。Martin et al.（2020）收集了来自世界各地的语言词典语法的特定领域的丰富研究，包括古典藏语的语气（mood）（Wang，2020）、科尔钦蒙古语的动词短语（verbal group）（Zhang，2020）和巴西葡萄牙语的主位（theme）（Figueredo，2020）。SFT 研究迄今为止已经呈现出规模性的特征，这是任何其他的类型学派无法比拟的。根据在上海交通大学举行的第一届 SFT 国际会议，截至 2022 年 12 月，SFT 已经处理了世界上大约 130 种语言。

国内语言类型学研究大致起始于辛志英和黄国文（2010）对 SFT 的理论、目标与方法的介绍。然而，据不完全统计，截至 2022 年，搜索中国知网（CNKI）论文主题词中含有"系统功能类型学"一词的论文总数仅为 17 篇，此外，硕、博士论文 5 篇。其中，SFT 在国内发展主要集中在对理论的介绍和回顾展望方面（如秦勇，2021；王文峰、张敬源，2019；王勇、徐杰，2011；杨曙、常晨光，2013）。也有少量论文基于 SFT 对不同领域做了应用性研究（如何伟、张存玉，2016；李素琴，2016；王品，2022；魏银霞、杨连瑞，2021）。因此，相对传统语言类型学来说，SFT 在国内的相关研究还不多。语言类型学的终极目标是对大量个体语言进行全面的描写，发现人类语言共有规则的内在规律，即人类语言的普遍化原则和规则。这同样也是 SFT 的研究传统。基于中国丰富的语言资源，SFT 必将会有更大的发展。

"语言类型学"经过传统语言类型学发展到现代语言类型学，已经从分类走向解释阶段。系统功能类型学以系统功能语言学为理论基础，从功能的角度提供类型学的解释，体现了系统功能语言学作为一门普通语言学，能够从本质上探讨语言的本质，同时也作为适用语言学，特别注重理论的应用。然而，语言使用是一个复杂的过程，功能并不一定能够解释所有的语言现象，可能还会涉及人们理解和运用语言的心理和认知过程，以及语言的类型分布特征的历史学和人类学等因素。通过梳理系统功能类型学的发展历程和理论特点，可以看到，系统功能类型学在未来的研究应进一步扩大对不同自然语言的描写，尤其是汉语及我国少数民族语言的类型学描写，加强具体语言描写之后的系统上的整合，注重与其他语言学分支相结合，如历史语言学、人类语言学、语料库语言学、认知语言学等。总之，系统功能语言学理论为语言类型学提供了理论平台和应用视角，语言类型学研究必将有广阔的强劲。同时，面对现代科学研究中纷繁复杂的大样本研究对象，语言类型学研究也显得格外重要。

3.8　语法隐喻

语法隐喻（grammatical metaphor）是系统功能语言学的一个重要理论。Halliday（1985，1994a）在词汇隐喻的基础上开始讨论语法隐喻，他从修辞格的意义转移入手，指出隐喻变体不仅可以由词汇表达，同时还可以由语法表达；语法隐喻不只局限于词汇层，而且常常发生在语法层，是对传统语法中词汇隐喻的一个补充。Halliday（1998）认为词汇隐喻是"同样的能指，不同的所指"，即一个形式可以体现若干语义；而语法隐喻则是"同样的所指，不同的能指"，即一个意义可以体现为若干形式。后来，Halliday 等人进一步指出，语法隐喻和词汇隐喻只是观察视角不同，自上而下看，语法隐喻改变的不是词汇而是语法（Halliday & Matthiessen，1999；Halliday et al.，2010）。

3.8.1　一致式与隐喻式

　　Halliday（1994a）根据语义与语法表达之间的一致性程度，把表达同一语义的不同词汇语法形式分为一致式和隐喻式。一致式是一个语法范畴体现一个语义特征，如果一个语义特征由两种或两种以上的语法范畴来体现就出现了语法隐喻。一致性程度不高的语法范畴就是隐喻式，其意义具有复杂性（Halliday，1985，1994a）。一致性分为级阶一致性和性状一致性，级阶一致性指语义层面的言辞列、言辞和成分分别由词汇语法层面的复句、小句和词组或短语来体现；性状一致性是指语义层面的过程、实体、特征、环境和逻辑意义分别由词汇语法层面的动词、名词、形容词、副词或介词词组和连词等来体现（Halliday，1995，1999）。

　　韩礼德（2003）认为语法隐喻是对一致式词汇语法的系统偏向，有别于一致式的意义，是语篇文体特征的一个重要方面。何伟（2008）发现语法隐喻具有语义的复合性的特征，隐喻式在表达既定意义的同时，也表达了其他意义，在多数情况下，其他意义方面更加突出，而既定意义有所抑制。陈新仁（2014）认为语法隐喻与一致式传递了自身具有最佳关联的假定，代表了说话人或作者对相同事件的不同表征方式。Halliday（2004c）探讨了科学语篇中语法隐喻有助于构建语篇中的经验意义，具有专业性和合理性。语法隐喻尤其受到科学语篇的青睐，究其原因，他指出在构建科学理论时，需要满足两个符号条件：一是技术性，语法必须创造技术意义；二是合理性，语法必须创建一种话语形式，以便通过观察和实验进行推理，而语法用于创建分类法的最强大资源是名词词组（Halliday，2004c）。

　　语法隐喻是语法形式发生的改变，尽管它也会导致词汇形式的改变；它是一种意义潜势扩展现象，是通过跨范畴化和级转换等手段实现的一种意义表达方式（Halliday，1985，1994a）。语法隐喻是语义层在词汇语法层的重新联接与投射，是语法范畴的交叉耦合（cross-coupling）发生；并列连词和从属连词到动词、名词、介词短语等的转类，构造形式变体，实现关系成分和过程、关系成分和实体、关系成分和环境成分等语义成分的交联（Halliday，1998，2004b）。语法隐喻从本质上讲就是通过探讨词汇语法（措辞）和意义（功能）及其相关的语境因素之间的"自然"联系，以揭示语言形式与意义的复杂关系及其演变规律（Halliday，2005b）。它不是体现在词汇语法层次上的表达同一意义的一个形式变体，而是体现在词汇语法层次上的表达复合语义选择结果的一个形式兼意义的变体（Ravelli，2003）；它既是一个形式变体，也是一个意义变体（何伟，2008），它是"言语反映世界本体的过程"，涉及人类经验的重新建构（Ortony，1993），它还是从小句向语篇过渡的核心环节（侯建波，2008）。

3.8.2　元功能与语法隐喻

Halliday（1985，1994a）根据隐喻式所体现的语言元功能将语法隐喻分为概念隐喻和人际隐喻两种主要类型，前者包括及物性隐喻、名词化和动词化，后者包括语气隐喻和情态隐喻。Martin（1992a）和Thompson（1996）论述了语篇隐喻存在的理据。胡壮麟（2000）将Halliday的语法隐喻模式分为1985/1994 模式和1996 模式。在1985/1994 模式中，Halliday 提出概念隐喻和人际隐喻两种形式。在1996 模式中，Halliday 虽然也提到概念隐喻和人际隐喻，以及词汇语法的转换，但在框架上的呈现有所不同，他认为语法隐喻包含"元功能"和"层次"两个方面，如图 3-5 所示。

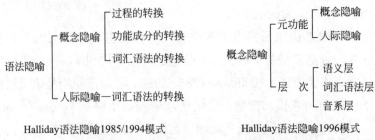

Halliday语法隐喻1985/1994模式　　　　Halliday语法隐喻1996模式

图 3-5　胡壮麟（2000）对 Haliday 语法隐喻模式的分类

3.8.3　语法隐喻中的词性转换与级转移

Halliday（1998）对语法隐喻进行了重新归类，按照词性转换和级转移将其分为 13 种（如图 3-6 所示）。从词汇语法表现形态来看，概念语法隐喻不再仅仅指名词化现象，同时还包括动词化、形容词化等其他多种转换形式。

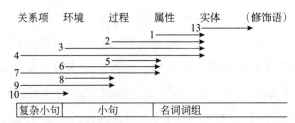

图 3-6　语法隐喻中的词汇转换与级转移（Halliday, 1998: 211）

Halliday & Mattiessen（1999：263）提出"语法隐喻综合征（grammatical metaphor syndrome）"的概念。语法隐喻综合征对语言中一直存在的非常普遍的语义资源进行利用，并将语法隐喻的方向分为主次两种类型，主型是向"物"的方向移动。次型朝相反的方向移动，从"物"到被解释为代表性的"质"（对"事物"扩展的限定，拥有或分类）（如图 3-7 所示）。13 种语法隐喻分类的基础是语法的转移，即语法类别的转移和语法功能的转移。

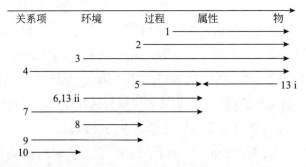

图 3-7　隐喻化的方向（Halliday & Mattiessen, 1999: 264）

名物化（nominalization）是创造语法隐喻的最有力的资源，指从其他词类转化成名词或将底层小句"级转移"为名词性短语的过程（Halliday，1978，1994a，2004a，2014；Martin，1992，1993）。Halliday（2004b）在分析英汉科技文本的语言特点时指出，名词化隐喻使"过程"和"属性"物化（objectified）为"物体"，从而具有了一定的客观性。Thompson（2004）在讨论名物化隐喻的意义压缩功能时，认为名物化隐喻的使用使得"过程"的"执行者"消失，从而"过程"被物化了。从语法的角度看，名物化是通过形容词和动词等的词性转换及小句级转移而生成，转移同时会导致语义和功能的变化。从经验识解的角度看，名物化是将现象重构为可以归类的经验模式过程（Halliday，1998；Halliday & Matthiessen，1999；杨信彰，2011），名物化通过概括、抽象和隐喻式三种级阶转移的方式进行经验重构（Halliday，2004c；王振华、石春煦，2016）。名物化通过级阶下移形成，会产生功能和类别的改变（Halliday，1998）。除了级转移，名物化还有词性转换和语义转移等生成方式（王振华、王冬燕，2020）。

3.9 功能句法学

本节讨论系统功能语言学视角下的句法研究（张德禄，2012a），聚焦分析加的夫语法相关研究。加的夫语法是建立在 Halliday 系统功能语言学理论基础之上的一种语法模式，对 Halliday 系统功能语法在词汇语法方面做了简化和扩展。它的倡导者主要包括几位目前或曾经在加的夫大学从事系统功能语言学研究的学者 Robin Fawcett、Gorden Tucker、Paul Tench、Lise Fountain、Tom Bartlette 等。早期的研究如黄国文、冯捷蕴（2002）概括了加的夫语法的四个特点：以语义为中心、概率的使用、生成性和简易性。下文从加的夫语法引介和应用两方面综述相关研究。

3.9.1　加的夫语法引介

目前国内学界有关加的夫语法研究主要集中在引介上。张敬源、王文峰（2016）梳理综述了国内近 20 年有关加的夫语法研究的发展脉络和趋势。他们发现相关研究主要集中在理论引介与探索、英语句法分析研究、现代汉语句法分析研究以及理论应用研究等四个方面。他们指出，加的夫语法相关研究仍存在理论研究有待深入、理论应用关注不够、研究成果与汉语学界对接不足等问题，因而建议进一步加强理论研究和创新，推进加的夫语法的本土化研究，加强理论应用研究等。

近几年不少研究对比探讨了加的夫语法和悉尼语法在词汇语法上的异同。简单而言，悉尼语法与加的夫语法都是在系统功能语言学的理论基础上发展起来的，遵循系统功能语言学的基本原则（如语言多功能、语义为中心、形式体现意义等），但是二者也存在较大差异，尤其体现在对及物性系统的处理上。这些差异主要体现在及物性过程划分、参与者角色等方面。何伟、马瑞芝（2009）系统介绍了加的夫语法的及物性系统，指出加的夫语法对参与者角色和过程的界定突出体现了"以语义为中心"的系统功能原则。在过程划分上，加的夫模式和悉尼模式的言语过程和存在过程分别归入了心理过程和关系过程，从悉尼语法物质过程中分化出了影响过程，新增加了事件相关（event-relating process）过程。图 3-8 和图 3-9 分别展示悉尼语法和加的夫语法的及物性系统。

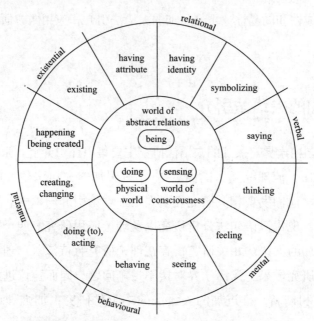

图 3-8　悉尼模式的及物性系统（Halliday & Matthiessen, 2004: 172）

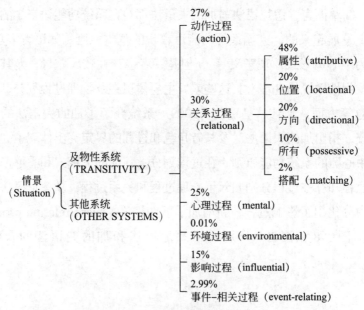

图 3-9　加的夫模式的及物性系统（改编自 Fawcett, 2008）

　　加的夫语法还提出了动词延长成分和过程延长成分。加的夫语法提出了在句法结构中与主要动词共同占有中心位置的主要动词延长成分（main verb extension），动词延长成分指的是帮助主要动词表达一个完整意义的词项。主要动词和主要动词延长成分一起体现过程。在语义层面上，主要动词和主要动词延长成分对应的是过程和过程延长成分。加的夫语法认为，在进行句法分析时，应首先找出体现过程的主要动词或主要动词及其延长成分。过程延长成分的提出，体现的是"以语义为中心"的原则，避免了悉尼语法及物性分析时出现的不一致的现象（参见何伟、马瑞芝，2009）。

　　在参与者角色方面，加的夫语法细化了悉尼语法的参与者角色，如新增加了方式（manner）、途径（path）、位置（position）、来源（source）、目的地（destination）、搭配物等参与者角色，提出了复合参与者角色和隐性参与者角色。加的夫语法认为，带有致使意义的行动者、受影响者、创造物等参与者角色可以同其他参与者角色相结合，形成复合参与者角色，因此提出了诸如行动者 – 认知者（agent-cognizant）、行动者 – 载体（agent-carrier）、行动者 – 感知者（agent-perceiver）等 12 种复合参与者角色。这些复合参与者角色兼有两个参与者角色的属性，可以表达两层含义，从而解决了因语义上模棱两可而无法确定其参与者角色的问题，更加明确了语义项之间的相互关系。"复合参与者"概念的提出细化和丰富了及物性系统的参与者角色资源，使得及物性分析更为灵活。例如，在"Peter has fallen in love with Mary."中，过程不仅有 fall 体现，而且借助了主要动词延长成分 in love，因为 fall in love 构成完整的语义过程（何伟、苏淼，2013：3）。最后，加的夫语法判断参与者角色的标准为该成分是否是小句表达的过程所"期待"（expected）的成分，但并不是所有被期待的参与者角色总是会出现在语言表达中，因此，加的夫模式也提出了隐性参与者角色。

　　此外，学界对加的夫语法的其他方面也做了很多有价值的探讨。张敬源、顾颖（2009）集中探讨了加的夫语法对悉尼语法在词组单位的描述方面的扩展和补充。研究发现，加的夫语法弱化了悉尼模式中的级阶概念，但在悉尼模式的基础上，进一步从语义功能的角度对词组进行了分类和描述，扩大了词组涵盖的范围。李满亮（2009）集中讨论了加的夫语法的挑选（selection）概念，并将其应用于分析英语中含有 of 的名词词组，表明加的夫语法为分析英语语法结构提供了新的思路和方法。张德禄（2011）重点介绍加的夫语法的产生与发展，其基本思想、基本模式和八大功能，阐述了加的夫语法的五个特点：形式和意义的双向性、互动性与认知性的统一、一体化的句法结构、不同类型的意义由句法结构中的不同成分体现，以及语义系统是在语言可及的范围内。张德禄（2011）最后评论了加的夫语法在 SFL 中的作用和地位，认为它是系统功能语言学内部的一个模式，有助于促进系统功能语言学的发展。何伟、高生文（2011）讨论传统语法、悉尼语法和加的夫语法三种语法模式。他们的讨论表明，三者的句法描述观存在差异：传统语法注重语言的形式；悉尼语法一方面强调语言的功能，一方面关注语言的形式；加的夫语法则以语言的功能为中心。何伟、张悦芹（2011）介绍加的夫语法的数量词组完成语，并在 Fawcett 提出的表达比较意义的完成语的基础上，将完成语分成三类：比较完成语、强调完成语和范围完成语。苏杭、刘承宇（2012）对比分析了悉尼语法和加的夫语法的及物性模式，并探讨了差异存在的原因（如二者研究重点和目的不同等）。

向大军（2017）认为，加的夫语法不是对 Halliday 模式的简单修正，而是在发展其模式的同时建构了一套自成体系的整体语言及其适用模式，在多方面发展了系统功能语言学：在语义上，将及物性、语气、主位等系统进行了语义化和精密化描写，并拓展了 Halliday 的元功能思想；在认知上，将语法研究融入认知模式，并整合了个体认知和社会文化模式；在适用性上，发展了自然语言的计算机生成模式，并提供了严密的语篇分析程序和检测方法。他们同时也强调，加的夫语法发展并没有脱离系统功能理论的整体框架，而是对系统功能语言学基本理论框架的补充和拓展，为系统功能语言学在新世纪的发展开拓了新的路径。

何伟、高生文（2013）对比分析悉尼语法和加的夫语法对小句过程意义的体现形式。他们指出，"系统功能语言学内部两种主要模式对句法的描述各有特点：在处理小句语气结构的剩余部分，即体现过程意义的谓体及相关的补语和状语方面，悉尼语法较之传统语法更加注重语言的形式；在对待句法结构中用以补充过程意义的介词方面，加的夫语法没有完全基于功能进行描述，而且加的夫语法对主要动词和主要动词延长成分的句法层次观点也没有体现语言的连续统特点"（何伟、高生文，2013：13）。

3.9.2　加的夫语法与汉语研究

学界目前也有不少加的夫语法应用研究，尤其集中在汉语研究方面。何伟、苏淼（2013）从加的夫语法视角讨论汉语单复句的划分，指出加的夫语法为划分汉语单复句提供了参照标准——过程标准，即以过程数量作为划分单复句的标准：单句只涉及一个主要过程，而复句则可能表达多个过程。何伟、薛杰（2018）从加的夫视角探讨汉语小句中位于动词后面的动量词[如"他喊了（一声）"]，以期揭示动量词所表达的各种意义及其相应的句法功能。张敬源、王深（2013）从加的夫语法视角探讨了汉语"把"字结构的及物性分析，进而探索加的夫句法思想在现代汉语中的应用。赵宏伟、何伟（2019）从加的夫语法视角探讨现代汉语的"被"字句，并讨论被字结构在不同情况下所表达的意义（如被动义、遭受义、致使义、承赐义和认定义）。何伟、滑雪（2013）从加的夫语法视角探讨现代汉语的"是"字，以期明确"是"字在不同情况下表达的意义，并界定其句法功能。

He（2014）从加的夫语法视角探讨了汉语兼语构式现象（bifunctional constituent constructions，$NP_1 + VB_1 + NP_2 + VP_2$）（如"领队派他去南方了"）。在句法上，He（2014）认为汉语兼语构式属于简单句；在功能上，He（2014）指出此形式体现补语（complement of the main clause）。He（2017）采用加的夫语法探讨了另外一种汉语语法现象主谓谓语句（subject-predicate predicate sentences）（如"他身

体很健康"），集中讨论该类句子的功能句法结构（functional syntactic structures）、语义理据（semantic motivations）以及语境制约（contextual constraints）。这些研究都充分体现了加的夫语法在汉语句法分析中的适用性。

除上述研究外，目前学界也有少量研究将加的夫语法应用于描写英语句法。高生文、闫振华（2013）从加的夫语法视角探讨英语的不连续现象；赵宏伟、何伟（2018）讨论了英语从属型动词词组复合体。这些研究进一步表明加的夫语法严格遵循"以语义为中心，形式体现意义的原则"。

张敬源、王文锋（2016：33）指出，"20年来，国内专家学者对加的夫语法的研究取得了显著的成绩。然而，因国内研究加的夫语法的时间尚短，仍存在诸多不足，理论和研究方面尚需进一步完善，并且有很大的研究空间。国内加的夫语法研究任重而道远，如何在今后的研究中促进以上各方面的发展，并把加的夫语法研究向纵深发展，进一步推进加的夫语法的本土化研究和创新性应用研究，值得我们深入思考。"从上文的综述我们可以推知，虽然近些年加的夫语法研究取得了很大的成绩，但是问题依然存在，推广和推进加的夫语法研究依然长路漫漫，任重道远。

第 4 章
功能语言学研究方法概述

4.1　引言

系统功能语言学从 20 世纪 60 年代初创立以来，被广泛运用于句法分析、语篇分析、语言教育、多模态话语分析等众多研究领域，相应产生多种研究方法。本章首先对元功能分析、评价分析、多模态分析、生态话语分析、语法隐喻等主流研究方法进行回顾，继而从跨学科 / 超学科研究、语料库语言学、认知科学语言学、多模态话语分析及语言类型学等多个角度，对系统功能语言学的研究方法的未来走向进行展望。

4.2　功能语言学研究方法现状

4.2.1　元功能研究及其发展

Halliday（1970b）在《语言结构与语言功能》（*Language Structure and Language Function*）中提出的"概念""人际"和"语篇"元功能思想是功能语言学理论的基石，也标志着系统功能语言学已经发展到第三阶段（黄国文、张培佳，2020）。三大功能又分别支配说话者在语义系统中的及物性系统、语气 / 情态系统、主位 / 信息系统中的选择。

Halliday（1985，1999，2014）认为语言有概念、人际、语篇三大元功能。其中，人际元功能是实施社会关系，表达讲话者的身份、地位、态度、动机和其对事物的推断、判断和评价等功能，试图影响他人的态度和行为，是反映社会互动和主体间性的资源和潜势。彭宣维、张鸣瑾（2021）从超学科视野、互补性综观等思路讨论元功能思想的出路。

4.2.2 评价研究及其发展

我们在 3.3 节详细回顾了评价系统的相关研究（也见房红梅，2014；郇昌鹏、吴灿中，2015；刘兴兵，2014），发现当前评价研究主要聚焦在理论修订和将评价系统用于具体的语篇分析实践中。相对而言，目前学界对评价语言研究方法论的关注稍显不足。欣喜的是，近几年有不少研究开始关注评价研究方法。除 3.3 小节提到的 Fuoli & Hommerberg（2015）和 Fuoli（2018a）等详细讨论的评价系统标注以及 Myskow（2018）提出的历史语篇的评价语言分析框架之外，本节集中论述评价研究在方法上的新发展，聚焦多模态评价研究和基于语料库的评价研究。

相对于传统的评价系统研究关注语言语篇或语言模态，多模态评价研究是对语言语篇评价研究的拓展。冯德正、亓玉杰（2014）是这方面的早期代表作之一。他们注意到目前国内外评价研究大多集中在语言语篇，忽略了其他模态的评价意义潜势，因此，他们将认知评价理论和系统功能语言学的评价系统结合，尝试建构多模态态度意义系统。通过将态度意义分为诱发条件、内心态度和态度表达三个方面，建构了多模态评价语义系统网络。该研究表明，评价系统尚不能有效阐释评价意义的其他模态资源，因此，评价研究"需要超越语言文本，探讨多模态语篇中评价意义的建构"（冯德正、亓玉杰，2014：595）。

王振华、瞿桃（2020）详细论述了多模态语篇评价研究，聚焦其研究现状、研究路径、存在的问题和展望。他们的讨论表明，多模态评价研究的议题主要包括多模态评价框架的建构和多模态评价分析的实际应用。同时，他们也指出，目前多模态评价研究依然处于起步阶段，亟需深入探索多模态评价的理论建构、多模态评价研究对象和方法等问题。

多模态评价研究的新近成果当属李战子、屈静雯（2022）对微信点赞的评价分析。微信是新媒体时代重要的社交媒体，微信点赞虽然不是语言模态资源，但本身也是一种人际交往，因而具有评价意义。他们的研究充分表明，微信点赞具有丰富的评价意义潜势，简化了评价系统中级差意义实现的方式，同时也对基于语篇的评价系统有所冲击，为探究社交媒体中评价意义的多模态实现形式提供了启示。

尽管多模态语篇的评价研究取得了一定的成果，但是依然存在亟需解决的问题。王振华、瞿桃（2020）认为目前多模态评价研究较多集中在国外的理论模型（如视觉语法、多模态隐喻等），但是由于这些理论模型并非针对多模态评价研究量身打造，因此存在不少的问题。具体而言，他们从理论模型建构和语境两个方面做了具体的讨论。理论方面，现有研究要么结合语言评价系统（Martin & White，2005），要么借鉴认知心理学相关理论构建认知评价模型。前一种做法的局限在于"缺乏对语言系统和其他模态的可供性差异的考虑，导致分析不够全面系统，因为语言的评价语义潜势不一定都能由其他所有模态实现，而其他模态的评价意义也不一定都表现在语言的评价意义系统中"（王振华、瞿桃，2020：47–48）；而第二种方式的局限在于仅仅关注了评价系统的态度子系统，尚未兼顾介入和级差子系统，因而也需要进一步完善（王振华、瞿桃，2020）。在语境方面，目前鲜有研究分析各种模态系统在具体情景中所起的作用，存在尚未充分考虑各种模态在不同文化语境中所实现的意义潜势，以及没有进一步探讨评价意义为何由此实现等问题。针对存在的问题，王振华、瞿桃（2020）认为多模态评价研究需要更加重视多模态语篇评价理论框架的建构，重视学科交叉，整合不同语言学流派在多模态以及评价研究方面的优势，以及充分利用大数据和人工智能技术优化多模态评价研究方法。

总体而言，因为语言并非唯一能够表意的模态资源，从语言模态到其他模态评价意义资源的考察就显得尤其重要，多模态评价研究是对传统关注语言评价研究的深化和拓展，可以被视为未来评价研究的发展方向。

评价研究在方法论上的另一新发展是与语料库语言学研究方法相结合。这方面的新发展之一是评价研究专用语料库的建设。鉴于已有评价语言的相关研究面临语料库规模小、体裁单一的局限，彭宣维等（2012）以及彭宣维等（2015）研究和建设了汉英对应的评价意义语料库。该语料库在语料选取、语料标注和语料检索等各个方面都有突出贡献。语料选取上包含了多种语类/体裁，以保证语料的代表性和平衡。标注方面，彭宣维团队成员采用"分组标注—交叉检查—全体讨论—分组标注"的循环式人工标注，保证了标注的有效性和一致性，之后他们再运用 UAM 语料库工具在电子文本上进行标注，进而建立可供检索的汉英对应的评价意义语料库。该语料库是学术界首个评价研究的专用语料库，具有明显的应用价值，为汉语评价语言研究以及汉英评价意义对比研究提供了丰富的语料和检索平台。

第二个新发展是结合语料库分析框架开展评价语言研究，这方面尤其值得一提的是型式语法、局部语法和评价研究的结合（参见 Hunston，2003，2011；Hunston & Sinclair，2000；Su，2015；Su & Hunston，2019a，2019b）。吴安萍、钟守满（2010）聚焦评价性形容词，确立了 12 个评价语义模式，如评价范畴 + 评价语境 + 链接 + 被评价事务（"The surprising thing about chess is that computers can play it so well."）、被评价事务 + 链接 + 评价范畴 + 评价限制（"The book is interesting to read."）等。苏杭、卫乃兴（2017）进一步结合型式语法，开展了评价语言的局部语法研究。基于刘世铸、张征（2011：23）所指出的，"评价是一个动态的，由评价者、被评价者、价值评判和评价标准四个要素组成的相互作用的有机体"，他们提出了包括评价客体、评价主体、评价、范围等 7 个评价局部语法分析术语，并借助这些术语分析 Francis et al.（1998）识别的形容词语法型式及其例句，从而概括出了 9 个评价语言的局部语法型式，如评价客体 + 链接 + 评价 + 范围（"Cream is also helpful against a dry flaky skin."）、评价主体 + 链接 + 评价 + 评价客体（"We thought it important that Phil continue to write."）等。董敏（2017）和董敏、徐琳瑶（2021）在前期相关研究的基础之上，再次讨论了评价局部语法。她们指出评价在本质上是对态度词汇和评价对象同时做出的选择（Su & Hunston，2019b），评价局部语法分析遵循意义共选原则，有助于解决评价分析中遇到的评价意义边界不清或范畴模糊的问题。在应用实践上，陈春华、马龙凯（2022）从形容词语法型式出发考察了新冠肺炎新闻评论中的态度意义，展示了型式语法在考察大规模语料中评价意义的优势和价值。

总体而言，前期研究表明型式语法、局部语法和评价语言研究高度契合，局部语法能更为系统、直观、详尽地描写评价意义，从而辅助评价分析实践。未来发展方向上看，鉴于已有评价局部语法研究仅聚焦分析形容词语法型式，但实际上名词和动词也具有评价意义潜势（Su，2015），因此未来研究可从名词和动词的语法型式入手，对名词和动词型式的语料开展系统的局部语法分析，进而识别新的评价局部语法型式。这项研究具有重要意义，不仅能弥补前期研究尚未对名词和动词语法型式考察的不足，从而全面建构评价局部语法，而且这样大量的语料分析对评价意义的理论化和系统化也能提供更多更翔实的语料证据。

除了型式语法以外，语料库语言学的其他研究方法在评价研究中的应用还尚待挖掘。语料库研究方法的一大优势是可处理大规模语言文本。因此，当我们需要考察大量文本中的评价意义时，语料库研究方法在评价意义的自动识别和提取方面有着潜在的应用价值。语料库语言学的研究表明，语言使用存在短语倾向或程式化特征，因此，通过提取和分析这些短语表达或程式化表达，可以帮助研究者更容易地分析文本中存在的显性评价意义。国内似乎尚未见到此类研究，但是 Römer（2008）

和 Su（2016）对此有所尝试。具体而言，Römer（2008）和 Su（2016）分别考察了学术书评和商业评论语料库中的多词序列（n-grams），探讨该语料库中的评价意义，展现了语料库研究方法在识别文本中评价意义的应用。需要指出，Römer（2008）和 Su（2016）并没有从评价系统的视角来分析这些多词序列。因此，未来研究可以尝试将评价系统与短语或程式化语言结合起来探讨评价意义的自动识别和提取。

综上所述，经过 20 余年的发展，评价系统在理论上日渐完善，应用范围也越来越广，但实践中也遇到一些新的问题，尤其是方法论层面的。上文我们主要讨论了多模态评价研究和基于语料库的评价研究，这两个方面应当成为新的评价研究热点方向。此外，在评价研究的应用上，我们认为其应用范围也会越来越广，除了可以将其应用于分析新闻话语（陈令君、赵闯，2016；王欢、王国凤，2012）、政治语篇（董敏，2012；王国凤，2017）、学术书评（陈令君，2012，2016）等传统语篇形式，学界可以更多地关注新出现的话语形式（如社交媒体话语、危机话语），扩大评价系统在语篇分析中的应用范围，如上文提到的李战子、屈静雯（2022）将其应用于考察微信点赞这种模态的评价意义。这些研究可以进一步丰富评价研究话题和评价研究方法。

4.2.3 多模态研究及其发展

"多模态"一词尚未有清晰的界定，可以泛指理论、视角、方法以及领域（Jewitt，2014：127）。Bateman（2022：43）提出"多模态"可以视作一个领域的发展阶段，因为几乎所有学科都涉及研究表意活动，而且几乎所有研究对象都在逐渐多模态化。因此，将"多模态"视作研究的一个发展阶段更为包罗万象，可以囊括几乎所有的表意资源。不同模态具备不同的潜力和不足，在一个具体的交际活动中多种模态互相协作达成交际目的。这意味着多模态研究涉及的领域繁多，研究目的不一，方法各异，缺乏一个统一的标准对多模态研究进行分类。本节根据多模态研究的分析目的和侧重点将多模态研究的分析方法分为三类：（1）模态意义分析，即分析某个特定模态的意义建构方式，建立模态的意义分析框架；（2）多模态语类分析，即分析特定语类中的多模态资源分配，梳理这种语类的多模态特征；（3）多模态批评话语分析，即通过分析多模态的细节选择来揭示话语中的意识形态目的。

4.2.3.1　模态意义分析

模态意义分析是目前多模态研究最为普遍的分析方法，这类分析旨在探索某类符号资源（semiotic resource）是否形成模态（mode），因此分析的侧重点在于建立模态的形式 – 意义分析框架。这类分析主要借鉴了系统功能语言学的元功能思想（metafunction）和轴理论（axis theory），具体的分析也涉及层级理论（stratification）和范畴理论（rank）。根据对系统功能语言学理论的依赖程度，模态分析可进一步分为轴关系式模态分析、元功能模态分析和物质性模态分析。

轴关系式模态分析对系统功能语言学理论的依赖度高，严格遵守功能语言学的轴思想（axial thinking），即聚合轴（paradigmatic axis）和组合轴（syntagmatic axis）的互动关系——意义决定形式，系统决定结构。这类分析以模态结构为基础，对模态的形式进行功能描写，模态意义和形式的实现关系（realization）通常通过系统图（system network）呈现。Kress & van Leeuwen（1996/2006/2021）的《视觉语法》（*Reading Images：The Grammar of Visual Design*）便是语法式的模态分析，其核心思想是意义在社会行动和互动中产生，这些符号资源在使用中不断地发生变化。Kress & van Leeuwen 通过系统图的方式总结归纳了图像这一模态所能表达的表征意义、互动意义和组篇意义，以及这些意义如何在形式上得以实现，各项功能意义如何交互作用形成完整的语篇。《视觉语法》的模态分析在多模态研究中开创了系统性描写非语言模态的先河，对后续的模态分析产生了深远的影响。2021 年第三版的《视觉语法》在内容上做了一些改动，加入了更多新颖的图像例子，然而其基本的理论构想和分析方法并没有改变。

除《视觉语法》外，近年来，其他原先处于边缘地带的模态开始逐渐被重视。Doran（2018）融合了系统功能语言学和合法化代码理论（legitimation code theory）探讨了物理教材中语言、数学符号和图像的符号意义。Doran 的模态分析严格地遵循功能语言学的轴理论，在模态分析中强调系统/结构循环（system/structure cycles），拒绝提前预设层级理论和范畴理论以及元功能思想。Yu（2021）根据 Doran 的模态分析方法探讨了化学教材中结构式、图像和语言的符号意义。He（2019，2020，2021）探讨了科普视频类动画（animation）的模态意义。McMurtrie（2013，2016）探讨了空间中的身体移动的符号意义。Martin & Zappavigna（2019）以及 Ngo et al.（2022）在语篇语义层面（discourse semantics）探讨了"副语言"（paralanguage）的符号意义。Logi & Zappavigna（2021）探讨了表情符号（emoji）的符号意义。这些研究的模态分析的基本出发点都是轴关系，因此模态意义和形式关系基本通过系统图呈现。

元功能模态分析对功能语言学的理论（如元功能、层级和范畴）具有一定的依赖程度，但是并没有严格根据轴关系来建立模态意义分析框架。这类多模态分析最早可在 O'Toole（1994/2011）、O'Halloran（2004）、Lim（2011），Kress（2010）、Kress & van Leeuwen（2001），以及 Jewitt（2009）等学者的论著中看到。这类分析通常以元功能思想为核心，分析侧重探讨三大元功能在不同模态的实现形式。换言之，三大元功能通常被视作相对稳定的系统，分析的重点在于探索实现这些元功能的结构规律。这类分析不以轴关系为出发点，也没有明确的系统/结构循环，因此，分析的自由度较高，分析内容也更清楚易懂。这类分析在现有的模态分析中最为常见，其分析对象也在不断拓展。例如，Ravelli & McMurtrie（2016）借鉴《视觉语法》提出了空间话语分析框架，探索了空间的设计和使用者的互动如何实现表征意义、人际意义和语篇意义，这一框架使得系统性的描述空间成为可能。Wu（2022）进一步拓展了空间话语分析，探讨了空间在实践活动中如何得以动态构建，以及空间中的各种符号系统如何通过相互作用创造意义，这一分析框架还原了空间中的意义创造的复杂性和动态性。

物质性模态分析对功能语言学的理论依赖较弱，几乎不使用元功能和轴理论等思想，但仍然保留系统功能语言学的核心符号观，即意义决定形式，意义由社会文化所塑造。与语言学物质观不同——物质不具备符号意义，这类分析着重探讨物质性（materiality）所具备的符号意义。目前，这类分析在多模态研究中比较前沿，也比较少见，学者 van Leeuwen 提出了较为系统的分析框架。van Leeuwen（1999）提出物质属性不像语言形式一样二元对立，而是可以进行分级（gradable），因此，物质属性通过参数系统（parametric system）来呈现。物质属性的符号意义通常来源于其出处（provenance）、文化内涵（cultural connotation），以及人们在日常生活中处理这些产品的经验（experiential metaphor）（van Leeuwen，2017）。近年来，van Leeuwen（2011，2021a，2021b）和 Djonov & van Leeuwen（2011）对物质属性的研究由声音拓展到颜色（color）、形状（shape）、质感（texture）、移动（movement）等。他们突破了 Halliday 的元功能思想，进一步明确这些物质属性所传递的是话语者的话语身份，而非概念功能、人际功能和语篇功能。由于强调分析的能动性和灵活性，van Leeuwen 并没有将物质性的符号意义系统化形成专门的系统或类别，而是将物质具备的属性通过参数的形式具体化。这类分析目前还有很大的发展空间。

4.2.3.2　多模态语类分析

多模态语类分析借鉴了系统功能语言学中的语类理论（genre theory），通常结合语料库的方法来分析特定语类中的多模态资源分配，分析的重点在于梳理这种语类的多模态特征，强调形式、意义和语境之间的关系。多模态语类分析主要探讨在交际过程中，各种模态如何相互作用，达到交际目的，以期增强交际行为的可预测性。换言之，人们可以根据特定的语境预测可能出现的表达形式，也可以根据话语实例来推测其所属的语境。多模态语类分析也可以探讨社会的变迁如何影响语类的发展，例如，新语类的产生（如电子语类 digital genre）、旧语类的改变，以及新旧语类的融合。

目前比较有影响力的多模态语类分析框架是 Bateman（2008）的语类分析模式，这一框架并没有直接套用系统功能语法的分析框架，不过其语类的定义以语境和意义为出发点，融合了 Martin（1992a），Kress & van Leeuwen（2006）以及 Lemke（1998）的符号学观点。这一分析框架有八大参数，包括信息内容、修辞关系、读者导航、版本布局、语言结构、画布制约、生产制约和消费制约。这些参数比较系统，适用度广，可以用来做多模态标记，建立多模态数据库，支持大规模的探讨多模态语类特征，指导后续的多模态语类研究（如 Hiippala，2013，2017）。随着电子技术的发展，多模态语类分析的研究对象日益丰富，既有传统的报刊和印刷广告（Bateman，2008）、儿童文学（Painter，2008）、数学语篇（O'Halloran，2005）、科学语篇（Lemke，1998），也有电子版本的影视作品（Bednarek，2015）、视频游戏（Ritterfeld et al.，2009）等。

4.2.3.3　多模态批评话语分析

虽然多模态研究正在逐渐发展成为一门独立的学科，其研究主题越来越宽泛，但是近几年才在批评话语分析的期刊中看到多模态文章发表。如 van Leeuwen（2013）所言，当下批评话语分析主要集中在对语言模态的讨论，我们需要开发一些系统的描写手段用于探索非语言模态如何被社会机制使用，用来传递思想、表达态度和表明身份。换言之，不同类型的模态都被用于意识形态目的，然而非语言模态的批评分析工具还比较匮乏。

批评话语分析旨在揭示文本中隐藏的意识形态，以显示当权者如何为了自己的利益而再语境化社会实践，并保持对意识形态的控制（Bauman & Briggs，1990；Fairclough，2007，2013；Hodge，2017；Kress，1990；Machin，2013，2016；van Dijk，1993，1995；van Leeuwen，2008）。多模态批评话语分析的方法和批评语言学（Fairclough，1992）一样，受 Foucault（1977）话语思想的影响，即对模态和语法的细节分析可以引出更深入文本的话语思想，揭示文本中的意识形态。Kress 和 van Leeuwen 的社会符号学研究提供了丰富的非语言模态的系统性描述工具，这些工具（如视觉语法、社会工作者分析、及物性分析、情态分析）可以对不同模态进行系统描述和深入分析，通过系统的细节描述提取文本中隐藏的意识形态。

另一个非常有用的多模态批评话语分析工具是"再语境化"（recontextualization）（van Leeuwen & Wodak，1999），这个概念可以检验话语过程如何转变社会实践，用于探索在参与者、目标、行为、价值观等事物的再语境化中使用了哪些符号学资源。正如 Kress & van Leeuwen（2001）所强调的那样，这种再语境化是通过将话语设计到交际情境中来实现，并将话语的社会建构知识转变为社会互动。

van Leeuwen（2008）在《话语与实践：批评话语分析新工具》（*Disourse and Practice：New Tools for Critical Discourse Analysis*）一书中融合 Foucault 的话语思想（discourse）和 Halliday 的语域思想（register）提供了一系列再语境化分析框架，其中涉及各种元素，包括行动者（actor）以及他们的角色和身份、行为以及行为风格、场景设置、时间、地点和资源。他认为在再语境化的过程中，这些方面中的任何一个元素都可能被排除在话语之外或被转化，而再语境化也可能会为行动增加目的性和合法性等元素。因此，一些再语境化消除了社会实践的许多实际细节，而另一些再语境化则专注于社会实践本身并添加了一些合法化或批判元素。再语境化的转化过程可能分类为替换、删除、重组、增加、重复、目的、合法化、评估，这些转化在再语境化过程中可能全部共现，也可能局部共现（van Leeuwen，2008：11）。van Leeuwen（2008）就再语境化所涉及的主要元素（行动者、时间、行为等）提出了具体的转化分析框架。例如，他借鉴 Berger & Luckmann（1966）的研究，提出社会实践再语境化过程中可以通过以下四种手段获得合法性：（1）授权，即通过参考传统、习俗、法律和被授予某种权威机构的权威而使其合法化；（2）道德评价，即通过（通常是非常间接的）参考价值体系来合法化；（3）合理化，即通过参考制度化社会行动的目标和用途以及社会为赋予其认知有效性而构建的知识使其合法化；（4）神话，即通过叙事传达奖励合法行为并惩罚非合法行为使其合法化（van Leeuwen, 2008：105–106）。van Leeuwen 的再语境化分析框架通过丰富的数据分析，详细地描述了再语境化过程中各个元素进行不同转换的各种可能性，为系统性的多模态批评话语分析奠定了基础。

近年来出现了一些多模态批评话语分析的文章，这些研究探讨了不同类型的模态和不同领域的文本如何隐藏意识形态，实现话语权利。例如，van Leeuwen（2012）探索了如何进行音乐批评话语分析。他认为音乐融合了丰富的意识形态和情感，具有强大的话语权利，既可以让强大的民族、宗教和其他社会机构产生情感共鸣，表达这些机构所代表的价值观，团结群众，也可以颠覆和挑战权威。Ledin & Machin（2016）通过分析促销文本和企业绩效管理文件，探索不同模态如何通过设计原则形成语篇，以及新自由主义话语如何进入日常实践，并变得非常难以挑战。Kvåle（2016）通过社会符号学方法研究 Word 和 SmartArt 软件，发现这些软件并不是中立的工具包，而是载入社会价值和意识形态的符号结构。这些软件预设了办公室管理的价值观和风格，然后通过语言教学的方式融入教育。Chen & Eriksson（2019a, 2019b）研究了零食品牌如何通过其网站上的企业故事将自己表述为健康食品的生产者。通过对 22 个健康零食公司的企业故事的分析，他们发现健康饮食被营销和品牌目的道德话语所殖民。Roderick（2021）则通过分析"主动性学习课堂"的空间设计，发现虽然这种教室声称是实现"有效"教育的灵丹妙药，但这种教学空间实际上强调的是学生的就业能力和创业精神，真正目的是让不稳定的劳动形式合法化。

多模态批评话语分析中最重要的是探索在删除、添加、替换和评估等过程中，哪些符号学资源最适合用来传递话语脚本，达到交际目的（Machin，2013；Machin & Mayr，2012）。例如，社会行动者分析（social actor analysis）和及物性分析（transitivity analysis）适合用于探索纪念碑上的表征人物以及表征行为。Barthes（1977）的图示法（iconography）则适合用于探索环境和物体如何隐喻联想形式和形状。换言之，多模态批评话语分析的本质在于探讨文本中的模态特性和意识形态目的。

4.2.3.4　多模态话语分析的主要争议

多模态研究领域目前比较分散，术语的使用或定义缺乏一致性（Machin，2016）。Forceville（2010）警示多模态研究现在倾向于拓展领域，涵盖越来越多的主题，而不是围绕一个研究对象进行集中研究，以制定有理有据的分析原则和理论概念。他指出在最极端的情况下，多模态研究只专注于细节分析，隐藏在复杂术语背后乐此不疲地生产一些未经验证的新概念，这些概念并没有深入观察，仔细求证，无法为多模态领域创造新的知识和见解，长此以往，不利于多模态研究的发展。

具体而言，不同学者对"模态"这一关键术语的界定尚未能达成共识，许多研究（如 Baldry & Thibault，2006；Bateman，2008；Jewitt，2009；Kress & van Leeuwen，2001；van Leeuwen，2005a）经常将模态（mode）与另外两个术语——符号资源（semiotic resource）和情态（modality）混用。从系统功能语言学（Halliday，1978）的角度而言，模态是用来描述情景语境，是语境变量之一，通常与感官渠道相联系，如听觉模态、视觉模态、触觉模态、嗅觉模态和味觉模态。然而 Stöckl（2004：11）指出，多模态研究中的模态不能用感官渠道来定义，因为这些感官类别太宽泛，不太适合系统的理论化。

Jewitt & Kress（2003：1–2）将模态定义为：物质在文化作用下演变成具有表意功能的符号资源，或者约定俗成的具有表意功能的符号资源。模态是由社会和文化塑造，符号资源要成为模态，必须在某个交际群体中达成文化共识（Jewitt，2008）。在 Jewitt（2008）研究基础上，Lim（2011：33）将模态定义为符号资源的集合，这些资源在既定交际群体中的使用和理解得到规范。Bateman（2011；Bateman et al.，2017）在系统功能语言学基础上建立了三层模型的模态理论，覆盖模态的物质层（materiality）、形式层（form and grammar）和语篇层（discourse semantics）。Bateman 关于模态的定义比较全面系统，然而太过复杂，难以指导实际的模态判定。

Kress（2010；Kress & van Leeuwen，2021）后续加入了一个更为具体的模态判定标准：符号资源要成为模态必须同时实现三大元功能，即表征功能、人际功能和语篇功能。换言之，只有能够同时创造这三种意义的符号资源才可以被称为模态。Kress & van Leeuwen（2021）还强调这三大元功能意义并不专属于某个特定的模态，而是一个交际群体所具备的意义潜势。换言之，一个交际群体的意义是所有模态共享的，但是不同模态具有不同的符号特征，因此不同模态表意的方式可能有所不同。Ledin & Machin（2016）甚至提出模态这一概念本身就是冗余的，因为模态并不单独存在，而是相互依存，不同的模态相互作用，一起产生意义并一起演变。本书认为模态作为多模态研究的核心概念具有存在的必要，因为探讨符号间关系的基础仍然是不同模态所具备的符号潜力，但是总体而言，模态这一概念的定义目前还是比较宽泛，缺乏一个具体可操作的标准来帮助研究员在进行多模态分析时进行模态判定。

多模态研究中另一个争议较大的议题是多模态语篇分析是否需要多模态语法。这个争议起源于多模态研究和语言学的渊源——多模态理论最初借鉴了语言学理论，并没有建立起自己独特的方法和理论。当前多模态研究一个常被诟病的范式是"语言帝国主义"（Jewitt，2013：263），即将语言学的理论生搬硬套到其他符号系统，而未充分考虑不同符号系统的内在独特属性和表意功能，以致多模态分析显得过度印象化和主观化。近年来，一些学者（如 Forceville，2007；Jewitt，2009；Ledin & Machin，2019；Machin，2007）开始质疑语言式的多模态研究路径，并质疑现有的多模态语法的合法性。Machin（2016）告诫将语言学理论作为一种普遍理论用于其他模态的分析，会使得元功能意义和语法系统本身成为分析对象，以至于模态分析脱离社会语境和话语权力，这种为了寻找描述系统而进行的事后分析（post hoc analysis）通常只能产出一些描写工具而无法产出新的见解。Machin（2007）进一步指出不同的模态具有不同的系统特征，模态可以分为二层系统（意义和实体意义对应，没有语法层）和三层系统（符号和意义之间需要词汇语法），许多模态具有表意功能，但并不都具备语法。图像的符号规则难以确定，图像也不必通过语法来表意，因此将图像的一些表意特征称为视觉语法还为时过早。

针对这一质疑，Kress & van Leeuwen（2021）在其第三版的《视觉语法》中提出，新书虽然维持了"视觉语法"这一标题，但是这里的语法并非语言学中的词汇语法，即不是规约视觉符号的使用规则，而是如 Halliday（1985：101）所言，是表征人类生活经验的规律。Kress 和 van Leeuwen 这一回应巧妙地拓展了语法一词的范畴，使得语法不仅仅局限在对结构进行形式和功能的描写和阐释，然而也让语法一词显得更为空洞，更难在分析层面进行操作。张德禄、赵静（2022）则提出多模态语法研究很有必要，但是语篇分析中是否需要分析多模态语法则取决于研究目的、模态特征和理论视角。

4.2.4　适用语言学研究及其发展

自从 Halliday 提出"适用语言学"的概念后，国内外系统功能语言学界的专家学者也越来越多地使用"适用语言学"这个名称（如 Halliday，2008，2010；Mahboob & Knight，2010；胡壮麟，2007；黄国文，2006；黄国文、辛志英，2011；辛志英、黄国文，2011；朱永生，

2012）。此外，一大批专家学者就语言学的"适用性"进行了研究，这表明功能语言学界对适用语言学越来越重视。

由 Mahboob 和 Knight（2010）共同编著的《适用语言学》（*Appliable Linguistics*）一书从多领域对"适用语言学"进行了理论探索和实证研究，加深了学界对系统功能语言学的适用性的理解。国际系统功能语言学者对适用语言学思想进行了全面的梳理和深入的解读。该书在内在语类、话语主体及研究方法上都充分展示了通过系统功能语言学体系探讨语义潜势的多样性。在语类方面，该书包括翻译文本、课堂话语、司法话语、功能翻译、语言教学、语类分析、视觉语法、司法审判、学术写作、新闻、体育、娱乐会话、多模态话语分析等多个相关领域。在关注的话语主体上，该书涉及青少年、体育明星、译者等不同身份的构建。在研究方法上，涵盖了语类理论、格律理论、语义韵律理论、评价理论、元功能理论、耦合理论、多模态理论。同时，这些研究对外联系了语言学与符号学、教育学、文体学等多个领域。

Hasan（2014）对"适用语言学"的概念进行了解读。她认为，系统功能语言学之所以是一种"适用语言学"，是因为其所具有的本质特质，即系统功能语言学所强调的核心思想如层级性、功能性、系统性等。Matthiessen（2014）借鉴"适用语言学"的概念，进一步提出了适用话语分析（appliable discourse analysis）框架。通过从社会学和意义学视角（sociological and semiotic）对文本进行分析，他展示了适用话语分析如何全面描写语篇及其语义建构，扩展了适用语言学的研究范围。同时，他指出适用话语分析需要平衡文本量大小与文本分析深度（a balance between the volume of texts analysed and the level of analysis）。

其他研究如 Martin 等（2010）和 Martin 等（2014）讨论了系统功能语言学在司法话语研究中的应用，Matthiessen（2013）和 Butt（2014）探讨了系统功能语言学在医疗语境中的应用，Coffin（2013）和 Byrnes（2014）讨论了作为适用语言学的功能语言学在外语教育中的价值等。

值得一提的是，Byrnes（2014）指出学习的目的是学习如何利用语言资源"表意"（meaning-making），而这正是系统功能语言学所强调的，即语言是表意资源（language as a resource for meaning-making）。毫无疑问，这些研究有助于我们理解作为适用语言学的系统功能语言学概念，并充分展示了系统功能语言学的适用性。

国内目前关于作为"适用语言学"的系统功能语言学的研究大多集中在探讨适用语言学的定义、内涵以及特征上。黄国文（2006）重点研究了 Halliday 的系统功能语言学及其在不同领域的适用性，并为读者提供了多种系统功能语言学作为适用语言学的例子。胡壮麟（2007）撰文厘清了 applied、appliable、applicable 这三个术语的差别，并表明适用语言学的最终目的是建立一个语义发生的系统（semogenesis），用于描写和解释，并与马克思主义语言学产生了联系。胡壮麟随后具体解读了 Halliday 的适用语言学思想，指出适用语言学的工作机制是以社会理据来解释和描写语义发生，其突破点在人工智能的应用发展上。

常晨光（2010）讨论了系统功能语言学理论与实践的辩证关系，进而讨论了建构"适用语言学"的意义，最后指出"理论和实践的辩证互动将是推动作为适用语言学的系统功能语言学继续发展和完善的动力"。

杨雪燕（2010）解读了系统功能语言学作为"适用语言学"的内涵，认为系统功能语言学可以分为理论、应用和实践三个不同而又相互联系的区域。具体而言，杨雪燕根据 Halliday 本人关于"Appliable Linguistics"的定义概括了三个要点：（1）适用语言学首先是一种关于语言的理论模型，其特点是覆盖面宽、解释力强；（2）该理论可应用于解决各类问题；（3）它所适用的问题既可以是学术问题，也可以是实际问题。概言之，适用语言学就是一种语言研究模式，强调理论与实践的对话，理论只有在解决实际问题中才能得以最好的发展与完善（杨雪燕，2010：39）。

朱永生（2012）进一步探讨了"适用语言学"的定义、特征、目标与方法，具体概括了适用语言学的四个基本特征：（1）它是一种理论全面且解释力强的语言理论模型；（2）它是一种语言研究方法；（3）既能解决语言理论问题，也能解决与语言相关的实际问题；（4）为解决语言学消费者的具体需要提供理论和方法。

辛志英（2012）从历时的视角勾勒从 20 世纪 50 年代起作为"适用语言学"的系统功能语言学的发展模式和特点。在系统功能语言学作为"适用语言学"的发展过程中，多语言研究、多学科研究和多意义系统研究是三个逐渐明显的趋势，并大致沿着与语言的相关程度、研究内容的精密度和语域 / 语篇类型向纵深细微处拓展。

陈海叶、郅红（2015）用系统功能适用语言学尝试阐释海明威"冰山"理论，指出"系统功能语言学的适用性不仅在于它把语篇置于广阔的社会文化语境中，揭示隐含在语篇中的意识形态与权力关系，还在于它同样适用于文学作品的语篇语法及语义特征分析，揭示小说语篇的创作原则进一步展示了作为适用语言学的系统功能语言学在语篇分析研究中的重要价值"。

4.2.5　生态话语分析及其发展

随着生态危机的加剧及人们生态意识的增强，"韩礼德模式"的影响逐渐扩大，对有关环境问题的话语研究越来越重要。总体上来说，以"韩礼德模式"为主的生态话语分析包含两个方面的内容：一是对生态话语研究方法体系的建构；二是以批判话语分析为主要方法的实证研究。

作为新兴学科，生态语言学尚未定性，没有一个单一的理论框架，也没有普遍接受的分析步骤和分析方法（黄国文，2017），甚至对"生态语言学"的定义和研究范畴都存在不同观点（Alexander & Stibbe，2014）。面对这种情况，Sune Vork Steffensen、Alwin Fill、Arran Stibbe、Richard Alexander、Jørgen Chr. Bang 及 Wilhelm Trampe 等国外学者在深入探讨生态与语言之间关系等哲学问题基础上，努力建构一个系统的生态话语分析体系。较有影响的研究来自三个学术团体。

第一个是以 Arran Stibbe 为主的英国学者。Stibbe（2014）探讨了作为一种批评话语研究的生态语言学，认为虽然生态语言学倾向于使用与传统的批评话语分析相同的方式，但其运作的常规框架不仅考虑人与人之间的关系，还考虑到所有生命依赖的更大的生态系统。他总结了生态话语分析的几个特征：（1）生态话语分析的对象是影响人类与人类、非人生物和物理环境之间关系的话语，其中不仅包括人与人之间的关系，还包括人与更宽广的语境之间的关系；（2）生态话语分析的研究途径是分析形成人类观念的语言形式或文化语码；（3）生态话语分析的标准是分析者对生态的认识和主观价值取向，即生态哲学；（4）生态话语分析的目的是提高鉴别生态话语的意识，建构更多有益性话语，改造中性话语，抵制破坏性话语；（5）生态话语分析的研究成果可以应用于语言政策制定、教育发展、法律本文修正等实践领域。Stibbe（2014，2015）还提出了生态话语分析的四个步骤：描述语言资源的分布、推导语篇的生态观、比对分析者的生态哲学和作出话语判断。

第二个是 Sune Vork Steffensen、Alwin Fill 等为代表的丹麦生态语言学者。Steffensen & Fill（2014：21）认为生态语言学研究两个问题："一是研究人类在个体、群体、总体以及物种层面探索他们的（生存）环境的过程与活动，以便创造一个延伸的、充满意义的生态来支持他们的生存；二是研究此类活动和过程有机体的、社会的和生态系统的局限性，即在所有层面维系一个人类和非人类健康生存的承载力。"他们将生态语言学研究的各路径总结为符号生态学、自然生态学、社会文化生态学和认知生态学。在分析了各个路径的语言生态观之后，提出了以扩展生态假说（extended ecology hypothesis）为基础的统一自然化科学的理论构想。

第三个是黄国文、何伟等为代表的国内的生态语言学者。近些年，中国的生态语言学，尤其是生态话语分析得到了长足的发展。生态话语分析的体系建构首推黄国文，他提出和谐话语分析的思想，强调"和谐话语"的构建和推广，并认为中国语境下的和谐话语分析应将中国政治、经济和社会发展与历史文化因素相结合，突出语言系统与自然生态系统的和谐，也突出话语在特定文化语境中的和谐。在充分挖掘系统功能语言学的生态思想基础上，他将功能语言想的理论和方法融入生态语言学研究中，提出了生态话语分析的目标、原则与方法，为系统功能语言学指明了一个新的发展方向（黄国文，2016a，2016b；黄国文、赵蕊华，2017；辛志英、黄国文，2013）。何伟、魏榕（2017a，2017b）建立了国际生态话语的分析框架和体现国际生态话语特点的及物性分析模式。何伟、张瑞杰（2017）以功能语言学理论为基础，较为全面地对及物性、语气、情态、评价、主位和信息等系统进行了生态视角的细化和扩展。在评价部分，他们根据 Martin 等人建立的评价系统中的态度子系统及 Scannell & Gifford（2010）的"场所"思想来确定态度资源的生态意义，并为情感、判断和鉴赏系统各添加了一个参考因素，提升了分析框架的可操作性。

4.2.6　语法隐喻研究及其发展

语法隐喻理论由 Halliday 于 1985 年在《功能语法导论》中首次提出，历经近四十年的发展，逐步趋于成熟，成为研究热点。近几年对语法隐喻研究的专著较多，如《语法隐喻理论及意义进化观研究》（杨雪芹，2013）、《语法隐喻视角下汉英错位修饰现象研究》（丛迎旭，2017）、《汉语语法隐喻研究》（杨延宁，2020）、《语法隐喻中的语义变化》（董娟，2021a）、《系统功能语言学视阈的语法隐喻研究》（杨忠，2022）等。此外，学者们从系统功能语言学、认知语言学、合法化语码、局部语法等视角对语法隐喻进行了研究，评述如下。

第一，从系统功能语言学视角，学者们主要对语法隐喻作了综述性研究、理论研究、各类语篇中的语法隐喻研究，以及语法隐喻在教学、二语习得等领域的研究。

语法隐喻的综述性研究方面，张德禄、雷茜（2013）对我国语法隐喻研究进行了综述，认为我国的语法隐喻研究具有引介阐释性、评判批评性、修补完善性、实际应用性、理论融合性和语言对比性的特点，但还存在研究的学科引领性、独立性不强，借鉴其他理论的研究成果不足，汉语语法隐喻研究薄弱的问题，将来需要在一致式基本定义的确定、隐喻式的范围、隐喻式基本运作方式、语法隐喻模式与语言类型学的关系、汉语语法隐喻的研究、多学科综合研究等方面进行研究。丛迎旭（2014）对系统功能语言学语法隐喻理论的贡献与问题进行了研究，从系统功能语言学理论内部与外部阐述了语法隐喻研究的价值与贡献，然后对语法隐喻语义同一性的解读、语法隐喻与词汇隐喻的关系、理论假设与事实验证以及语法隐喻的双向不对称性做了探讨。姜望琪（2014）论述了语法隐喻理论的来龙去脉及实质，认为语法隐喻理论揭示了一种以前鲜为人知的构建意义的方法，对全面理解人类语言的性质作出了巨大的贡献。张德禄、董娟（2014）对语法隐喻理论近三十年的发展过程进行梳理，归纳出语法隐喻理论的三个发展阶段和相应的理论模式：功能模式、分层功能模式和分层系统功能模式，并对各阶段的主要特征作了阐释，探讨了语法隐喻理论逐步被纳入系统功能语言学总体框架的发展趋势，以及从动因、作用、体现形式等多方面研究语法隐喻的必要性等。曲英梅、彭爽（2020）使用文献计量法综述了国内语法隐喻研究情况。

语法隐喻的理论研究方面，赵德全、李伟（2010）研究了三大纯理对应的概念隐喻、人际隐喻和语篇隐喻等语法隐喻。林正军、王克非（2012）以不同语言之间语义的普遍性和语言形式的差异性为基础，构建跨语言语法隐喻理论模型。他们认为跨语言语法隐喻现象存在于词汇、语法和篇章的各个层面，它主要是由不同语言间的社会文化差异、不同民族或种族的人们之间认知能力和认知方式的差异以及不同语言自身的差异造成的。何清顺（2013）研究了语法隐喻的转移向度，认为语法隐喻可以理解为两个维度上的跨越：一是从语义层到词汇语法层的跨越；二是词汇语法层各语法范畴之间的跨越。王辰玲（2015）从评价理论中的级差系统这一拓扑学视角探讨概念隐喻和人际隐喻中的渐进性问题。研究发现，级差系统的语势体现在概念隐喻的过程转换和人际隐喻的语气转换中，级差系统的聚焦则反映在概念隐喻的名词化和人际隐喻的情态之中。林正军、杨忠（2016）以广义的语法隐喻为基础，在语义发生学视阈下构建语义发生的语用框架，从话语发生的语域和说话人两个因素来探讨语法隐喻。说话人为满足语义表达的需要，可以通过改变语义表达的视点产出与一致式表达意义不同的言语表达式，即隐喻式。这种对语法隐喻的评判更强调语言表达式的实际使用，突出语法隐喻的语用特征。

李雪娇（2016）尝试在语篇级阶探讨语法隐喻的可能性，认为不同于小句级阶上的及物性隐喻、语气隐喻和情态隐喻，语篇级阶上的语法隐喻主要表现为语篇范围跨越小句的标记性语篇组织方式，具体分为标记性顺序和标记性搭配两大类。赵莉（2017）基于 BNC 语料库对小句级阶上概念语法隐喻进行研究，认为小句级阶上的概念语法隐喻通常指由一种过程类型表征的经验用另外一种过程类型表征时产生的隐喻，隐喻式小句是小句级阶上概念语法隐喻的具体体现。董娟、张德禄（2017）在归纳语篇隐喻现有观点的基础上，提出区分发生在小句（及复合体）范围内、由词汇语法结构变化来体现的"语篇语法隐喻"和发生在语篇语义层面、由非结构性的衔接机制来体现的"织篇隐喻"。主位等价结构和主位谓化结构属于语篇语法隐喻；元信息关系、语篇指代、隐喻性主位／新信息、磋商语篇性、内部连接等则属于织篇隐喻。杨炳钧（2019）分析了句式"台上坐着主席团"的概念语法隐喻。董娟（2021b）依据语言的维度，聚焦"性状—事物"类概念隐喻，通过语料分析，从词汇语法和语境两个层面寻找语法隐喻经验意义变化的依据。杨炳钧（2021）研究了从亚里士多德的隐喻论到韩礼德的语法隐喻论，认为从亚里士多德到韩礼德，隐喻研究从词汇和概念层面跨越到了语法和话语层面，极大地拓展了人类对语言规律的认知与把握。

各类语篇中的语法隐喻研究方面，沈继荣（2010）对新闻语篇中语法隐喻的工作机制及功能进行了研究，认为新闻语篇中的语法隐喻既可以很好地衔接和展开新闻语篇，又可以增加新闻语篇的词汇与信息密度，以节省有限的版面空间，还可以帮助突显重点信息并调整新闻工作者与读者之间的人际关系，以更好地传递作者的主观意图和态度，并帮助读者重建经验意义与知识结构，以达到新闻语篇交际活动的目的。陈瑜敏和黄国文（2014）基于语法隐喻框架对英语文学原著与简写本易读度进行研究。柴改英、刘佳丽（2019）分析了地方政府外宣形象的及物性语法隐喻。宋来全、杨忠（2019）探讨了商务英语信函中的人际语法隐喻的发生理据和文体功能，认为人际语法隐喻在商务英语信函中的"超用"是与情景语境相关的"有动因的突出"，具有促使商务英语信函文体的一些词句特征和语义风格凸显的文体功能。

教学及二语习得等领域中的语法隐喻研究方面，孙岩梅、邵新光（2011）对语法隐喻与英语阅读之间的关系进行研究，认为语法隐喻与英语阅读有很大的关系，是影响语言材料难度的重要因素。在很多情况下语篇中的语法隐喻的含量越高，语篇的理解难度就越大。此外，将语法隐喻理论应用于英语阅读会有助于培养英语思维，增强语篇分析能力，增加语体意识，培养元语言能力。张会平、刘永兵（2013）研究了中国学生语法隐喻的习得历程。李杰（2016）以语法隐喻理论作指导，对隐喻式产生的本质、复杂性以及功能特征进行分析，帮助语言学习者充分认识和掌握所学目的语言中的隐喻现象，提高他们的隐喻理解能力和隐喻输出能力，从而达到提高语言水平的目的。周惠、刘永兵（2017）对英语学位论文摘要中语法隐喻的使用与语篇功能进行了研究，发现我国英语学习者具备了一定的语法隐喻使用意识，但对概念语法隐喻使用欠缺，不利于体现学术语篇的抽象性与客观性；学习者对语法隐喻的使用体现出部分语法隐喻阶段的特征，反映出搭配与语义韵误用、个别功能冗余化的问题，致使学习者语篇信息布局低效、观点立场模糊、强加态势明显。于晖、苗宁（2020）探究教育语篇中逻辑语法隐喻的本质特征，以功能语言学为视角，采用美国经典生物学教材为教育语篇分析语料，提出逻辑语法隐喻的类转移多样性、隐喻度渐变性和高级阶综合性的本质特征。王保健等（2020）探讨了语法隐喻对二语写作研究的资源贡献，认为语法隐喻以意义为核心，关联语境层和词汇语法层，是系统功能语言学就书面语篇意义构建提供的符号资源；是实现抽象概括、衔接连贯等语篇功能的资源；是复杂性语义生成、满足高级语篇写作交际复杂性需求的资源；中介语发展和学术写作也以其为语法资源。李文、郭建辉（2020）通过对比国内外博士论文中的 13 类概念语法隐喻，发现国内高级英语学习者总体具备较强概念语法隐喻能力，但还存在名词化使用过多、部分类型使用不足、语法隐喻词汇多样性较低以及隐喻转化错误或不完整问题。

　　第二，除了系统功能语言学界关注语法隐喻，同样作为功能语言学学派的认知语言学也比较关注语法隐喻。林正军、杨忠（2010）从认知语义层面解读语法隐喻中隐喻式与一致式之间的语义关系、转级向度以及语义映射和转级的理据等问题。研究发现，语法隐喻的一致式与隐喻式之间在语义层面上存在转喻关系；从历时的视角来看，从一致式到隐喻式的语义映射和转级具有单向性，而在共时层面，两种表达式之间的语义映射和转级具有双向性。丛迎旭（2011）借助认知语言学的意象图式和转喻理论，指出名词化和动词化从一致式到隐喻式转换的认知机制都是转喻，从认知角度对语法隐喻的双向模式加以证实，并对典型的和非典型的语法隐喻作了说明。杨波（2013）从认知视角研究了概念语法隐喻，认为概念语法隐喻主要关注一致式和隐喻式的"概念""语法"和"隐喻"内涵，认知隐喻理论则从思维或者识解方式这个层面就各自关注的隐喻现象提供了统一的解释，并指出概念语法隐喻现象很多都是认知语言学的实体隐喻促成的。

刘婷婷、张奕（2014）对概念语法隐喻进行了认知解读，认为概念语法隐喻的隐喻过程是"一致式语法形成 → 一致式语义激活 → 情景还原 → 隐喻式语法形成"的认知过程；隐喻式句子是认知主体对一致式句子进行情景还原、侧重转移、焦点背景识解、隐喻和语法整合的认知加工的产物；一致式与隐喻式的语义既有相似性又有差异性；隐喻式与一致式相比，其语义可能增加、缩减或重组。陈新仁（2014）从认知语用学视角对动态语境中语法隐喻的使用重新解读，指出语法隐喻性表达方式与对应的非语法隐喻性表达方式在明示方式方面存在语用差异，是一种独特的获取最佳关联的认知语用方式，具有不同于后者所引发的认知语境效果。邵新光、徐秀芹（2015）对语法隐喻在英语阅读中的认知作用进行了研究。

林正军、董晓明（2017）研究了语法隐喻的转喻属性。概念隐喻表达式所体现的不同语义往往凸显同一事件中的不同概念要素；人际隐喻表达式所体现的不同语义凸显情态或语气的不同要素。语法隐喻不同表达式所对应的表述意义之间存在关联性，即转喻关系。丛迎旭、王红阳（2017）研究了语法隐喻一致式的认知特征与阐释，认为一致式应具有原型性和象似性两条认知特征，并借助两条认知特征文本对非形似类语法隐喻和社会语法隐喻作了阐释。林正军、张姝祎（2018）从语义发生的三个维度（即种群发生、个体发生和语篇发生）探讨语法隐喻产生的理据。方义桂、丛迎旭（2020）从语法隐喻理论视角对形容词化的最重要组成的名形化认知机制和语义变化类型作了系统分析，并对比了英汉名形化的共性与差异。张慧等（2021）从体认观视阈对逻辑语法隐喻的英译策略进行研究。林正军、张慧（2022）对概念语法隐喻的体认基础进行了研究，认为概念语法隐喻表达式体现了人们对感知经验的不同识解，具有其体认基础，体验性与认知性的高度融合是概念语法隐喻产生、判定和使用的根本理据。

第三，学者们还从合法化语码视角和局部语法等其他视角关注了语法隐喻。罗载兵、蒋宇红（2015）对语法隐喻的语义波建构模式进行了研究，认为语法隐喻的语义波将功能各异的语法隐喻转移载体统一于隐喻转移的语义范畴，语义引力界定语法隐喻发生的潜势及人际隐喻，语义密度界定概念隐喻发生的隐喻度及转移向度。语法隐喻的语义波弥补了语法隐喻的形式级阶转移维度的不足，体现了语法隐喻的系统特征，也为探讨语篇隐喻提供了新的依据。董敏、徐琳瑶（2017）从局部语法视角探讨了逻辑语法隐喻，发现因果关系局部语法可以验证逻辑语法隐喻的科学语篇促成性，在构造科学知识的逻辑推理语境中完善及物语法构型，描写逻辑隐喻式的型式复杂性，显化隐喻式的"语义差异"。

4.2.7　功能语言学应用研究及其发展

作为适用语言学的功能语言学，致力于解决与语言和语言使用有关的问题（黄国文，2010），强调理论的应用。功能语言学被广泛地应用于各个领域，包括语言教育、话语分析、翻译研究、计算语言学、临床语言学、法律语言学等方面。

语言教育方面，功能语言学教学理论和教学思想的初期探索集中在 Halliday 等人在 1964 年出版的专著《语言科学与语言教学》（*The Linguistic Sciences and Language Teaching*）一书中。但功能语言学在不断完善和发展其自身理论的同时，对语言教育尤其是外语教学产生了巨大的影响，其理论被广大应用语言学家、外语教育研究者和工作者应用到外语教学理论与实践研究中，直接和间接地激发了许多新的教学理论和方法。Halliday et al.（1964）明确提出了特殊用途英语的必要性，并指出了语域的语言变体，激发了专门用途英语（English for specific purposes, ESP）教学理论和方法的产生。Halliday（1973）的社会语义学为交际教学法提供了重要的理论基础，包括社会语境和情景语境、意义系统、语域和衔接、语言功能、语言系统等理论。在功能语言学的影响下，语言教学的侧重点由语言的形式转向语言的意义和交际功能。在文化语境和情景语境理论的基础上，基于文化和情景的教学法产生，人们也更加关注到文化域语境在教学中的作用。而语类理论激发了基于语类的教学法的产生和发展。近年来，功能语言学视角下的教育话语研究得到了突破性的发展，从话语分析角度为外语教学提供了新的指导（Martin et al., 2020）。此外，功能语言学的理论还对新的教学大纲、课程设置研究、教学材料和教学软件等研究产生了较大的影响（张德禄，2020）。

功能语言学与话语分析无论在语言观还是方法论上都有着密切的渊源（辛斌、高小丽，2013），因此，其理论被广泛地应用于话语分析研究中，包括积极话语分析、批评话语分析、生态话语分析、多模态话语分析等方面。话语分析始于 20 世纪 60 年代初，源于对哲学界"语言转向"（the linguistic turn）和人文社会科学研究领域的"话语转向"（the discursive turn）的语言学思考。随后，批评话语分析兴起，旨在通过分析语言、权力和意识形态的关系，揭示现实话语是如何体现社会结构和社会权势关系，以及其如何服务于这些结构和关系（辛斌、高小丽，2013）。功能语言学与批评话语分析都关注话语在社会中的作用，都通过社会和文化视角来审视语言对社会的影响（黄国文，2018a，2018b）。因此，功能语言学思想和理论，包括意义与形式之间辩证关系思想、语境与语言关系思想、语域理论、语篇衔接与连贯的理论等，被广泛应用于批评话语分析的理论框架建构和语篇结构以及语篇与语境关系的分析之中。

21 世纪初，Martin（2004）提出了积极话语分析，用来补充批评话语分析缺乏的正面的、积极的语言分析和构建。积极话语分析理论模式主要基于功能语言学理论，是多功能、多层次和多模态的。近年来，随着生态语言学的发展，一些话语分析研究者开始关注语篇中对生态环境问题的评价和批评，以及对改进生态环境的呼吁和建议，生态话语分析由此产生（黄国文，2018a，2018b）。生态话语分析仍主要借助批评话语分析的路径和方法来分析与环境相关的话语（the analysis of

ecological discourse）。Halliday 的生态思想、语境和系统理论对生态话语分析提供了重要指导（黄国文、赵蕊华，2017）。国内一些学者基于及物性和评价系统等理论开展了对环境语篇和教育语篇进行生态话语分析的应用研究（李淑晶、刘承宇，2020；于晖、王丽萍，2020）。黄国文（2016）在生态话语分析的基础上，应用功能语言学理论做指导，提出了和谐话语分析。

此外，Kress & van Leeuween（1996）提出的多模态话语分析以功能语言学为理论基础，将其中的三大元功能思想应用于视觉模式分析，吸引了广大学者的关注。随着多模态话语分析研究范围不断扩大，功能语言学在更多方面（如文化、语境、意义、形式、媒体等层面）为多模态话语分析提供理论框架（张德禄，2020）。基于此，国内一些学者将多模态话语分析方法广泛应用于课堂教学和新闻语篇等方面（李德志，2013；张德禄，2009b）。

功能语言学对翻译研究也产生了较为深远的影响。早在 1965 年，Catford 就运用了 Halliday 级阶和范畴语法理论对翻译的性质、类型、方法等层面展开了较为系统的讨论，并运用层级、范畴与级阶等概念作为语际转换的依据（Catford，1965）。此后，功能语言学为翻译研究提供了一条新路径。随着功能语言学理论的发展，更多的相关理论被应用到翻译问题研究之中，如翻译质量评估（House，1977）、翻译对等（Baker，1992），以及翻译理论认识论和方法论的构建。近年来，Matthiessen et al.（2020）从功能语言学视角论述了翻译研究，重点探讨了基于元功能理论的翻译研究，阐释了功能语言学理论在翻译研究中的适用性。许多国内学者也尝试将功能语言学应用于不同类型语篇翻译研究当中，如翻译策略研究（程晓堂、梁淑雯，2008）、翻译过程中的影响因素探究（钱宏，2007）、翻译质量评估（司显柱，2016）和功能对等研究，等等。另外，一些学者尝试以功能语言学为基础构建创新的翻译范式（司显柱，2011；杨增成，2022）。以上研究证实了功能语言学理论在翻译研究中的适用性和重要性。

功能语言学在计算语言学领域的应用主要体现在机器翻译和计算机辅助外语教学方面。早在 1962 年，Halliday 就表现出对机器翻译的兴趣，提出机器翻译是外语教材翻译的一种快速途径（Thibault，1987）。Bateman & O'Donnell（2015）指出功能语言学对自然语言处理中不同研究范畴，如语法剖析、自然语言生成、自然语言理解，都有一定的启发和影响。功能语言学意义潜势与语言选择的理论思想为自然语言处理提供了实用性和灵活性。对于计算机辅助外语教学，功能语言学能够提供新的语言描述和理论指导。功能语言学从语境和语音文字为计算机辅助外语教学提供了新的描述和变量条件，并基于此为计算机辅助外语教学模式和教学流程提供指导（张德禄，2020）。

近年来，功能语言学还被应用于临床语言学，重点关注医疗沟通、医学公共传播中语言的作用。其中比较典型的代表为澳洲国立大学的 Slade 和香港理工大学的 Matthissen 团队（Eggins & Slade，2016；Matthissen，2013）。临床语言学研究主要应用功能语言学的人际功能理论分析医疗过程中医生和患者的互动方式，以帮助构建良好的医患沟通模式，探寻医患沟通技巧；应用概念功能解读患者的患病经验的叙述重构，以帮助医生解读病痛与创伤，研究目的是为临床医疗措施和公共健康教育提供参考。旷战、李淑晶（2019）还尝试应用语类理论探讨医患语类结构及其功能变体，分析医生个体意库资源、语类身份特征和语类目的。

将功能语言学理论应用于法律语言研究的成果也日益增多，主要应用的理论包括元功能思想、评价系统、语篇语义学、意义发生等。例如，Martin 及其团队采用了功能语言学视域下的实体化、实例化和个体化这三个层级的框架，对法律语言进行了大量的研究，探讨司法实践中语言策略、态度表征、身份建构（王振华，2012）。国内研究方面，以王振华为代表的学者对以功能语言学理论为指导的法律语篇分析框架的建立和其对法律语篇、态度和身份构建等方面的指导意义进行了全面深入的探索（王振华，2004）。

4.3 功能语言学研究方法的未来走向

4.3.1 跨学科 / 超学科研究

现代科学发展的大趋势之一是学科交叉和融合，不仅催生了新的学科，也促进了已有学科的发展和完善。跨学科研究指将不同学科的概念和方法融于特定研究之中，发展、完善现有学科理论。与跨学科研究强调学科之间的合作不同，超学科意味着我们必须要跳出现有学科的框架，挣脱学科框架的禁锢、桎梏和束缚，以超学科视野审视学科的发展，创新理论和研究方法。简言之，超学科研究是从不同学科理论、方法或视角解决同一个问题。

胡壮麟（2007）已指出，语言学需要跨学科研究，以便从不同学科的视角和方法推动语言学研究，进而更深入地了解人类语言。近年来，外语届专家更是对此问题非常关注，代表性的学术活动是2020年上海外国语大学推动成立了"中国高校外语学科发展联盟语言学跨学科研究委员会"，并于同年在《外语界》刊发了与会专家从不同视角讨论语言学跨学科发展的论文，为语言学跨学科研究提供了诸多启示。

在系统功能语言学领域，Halliday 也专门讨论过跨学科或超学科与系统功能语言学之间的联系，提出超学科概念，并指出"我所说的是'超学科'（transdisciplinary），不是'跨学科'（inter-）或'多学科'（multi-），因为后面两个术语对外来说似乎意味着：我们仍然把学科看作智力活动的中心，从中搭建桥梁，或者组装成某个合集（collection）；而我的真正主张是超越它们，通过主题（theme）而不是学科方向来创造新的活动形式"（转引自彭宣维、张鸣瑾，2021：1）。胡壮麟（2013）在追述超学科思维和系统功能语言学相关研究的时候也指出，"超学科研究应当是超越学科之上，是主题式的，不是学科性的，旨在创建新的形式，解决现实问题"（胡壮麟，2013：1）。胡壮麟（2013）随后详细讨论了超学科思想与系统功能语言学相关理论的关联，认为超学科研究的主题思想与系统功能语言学三大元功能理论高度契合，以及 Halliday 有关教育语言学的思考都是基于超学科思维发展而来的。

　　稍显不同的是，我们在此处的超学科/跨学科是狭义的概念，指采用不同学科的研究视角或方法看待和分析问题。这与徐盛桓（2021：5）的观点一致："在语言学研究重点的跨学科研究一般来说是指在语言研究中移植了其他学科的理论或概念，让其他学科的那些理论或概念发生辐射，被借鉴到语言研究中来，最后还可能融合起来，发展成为可用于语言研究的理论或概念。"在系统功能语言学的跨学科研究这一方面，胡壮麟（2008，2014，2021a）分别讨论过系统功能语言学与社会语言学、认知语言学以及体认语言学等学科之间的联系，黄国文（2020）则讨论了（系统）生态语言学对系统功能语言学的继承与发展。但深入发展方面，主要还是黄国文教授团队开展的生态语言学系列研究（详见 3.5 和 8.3 等节）。黄国文教授团队近期结合生态语言学和语言学相关思路和理论框架，提出了生态语言学、生态批评话语分析、系统生态语言学以及和谐话语分析等新的学科概念和分析框架，充分显示了跨学科研究范式在深化语言学研究中的重要性和必要性。

　　除生态语言学是系统功能语言学跨学科发展的代表成果外，彭宣维教授近期将量子思维应用于系统功能语言学的相关研究则可被视为超学科研究。具体而言，彭宣维、张鸣瑾（2021）从互补性和概率等方向考察了系统功能语言学研究中的超学科/跨学科思想。他们指出，系统功能语言学的互补性既体现在广义的功能语言学各分支学科之间（如认知语言学强调的社会性和功能语言学关注的社会性在语言研究中的互补），也体现在系统功能语言学理论体系之间（如词汇语法的连续统，以及三大元功能并存于同一个小句中，具有互补性）。彭宣维（2022）详细讨论了量子语言观，即从系统化的量子思维出发，为观测语言的量子化生成方式、语言成分例子及其互动关系的量子属性而"设计或半设计"（Halliday，2004b：44）的一种超学科语言研究范式，这是"通过主题（theme）而不是学科方向来创造新的活动形式"（Halliday，1990a），并在同行的析取性研究传统之外，以相对论时空观为途径，采取合取性思路（Halliday，2008：36），在理论自洽原则参照下解释各种语言活动形式，特别是对立互动过程，并以此量子语言观为观照，简要讨论了系统功能语言学相关理论或观点中所体现的这种量子思维。

正如黄国文（2020：7）指出，"无论跨学科还是超学科，都应该从问题入手，寻找解决问题的方法，对现实世界中各种复杂问题进行观察、分析，最终达到解决问题的目的。因此，跨学科和超学科都会开阔新的视野，都利于提出创造性的问题解决方案。"采用跨学科和超学科视角意味着不同学科以及不同学科研究人员之间需要相互配合，充分发挥各自学科优势，推进学科的发展。除此之外，未来研究既要思考如何更好地开展跨学科或超学科研究，也要充分结合中国语境，将理论思考和分析框架本土化，即相关研究要从中国的问题或者中国语境下思考学科发展的出路。黄国文教授团队开展的生态语言学研究及其提出的"和谐话语分析"，是系统功能语言学研究本土化的一个很好的案例，既具有国际视野（与批评话语分析或积极话语分析有联系也有区别），也充分考虑到了中国语境和社会文化因素。在和谐话语分析框架中所提出的以人为本、良知原则、制约原则和亲近原则也是理论本土化的体现。我们期待有更多的研究从跨学科和超学科视角开展系统功能语言学研究，并推动相关研究的本土化进程。

4.3.2　语料库与功能语言学

系统功能语言学与语料库语言学渊源颇深，二者既有相似和相异之处，也存在互补的空间。本节具体讨论二者之间的联系。

作为对 Firth 语言学研究思想和理论的继承与发展，系统功能语言学和语料库语言学都重视研究真实语境中的语言使用。韩礼德本人早期的研究也多用语料库作为语料来源和研究方法，例如其发表于 1956 年的文章《现代汉语语法范畴》，就是以一个小型口语语料库作为研究基础，且其后的博士论文也采用了语料库语言学的研究方法（Halliday，1959）。此外，早在 20 世纪 60 年代，Halliday 就曾与 Sinclair 一起合作建立英语口语语料库，并展开词汇和语法方面的研究。Halliday 本人也多次强调语料库之于语言研究的重要性。例如，Halliday（2005a：130）指出，基于语料库的研究已开始让我们重新审视词汇及其型式特征，且逐渐对我们关于语法的观点产生着影响。语料库语言学为语言学的理论研究提供了丰富的研究资源。Halliday（2008：76）进一步指出，语料库研究提供的证据有助于更缜密地描述语言的本质。Halliday & Matthiessen（2014：34）也再次强调语料库对于语言理论研究至关重要。

除 Halliday 之外，其他系统功能语言学家也多次强调语料库在系统功能语言学研究中的重要作用。Butler（2004）详细讨论了语料库研究和功能语言学理论之间的联系，指出功能语言学的理论必须建立在语料库证据之上。Matthiessen（2006）采用语料库研究方法考察了部分语法系统（如及物性过程类型、环境成分类型）在语言中的大致分布情况，展示了语料库在系统功能语言学研究中的潜在应用。Bednarek（2010）则详细讨论了系统功能语言学与语料库语言学相关概念的对应，如系统功能语言学将系统视为由所有文本的体现，语料库语言学则认为语料库是所有文本的集合。

除二者都重视真实语言使用在语言研究中的重要性之外，系统功能语言学与语料库语言学的另一个共同点是二者都强调意义研究。上文提到，系统功能语言学和语料库语言学实际上都是对 Firth 语言学思想的继承与发展，而 Firth 最为重要的学术思想之一即为意义研究（高歌、卫乃兴，2020）。然而，二者在意义研究方面的差异也非常明显。语料库语言学将意义视为搭配（横组合的视角），重视语境、互文或者上下文对于意义的决定性影响；系统功能语言学则将意义视为系统里的选择（纵聚合的视角）。正如高歌、卫乃兴（2020：30）所言，"如果说 Halliday 的意义研究立足于语言纵聚合关系组成的系统，那么，Sinclair 的意义单位研究则基于语言横组合关系的结构。"二者意义研究的视角和路径也迥然不同。在研究视角上，语料库语言学强调在真实的语言使用（language as instance/use）中研究意义，而系统功能语言学则强调选择即意义（choice is meaning），在语言系统（language as system）中研究意义。在意义研究上，高歌、卫乃兴（2020：32）准确归纳了二者的异同："Halliday 侧重于语言系统，所做的意义研究属系统层面（聚合层面）的意义/功能研究，显示出系统与语篇的两分趋向，探索意义的语法实现机制；而 Sinclair 的意义研究侧重于结构层面（组合层面）的语言操作探索，组合的、线性的选择是意义之所在。在方法论上，Sinclair 主张严格由数据驱动研究意义，探索真实语境下意义表达所涉及的各种共选；Halliday 的意义研究则呈现出更多理想化的理论建构特征，虽然他也表示出强烈的基于语料库进行研究的主张。"

在意义研究路径上，系统功能语言学强调情景语境（context of situation），提出三大元功能思想，并创建了包含语场、语旨和语式的语域模型的意义研究路径。语料库语言学则截然不同，以词汇为核心，提出扩展意义单位模型（extended units of meaning）（Sinclair，2004）的意义研究路径。具体而言，系统功能语言学以概念功能、人际功能和语篇功能为基础，认为意义是对实现各个功能语言形式的选择（如概念功能中选用何种及物性过程、人际功能中选用何种语气或情态，以及选择何种方式组织语篇）。在语料库语言学的扩展意义单位模型中，具体词项，即节点词，是核心，意义分析包括考察其搭配（collocation，即词与词的共选）、类联接（colligation，即词与语法结构的共选）、语义倾向（semantic preference，即词与语义域的共选）和语义韵（semantic prosody，即词与语用功能的共选）。概括而言，系统功能语言学与语料库语言学之于意义研究的差异在于究竟将意义视为选择（meaning as choice）还是将意义视为搭配（meaning as collocation）。最后，值得一提的是，语料库语言学提出的"扩展意义单位"这一意义研究路径涵盖了词汇、语法、语义和语用等各个方面，具有非常重要的理论价值。在一定程度上而言，扩展意义单位模型可被视为语料库语言学对于语言研究最为重要的理论贡献，回应了部分学者对于语料库语言学仅仅是研究方法的误解。

　　语料库语言学对于语言特征的量化信息，即频数（frequency）的强调，与系统功能语言学的盖然率思想（probabilistic）是一致的。语料库语言学研究经典研究方法之一是频数分析，即在特定的封闭语料库中，研究者可以去量化特定语言特征的频数信息，进而揭示特定语境中语言使用的大致情况。这基本与系统功能语言学的盖然率思想是一致的。胡壮麟（1990：8）就曾指出，盖然率思想的重要性在于"它可以说明不同语域之间的差别很可能就是它们在词汇语法层上的盖然率的不同"，而语料库语言学的优势之一即是揭示词汇语法特征的频数信息。在这方面，Halliday & James（1993）曾利用 Bank of English 考察过英语的过去式（past tense）和非过去式（non-past tense）的分布特征，发现大致使用情况为 1：1，而肯定和否定表述的比例为 9：1。

　　此外，系统功能语言学与语料库语言学在词汇语法不可分的认识上是一致的。系统功能语法认为词汇和语法处在连续统上，既可从词汇这一端研究词汇语法，也可从语法这一端考察词汇语法。Halliday 本人在众多论著中反复强调词汇语法为连续统的观点，比如在 "Categories of the Theory of Grammar" 一文中，Halliday 就在同一层面描写词汇语法，并指出语法学家的理想是将所有词汇特征的语言现象视为语法的一部分。随后 Halliday（2008）再次强调词汇和语法的统一性。相似地，语料库语言学也强调词汇语法的不可分性（Hunston & Francis, 2000；Sinclair, 1991），Sinclair（1991）通过对 *Naked Eye* 的分析，详细论证了词汇与语法的不可分性。尽管如此，二者对词汇语法研究的视角截然相反。Halliday（2008）指出，语料库语言学聚焦词汇，而系统功能语言学则将语法放在第一位。在系统功能语言学看来，语法选择的尽头是词汇，因此提出"词汇是最精密的语法"（lexis as the most delicate grammar）的观点（Halliday & Matthiessen，2014：67）；而语料库语言学的研究则从短语学视角研究词汇语法，这方面的重要研究成果包括 Sinclair 的意义单位（Sinclair，1991，2004）以及 Hunston & Francis（2000）的型式语法。这些研究都指出，词汇和语法具有同等重要地位，词汇与语法共选。

Hunston（2013）也对系统功能语言学和语料库语言学的关系做了深入探讨，指出二者的部分分析框架存在相似（parallel）、相异（divergent）以及互补（complementary）的关系。首先，二者在语域概念上是相近的，都强调文本之间的变异之于语言描写至关重要。因此，功能语言学提出语域包括语场、语旨和语式，分别与概念功能、人际功能和语篇功能对应。在语料库语言学领域，研究者们也考察语言使用在不同体裁中的差异，尤其是 Biber 等人倡导的多维度分析（multidimensional analysis）。与系统功能语言学自上而下的语域研究思路不同，多维度分析利用统计方式计算不同语言特征在特定文本中的聚合分布情况，进而得出不同的维度。该分析方式已被广泛应用于如书面语和口语使用差异的考察（Biber & Conrad，2009；Biber et al.，1998）。正如 Gardner（2008）和 Hunston（2013）所指出，系统功能语言学的语域概念和语料库语言学的多维度分析方式具有众多契合之处，系统功能语言学的语域研究结果有助于解读多维度分析结果。此外，语料库语言学另一语域研究应为 Hyland（2004）倡导的对跨学科语言使用异同的考察等。这些研究都强调语言使用随着语境/语域的变化而变化。

未来，语料库语言学与系统功能语言学的互补研究应当是主流，即采用语料库语言学的研究方法考察语言使用，再结合系统功能语言学的理论框架解读语言数据。例如，Hunston（2013）采用语料库语言学的方法，借助系统功能语言学的投射概念，考察科学语篇中的意义建构，展示了语料库与 SFL 相结合的研究方式在话语研究中的价值。除此之外，我们以语料库研究方法与系统功能语言学的及物性分析和评价研究作为案例来讨论二者在具体研究中的互补性。目前已有研究者在语料库方法和及物性分析上展开了有益尝试和探索。例如，Su（2020）利用 Sketch Engine 的"word sketch"功能抽取含有"中国梦（China/Chinese dream）"及其动词搭配的索引行（concordances）[1]，再对所提取的语料进行及物性分析，最后对语料分析结构进行解读，揭示"中国梦"在不同新闻媒体中的语篇建构情况。相似地，Tang（2021）结合语料库研究方法与及物性分析框架探讨美国主流媒体中的中国形象。她结合语料库抽取搭配词的多种统计方式（如 MI 值、T 值），确定了与"中国（China）"的动词搭配，进而展开及物性分析，解构美国媒体中的中国形象建构。这些研究充分展现了语料库的经典研究方法可有效辅助系统功能语言学的及物性分析，避免了系统功能语言学传统的文本分析所面临的文本分析量有限的局限。采用语料库方法，研究者可聚焦特定话语对象，抽取与其相关的动词搭配的索引行，这种方式既可充分发挥语料库研究方法能处理大量文本的优势，也能充分利用系统功能语言学更具理论深度的分析框架，帮助研究者更好地开展话语研究。

在评价语言研究方面，语料库语言学的研究方法也可与系统功能语言学的评价系统结合。Hunston（2011）详尽地讨论了语料库语言学的短语学研究在评价语言研究中的应用，如语法型式可应用于诊断态度意义的分类以及建构评价语言的局部语法。Bednreak（2009）和 Su & Hunston（2019a，2019b）进一步探讨了利用语法型式诊断态度意义三分为情感、评判和鉴赏的有效性。概括而言，他们的研究发现态度意义的三分在较大程度上有语言形式依据的支持，印证了 Halliday 本人关于"Semantic distinctions may be reflected in lexicogrammatical differences"的观点。具体应用方面，陈春华、马龙凯（2022）结合型式语法和评价

1　抽取与动词搭配的索引行的原因是及物性过程主要由动词实现。

系统，考察了美国新闻媒体 CNN 新冠肺炎新闻评论中的态度意义，揭示出 CNN 新闻评论充满了对美国政府疫情防控不力的指责，对忽视人民生命健康安全的不满以及对美国疫情严峻形势的担忧。这些研究表明，语料库研究方法在系统功能语言学的评价系统理论和应用研究中也有极大的作为空间。

上文简单讨论了系统功能语言学和语料库语言学的联系，探讨了二者相似或相异的研究视角或思路，指出未来发展的主要趋势应该是探讨二者在具体话语研究中的互补，即开展 Hunston（2013）指出的"基于语料库的"（corpus-based）、"系统功能语言学引导的"（SFL-informed）研究。

4.3.3 认知科学与功能语言学

语言学研究中认知范式的兴起，从 20 世纪 50 年代开始，到 80 年代末成形，已经发展成为比较成熟、学派林立的语言学分支学科（束定芳，2008）。在此背景下，系统功能语言学对认知或认知语言学到底持何观点，成了亟待回答的问题。长期以来，学界认为系统功能语言学理论缺乏对认知的考察，其实这是一种误解。Halldiay 早在 1967 年便谈到及物性和认知的关系，认为及物性是有关认知内容选择的集合，是对语言外经验的语言表达（胡壮麟，2014）。Halliday 关于认知的评述和观点散见于其不同时期的论著中，集大成之作是与 Matthiessen 在 1999 年合著的《通过意义识解经验——基于语言的认知研究》（*Construing Experience through Meaning: A Language-based Approach to Cognition*）一书。在该书中，他们认为认知不是指思维而是指意义，可以通过语言来解释认知。针对西方哲学语言与心智的对立以及语言系统和言语的对立，Halliday 把语言看作一个系统内词汇语法和语义两个相关表达层次（胡壮麟，2014），因而"世界知识"被识解为意义而非知识，认知和语义相互匹配。

4.3.3.1　功能认知观

　　Halliday 将语言视为社会符号的社会学取向，使其认为意义是社会主体间相互作用的结果，是社会意义而非人脑系统。因此 Halliday 对认知的考察主要从经验识解视角进行，而无意于建立一种当代主流认知科学意义上的语言认知模型。因此，系统功能语言学的认知观所讨论的认知不是指思维（thinking）而是指意义，是一种意义地图（semiotic map），是谈论语言的一种方式，是建构在词汇语法中的语言构建（linguistic construct）。该认知观把"信息"看作意义而非知识，把语言看作意义系统即社会意义而非人脑系统。因此，系统功能认知观主要通过语言过程来解释认知，强调把意义看作潜势（即一种系统资源）、生成（即语义发生资源）、共同构建（即共享资源）和活动形式（即动力资源），识解经验就是把经验转换成意义。从个体发生学来看，系统功能语言学认为儿童语言发展的过程就是把经验识解为意义的认知过程，语言能够创造意义是因为语言不仅是我们物质世界的一部分，而且是关于物质世界的理论，同时还是物质世界的一种隐喻；语言是我们进化的一部分，是我们存在于物理、生物、社会和符号模式中的意义折射（semiotic refraction），语言并非自主，而是复杂意义建构的一部分。

　　范畴化与跨范畴化是系统功能认知观的重要方面，Halliday & Matthiessen（1999：193）指出，语法能对范畴施加影响，在人类对其改变和人类与环境的互动中，语法能使范畴有一定的妥协性、流动性、不确定性和变化性。系统功能认知观认为范畴化是一种创造性行为，能把经验转换成意义，即强加范畴顺序而非给已存在的范畴顺序贴标签。Halliday & Matthiessen（1999：242）指出跨范畴现象是语言的语法特征，每种语言成分都必定属于某种类别，同时又能通过语法、句法或形态手段转换成另外一种类别。跨范畴化能扩展语言系统的语义潜势，是通过语义扩展来识解经验的一种语法策略，是重构经验创造新意义的资源。

4.3.3.2 加的夫语法的个体认知观

在系统功能语言学的另一种模式——加的夫语法中，"认知"一直是其理论的出发点。受 Winograd（1972）把功能语法变成明晰语法（explicit grammar）和当代认知语言学的影响，Fawcett（1973/1981，1980）认识到语言认知模式的重要性，指出语言研究的认知方法和社会语言学方法是完全兼容的，并努力建构一种"认知系统功能语法"。鉴于 Winograd 描述的是一个语言理解系统，Fawcett（1980）明确提出，为了成功地模拟语言，语言的方方面面（特别是和社会互动相关的方面）能够而且必须置于更广阔的认知互动大脑（interacting mind）模式之中，必须把语言的"核心"模式和人类大脑的其他主要组成部分、社会互动中语言的使用模式、语义变体链接起来。Fawcett 其实在尝试用语言的整体论方法努力建构一个包括社会语言学模式的认知模式，即一种互动大脑模式。在 Fawcett 看来，人类语言不能被简单地视为一种抽象地存在于人类大脑的物体，而应该被视为解决问题的程序，该程序指引我们的社会行为。该程序的核心有着基本的"决策树（decision tree）"结构，其基本功能就是向语言使用者提供意义的选择集合。Fawcett（1980：57-63）认为语法包括语义系统网络和体现两大部分，同时涉及其他组成部分，如符号编码、语篇建构程序、非交际行为程序等；并指出语言的认知框架并不意味着忽略 Halliday 所强调的语言的社会学方面；所有的行为选择，包括通过语言体现的，最终都是被作为潜势行为储存在个体心理之中。语言的语法就是对其意义潜势的解释。Halliday 对"意义"的解释其实就是发话者能表的意义，语言所传递的意义潜势是理想化的发话者的意义潜势。我们在派生意义上，可以说语言语篇"能表"，但直接来说就是发话者"能表"（Fawcett，1980：56）。因此，在加的夫语法看来，系统功能语言学的"社会"视角需要与个体的互动大脑进行互补，这样才符合人类交际的本质。

加的夫语法的认知互动视角在 Fawcett（2013）有全面的体现。Fawcett（2013：125）认为虽然日常所用的做选择包括"决定"（deciding），但系统网络不是"决定"的一种机制，选择不发生在系统网络本身，语法既不能"决定"也不能"选择"。他认为视语法可以做选择的观点看起来很有吸引力但具有误导性质，实际上唯一能够做决定的实体（entity）就是那些能够思考、权衡、决定和执行不同选择的人。因此，加的夫语法把个体认知和社会文化进行整合，认为一个完整的语言及其使用模型必须为所有的信念（belief）类型提供适当的次组成部分（subcomponent），从最广阔的意识形态信念到最具体的对受话者目前信息需求的调节，这些信念类型可能影响到对既定语篇的决定。该语言模型应包括至少四个部分：生成宏观组成部分、理解宏观组成部分、咨询系统以及计划器（planner）和思维器（reasoner）。

　　加的夫语法强调个体在选择上的能动性，认为选择涉及个体的语篇计划，突出了个体的交际性大脑对"选择"的影响，具有明显的认知互动性质。正如 Fontaine（2013：11）所指出的："Halliday 原初意义上的选择并不用来解释个体做什么，而是认为选择是交际的社会意义，但是也不能否认在任何交际行为中，发话者都涉及在交际行为中。"虽然 Halliday 注意到了个体认知对选择的影响，但偏重从社会文化和社会意义的角度进行考察，认为个体只是意义潜势的生成者和接受者；而加的夫语法力求整合社会文化模式和个体认知对系统选择的影响，努力建构一种交际的认知—互动模式。这种模式融合了个体的语篇计划和社会文化对语言及其使用的影响，突出了"语篇是交际性大脑的产品"的观点，在一定程度上回答了"我们在系统中的选择是以什么为指导"这一语言及其使用的整体建构问题。

　　Halliday 对加的夫语法在认知上的研究给予了充分肯定："系统理论倾向于把语言视为社会过程，个体通过社会意义行为被识解为主体间性，这并不和认知视角不相容，特别是 Fawcett（1980）"（Halliday，2006：445）。Fawcett 所建构的语言认知模型在一定程度上更接近主流的认知科学，但仍然属于系统功能语言学研究（Halliday & Matthiessen，1999）。其实系统功能语言学有关认知的基本观点与认知语言学的主要特点具有较多的通约性，都关注语言、现实和思维的关系。加的夫语法对认知的探索，确立了系统功能语言学的另一种重要模式——认知互动模式，在很大程度上把主流认知科学纳入了系统功能语言学的研究范畴，把系统功能语言学置于更广阔的研究前景之下，为其纵向和横向发展提供了新的研究视角和方法。

4.3.3.3　认知语言学与功能语言学的互补性

关于认知语言学与功能语言学的关系研究，学界讨论虽然不多，但主流观点一致认为它们具有"同路人"的关系（胡壮麟，2014，2021a）。魏本力等（2008）认为，系统功能语言学关注语言认知的体现手段，并且对什么是语言认知有着自身的独到解读。从语义层面讲，系统功能语言学重视经验表征的语义模式，主张找寻语言认知模式的实例体现手段。从句法层面看，系统功能语言学把措词、构句视为语言认知的词汇语法手段。这种语言认知的阐释是语言实证的具体体现。胡壮麟（2014）较为系统阐释了系统功能语言学认知观，文章首先阐述了认知在系统功能语言学框架中的地位，如心理过程、三大元功能、语义层和意义潜势，然后讨论认知与语言、语义、语法、语言学习、符号学以及与认知功能框架的关系。作者认为系统功能语言学和认知语言学在探索认知与意义的道路上是"同路人"的关系。向大军（2016）从系统功能认知视域探讨了英语名词性"同义反复"的元功能。基于系统功能认知观，文章认为在英语名词性"同义反复"句式中，虽然体现参与者角色的 NG1 和 NG2 语法形式相同，却归属于不同的功能范畴。在修饰式集约型关系过程中，NG2 几乎跨范畴为形容词功能；在认同式集约型关系过程中，该小句传递的意义受到句法和语境的严格制约。该类句式在人际功能上主要体现为评价意义，具有一定的元冗余性。在语篇功能上，该小句能增强语篇意义。

董保华等（2017）依据 Halliday 和 Matthiessen 突显"认知"这一事实，讨论了系统功能语言学是否发生认知转向的问题。研究发现，系统功能语言学突显认知的目的在于借认知提出与认知科学互为补充的意义构建观，系统功能语言学基于生物体间的研究取向并未改变，对加的夫语法的认知—互动观仍持保留意见，故而系统功能语言学发生认知转向的论断不成立。

胡壮麟（2021a）从系统功能语言学的视角对王寅先生在《体认语言学》中所陈述的观点进行考察、评价和阐发，并提出了以下与当前语言理论研究相关性强且意义重大的观点：（1）系统功能语言学和（体认）认知语言学是当代语言理论研究的"同路人"；（2）唯物主义的体认观应该是"我在故体认"；（3）语言理论研究领域的"本土化"既要追求"中西合璧，洋为中用"，也应追求"中西合璧，中为洋用"；（4）隐喻的使用，不仅仅是追求修辞美或展示各人思维不同，更多是因应语言发展的客观要求；（5）实现体认语言学理论的实践意义尚需要在精确规定各个心智范畴和体现方式及相互关系的格式上深化研究。

系统功能认知观与主流认知语言学的认知观虽然有一定的差别，但具有很强的互补性。认知学界普遍认为，语言必须依赖大脑的潜在系统（如"世界知识"）和潜在过程（如"推理"）得以阐释，但 Halliday 认为知识和信念系统以及认知过程都是依赖于语言的，其理据也往往是语言理据。因此，在 Halliday 看来，语言是理解世界知识和认知过程的有效工具，认知是语言科学的重要组成部分。在 Fawcett 看来，系统功能语言学的社会性需要与个体认知进行互补，以增强其对人际交往本质的认识，即 Halliday 意义上的"能表"实质上是发话者"能表"，因为"选择"并非系统网络本身的选择，语法也非"选择"的实体。作为一种认知互动的语言理论模型，加的夫语法既强调语言的社会属性也强调语言的认知（心理）属性，认为如何计划和执行语篇需要作充分的模拟。基于系统功能语言学的基本原则，加的夫语法采用不同的路径来阐释认知，在将语言视为社会过程的同时，更加注重个体通过社会意义行为的主体间性进行解释，将认知研究的重点与词汇语法紧密联系在一起，具有个体认知和社会互动的融合性。

因此，从整体来看，认知语言学和功能语言学具有共同的研究目标，是一种同路人的关系，只是研究的视角不同。认知语言学和系统功能语言学两种研究范式如何互鉴，特别是系统功能语言学如何借鉴认知科学的研究发现，并拓宽自己的研究领域，仍然是未来研究的重要方向。

4.3.4 多模态话语分析

多模态研究正在逐步壮大，发展成为一门独立的学科，可以有效涵盖和阐释不同形式的表意活动，可以融合不同学科的学术观点。未来的多模态研究有三个需要考量的方向。首先，需要考量的是如何维持多模态理论研究和实证研究的平衡（Bateman，2022），即既要保证理论建设立足在可靠的实证研究基础之上，确保各种理论设想能够在可靠的数据分析中得到佐证，摆脱印象式分析，也要保证实证研究有的放矢，有理有据，结合理论创造有价值的观点，摆脱毫无章法的大数据式分析，不要只见数据，不见理论观点。值得注意的是，目前有一些多模态研究没有明确的问题意识，或者在进行多模态研究时提前选择某个研究理论和范式，然后根据所选理论再来定义研究问题。这种先理论后问题的研究方式受制于研究员的学术背景，也引起了一些学者的批判（如 Bateman et al.，2004；Forceville，1999，2007；Ledin & Machin，2019）。有鉴于此，未来多模态研究需要具备充分的问题意识，建立在丰富的理论研究、实证研究和数据处理基础之上，做到理论设想和实证数据相统一。多模态语料库、多模态和程序语言（如 R 语言、Python 等）和多模态实验都将是未来多模态研究发展的方向。

其次，多模态研究需要摆脱单一学科的限制，做到多学科或者跨学科融合。现有的多模态研究不仅仅借鉴于系统功能语言学 [如 Kress 和 van Leeuwen（2021）的视觉语法]，同样也吸收了其他形式语言学的理论 [如 Mondada（2014）的话语分析]。除语言学学科外，多模态研究还融合了其他领域的学术思想，如文学中的跨媒介理论（Ellestrom，2014）和叙事理论（Wolf，2007），以及逻辑学中的论辩理论（Tseronis & Forceville，2017）等。多模态研究需要摆脱"大本营"的思想观念，因为不同的研究员来自不同的学科和理论背景，其多模态研究自然就会受到研究背景的影响。未来的多模态研究需要包容不同的研究范式。兼容不同学科背景下的多模态研究，其难点在于如何做到兼容不同学科的差异性和理论的普遍性。van Leeuwen（2005b）对于跨学科的融合方式提出三种设想：中心论、多元论和整合论。中心论以本学科为中心，将其他学科的知识用于发展自身学科的理论和方法。多元论以研究问题为中心，认可研究问题隶属于不同的学科并接纳不同的研究范式，然而不同学科之间依然具备明确的界限。整合论依然以研究问题为中心，认为单一学科无法提供完善的解决方案，各科学科之间应达成项目意识，形成共同的元语言。van Leeuwen（2005b）提出整合论是未来多模态跨学科融合的发展趋势。这种提倡能否最终实现仍需时间验证，不过可以确定的是，不同学科的理论具有不同阐释潜力，学科之间的融合可以促成新见解的产生，从而更有效地解决研究问题。

最后，未来的多模态研究需要大力发展物质性（materiality）理论，并融合在多模态语篇分析之中，因为任何一个研究对象都需要具备一定的物质基础。多模态分析的首要步骤就是准确把握研究对象的物质属性，探索研究对象所具备的物质潜力和符号潜力，以及这些潜力如何被不同的交际群体在不同的交际活动中使用（Bateman et al.，2017）。由于网络技术的发展，现有的交际模式发生了极大的转变，交际情景变得越来越复杂，一个完整的交际情景通常需要融合不同的交际产品和交际活动。只有精准把握交际活动不同范畴的物质属性，才能有效地在不同的交际产品和交际活动中进行切换并逐一分析，同时维持各个产品与活动之间的内在联系，把握多模态交际的整体属性和内在本质。准确而言，物质性使得更为精密的符号区分和意义创造成为可能（Bateman，

2022）。目前，前沿的多模态研究已经关注交际物品和交际活动的物质性本身所具备的符号意义。van Leeuwen（1999）早在其探索声音的符号潜力时，就提出声音具备的物理属性具有表意功能，即声音的物理性同时具备社会性，例如声音的洪亮程度在特定的语境下可以表征说话者的自信程度。近年来，van Leeuwen（2021b）的物质性研究进一步探索了物质属性如何通过参数调整用于塑造话语者的话语身份。Wu & Ravelli（2021，2022）、Ravelli & Wu（2022）、Wu（2022）则挖掘了空间的物质属性和社会属性及其在具体的交际活动中所传递的符号意义。未来的多模态物质性研究可进一步借鉴 Hjemslev（1963）的符号理论，系统性地探索物质、形式、符号、语境之间的关系。

4.3.5 语言类型学研究

传统的类型学是通过构词形态反映一种语言的整体类型属性。传统的研究路径首先确定比较的对象，从语义范畴出发，考察各种语言中实现语义范畴所采取的形态句法手段，然后对这些形态句法手段进行跨语言比较，总结它们反映出的共性和差异。当代类型学根据多个参项分别考察语言的各个部分和具体的结构并划分类型，再确定这些结构类型之间的相互关系，从而建立普遍适用的语言变异模式。当代类型学从不同的理论视角注重对语言特征的深层动因的揭示，下面就对系统功能类型学（SFT）研究方法进行详细阐释。

SFT 是 SFL 应用领域研究的新发展。语言类型学的 SFT 方法是从语言的语义角度进行的，是对从语素等级或结构的顺序特征进行的形式类型学研究的补充。SFL 为类型学提供三种范畴的研究参项，即系统范畴（如语气、归一性、时态等）、功能结构成分（如行为者、目标者、主语、谓语等）、语法类别（如名词词组、动词词组、介词等）。SFT 借助于 SFL 理论中对某一语言相对应的描述范畴，对特定的语言进行全面的描述，在此基础上进行类型归纳。因此，SFT 研究首先将语义看作某一语言总体描述系统中的范畴，也就是不局限于该范畴本身，而是注重该范畴和系统中其他范畴之间的相互关系。

在 SFL 视域下，系统理论建构的是人类语言的共性，并不在语言变体上（如英语和汉语）进行任何区分，而系统描写则是构建个体语言间差异。基于 Firth（1957）的理论，SFL 对语言的普遍理论和具体语言的描写作了明确的区分（Halliday，1992a；Matthiessen，1995）。普遍理论是将语言作为意义系统中的一个作为"更高层的意义系统"进行建构的理论。理论和描写都是"建构普通语言（理论）"和"个体语言（描写）的源泉"（Caffarel et al.，2004：8）。系统功能类型学理论与描写的关系如图 4-1 所示。

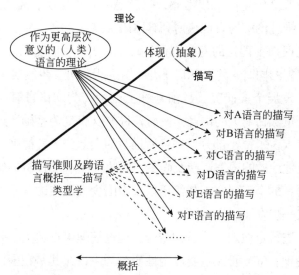

图 4-1　理论与描写之间的关系（Caffarel, Martin & et al., 2004: 17）

如图 4-1 所示，语言的普遍理论与个别语言的描写之间实质上是体现与被体现的关系（参见 Matthiessen，1995；Matthiessen & Nesbitt，1996）。例如，主语（Subject）在理论上体现了"词汇语法层面上的人际功能"这一范畴，并预示与 Subject 相关的语义范畴将在人际协商中起到重要作用。但是，理论并未标示主语（Subject）必须与限定成分相结合构成语气成分（如英语、德语）。因此，理论与描写分工明确：主语（Subject）理论上可以界定人际功能，在语言中普遍存在，具有普遍性；而其是否需要与限定成分相结合构成语气成分则并不具普遍性，如法语、汉语以及越南语等中的语气成分并不需要主语与限定成分相结合，所以属于描写范畴（Caffarel et al., 2004）。在 SFT 中，理论与描写进行严格区分可以"确保语言描写的范畴不是被假定成为所有语言的共性特征，而是能够在每一个别的语言中得以证实"（杨曙、常晨光，2013）。

因此，SFT 研究基于系统功能语言学的多维理论框架，对特定语言或者语言系统进行描写。具体来讲，我们必须将特定语言或者语言系统置于多维意义系统空间加以考察，也就是将其在层次、元功能、级阶、轴关系等多维理论中的表现映射到具体语言描写之中。

通过梳理 SFT 理论的发展历程和研究方法，我们发现，SFT 研究方法在不断完善的同时，将会从以下几个方面得到进一步发展：

首先，发展个案研究。目前地球上已经查明的语言有 5600 多种，并且存在大量濒临消失的语言。然而，目前以 SFT 为基础所进行的自然语言描写仅仅占了很小部分，并且所描写的大部分语言都来自亚洲和欧洲，对于其他地域的语言还涉及尚少。因此，在未来的 SFT 研究中，对其他自然语言的个案研究，如汉语以及中国少数民族语言的类型学研究将会得到进一步发展。

其次，进行定性定量分析相结合。通过梳理语言类型学研究发展现状，可以发现，SFT 研究主要以定性研究为主，尤其是在国内对于 SFT 理论的介绍和回顾展望研究较多，应用性研究还很薄弱。因此，将定性定量分析相结合的研究方法，将会在未来 SFT 研究中得到发展，从而使语言类型学研究更具科学性和说服力。

最后，推动跨学科研究。以系统功能视角对语言差异进行阐释为语言类型学提供了新的方法论，为传统语言类型学无法解决的问题提供了新思路，并且为语言类型学研究注入了新鲜血液。然而，功能视角也并非万能的，在未来的语言类型学研究中，必将与认知语言学、社会语言

学、历史语言学等学科相结合，推动语言类型学向更广阔的领域更好地
发展。

4.4　小结

本章回顾了当前功能语言学的几个主流研究方法。其中，元功能分
析在众多研究方法中堪称最为经典和基本的方法，而评价分析、多模态
分析、生态话语分析、语法隐喻等研究方法也为句法分析、话语分析、
语言教育、文体分析等领域的课题作出过不可忽视的贡献，并将继续在
这些领域发挥重要作用。但是，我们也需看到，这些研究方法也存在这
样或那样的不足，需要进一步完善和发展。同时，随着时代的发展及研
究任务的转变，功能语言学的跨学科/超学科研究不可避免。功能语言
学与语料库语言学、认知科学、语言类型学等的结合必将为语言学研究
带来更为广阔的前景。

第 5 章
功能语言学应用研究

5.1　引言

　　系统功能语言学由理论和应用两部分组成，既是普通语言学，也是适用语言学。就其本质而言，系统功能语言学是为解决与语言相关的各种问题而设计的，是一个以解决问题为导向的理论（黄国文、张培佳，2020），被广泛应用到语言本体研究、语言教育、文本分析、文体学、翻译研究、自然语言处理等各种领域。本章简述系统功能语言学在这些领域的应用研究概况。

5.2　功能语篇分析

　　功能语法的构建目的就是为分析语篇提供一个可行的理论框架（Halliday，1985），解决语言学中面临的各种问题。功能语篇分析就是将功能语言学的理论应用于分析各种不同类型的语篇。新时期功能语篇分析具有分支细化、领域广泛、研究话题丰富的特点，主要体现在"边缘话语分析""生态话语分析""和谐话语分析"等概念的提出和研究方法应用几个方面。

　　在 Halliday（1978）"反语言（Antilanguage）"研究启示下，丁建新（2010）结合国内话语分析、批评话语分析的理论和方法以及它们在国内研究的实际情况，将反语言当作一种话语变体，以反语言的极端形式，即边缘话语的方式对其展开研究。李战子、庞超伟（2010）综述了

Halliday 对反语言的研究，分析和解读了网络语言这种边缘话语的特点与功能，为社会符号学的研究带来了新的视角。随后，在《从话语批评到文化批评——'边缘话语与社会'系列研究之二》中，丁建新（2013）讨论了边缘话语分析从话语批评到文化批评发展的路径。同时，丁建新、沈文静（2013）主编的全国性论文集《边缘话语分析》，收集了近年来国内学者从不同视角对边缘话语的研究。赵常友、刘承宇（2019）对监狱服刑人员这一特殊边缘人群的话语模式展开了深入调查。

Stibbe（2015）出版的《生态语言学——语言、生态和我们赖以生存的故事》(*Ecolinguistics: Language, Ecology and the Stories We Live By*）一书，在功能语篇分析中，开发和推动了一种新的话语分析范式：生态话语分析。该著作提供的生态话语分析提出对照话语分析的生态哲学观作出生态判断，区分出"有益型话语"（constructive discourse）、"混合型话语"（ambivalent discourse）、"破坏型话语"（destructive discourse）的分析框架。新时期功能语篇分析在这一领域也得到蓬勃发展。黄国文（2016a）提出了"和谐社会""社会责任""生态化取向"以及"生态人"（黄国文，2016a；赵蕊华、黄国文，2017）等生态语言学理念，引发了生态话语分析在新时期的迅猛发展。周文娟（2017）吸收了语言、心智、世界和谐的观点，提出了和谐生态语言学的理念。以黄国文（2017）为代表的生态语言学家，提出了"和谐话语分析（Harmonious Discourse Analysis，HDA）"的概念。黄国文、赵蕊华（2017）吸收了话语分析、批评话语分析、积极话语分析的理论和方法，提出了生态话语分析的目标、原则与方法，倡导开展和谐话语分析。在中国语境下提出和谐话语分析，旨在促进人与人之间、人与其他物种之间、人与自然之间以及语言与生态之间的和谐。受系统功能语言学语篇分析理论和批评话语分析方法的影响，赵蕊华（2016，2018）、黄国文和陈旸（2017a）、黄国文（2016a，2017）、黄国文和王红阳（2018）、何伟和魏榕（2017b，2018b）、何伟和张瑞杰（2017）、何伟和耿芳（2018）、张瑞杰和何伟（2018）等，将系统功能语言学的理论和方法融入生态话语分析研究中，致力于探索一套基于系统功能语言学的生态语言学研究方法和分析框架，旨在将"功能生态语言学"当作系统功能语言学的一个新的发展方向。

还有其他学者（如何芳芝，2016；刘杨，2017；孟愉、牛国鉴，2017；齐曦，2017）将生态话语分析的方法应用到生态环境保护、语言教学、写作等其他领域进行生态语言学的实证研究，生态语言学经历了语言生态化研究到话语转向和认知转向的过程（赵常友、刘承宇，2020）。

功能语篇分析的另一个重要领域是健康话语研究。国外近期研究如Slade et al.（2015）等采用系统功能语言学相关理论框架探讨了健康话语。马博森等（2018）指出，系统功能语言学将语言视为表意资源，三大元功能理论、重视真实语境中的话语使用等观点为其在语言障碍研究中的适用性提供了理论依据。他们进而回顾了系统功能语言学视域下开展的语言障碍研究，指出前期研究具有研究对象和研究语料多样、多采用定量研究方法等特点。整体而言，系统功能语言学在健康话语分析中的应用主要包括理论框架的搭建和针对特定语言障碍现象开展的研究。例如，赵俊海、杨炳钧（2012）系统论述了临床话语分析的系统功能语言学路径，强调从语境、语言层次和元功能等视角开展临床话语多维度分析的重要性。赵俊海（2012）从系统功能语言学视角探讨了阿尔茨海默症患者话语分析。该研究基于系统功能语言学三大元功能，以健康老年人话语使用作为参照，从及物性、主位结构、衔接与连贯等多个维度分析了轻度阿尔茨海默症患者的英语话语，取得了诸多有价值的发现（如轻度阿尔茨海默症患者倾向于使用简单名词词组来表征参与者和环境成分，高频使用重复性主位推进模式，且在话语衔接和连贯方面存在一定的局限）。潘玥（2021）在系统功能语言学视域下更为详尽地讨论了阿尔茨海默症患者的话语。严世清（2019）采用系统功能语言学理论框架分析和描述了一个失语症患者的汉语话语，展现了系统功能语言学相关理论在描写失语症患者话语中的适用性。旷战、李淑晶（2019）

基于系统功能语言学的语类理论考察了精神科医患会话的语类结构，揭示了该语类包括"检查开始—病史采集与专业检查—诊断陈述与治疗建议—检查结束"四个语类结构潜势。Yang（2020）则考察了在线健康论坛（Online Health Forum）中各个话语语步中人际隐喻的使用。综上，前期研究表明系统功能语言学在健康话语分析中具有重要的应用价值，为健康话语分析提供了系统的理论和方法（如及物性、主述位、隐喻、语域理论等），后期可进一步推进系统功能语言学在这一领域的实际应用。例如，在失语症方面，我们需要建立失语症状评定量表，并与医学、心理学等学科专家开展跨学科合作，为失语症患者提供更为有效的评估、治疗和康复方案（严世清，2019）。

总之，随着功能语篇分析的不断深入，功能语言学的理论在语篇分析中得到了深入应用，功能语篇分析的方法和步骤也在不断细化和调整，"观察—描写—说明—解释"成为功能语篇分析的几个核心步骤（王勇、孙亚迪，2021），其中"解释"在功能语篇分析中起到十分重要的作用。

5.3 功能语言学与文体学

广义上讲，功能文体学是指基于功能语言学理论（主要是指基于布拉格学派的理论或系统功能语言学理论）对语言风格展开的研究。本节的功能文体学特指区分于基于转换生成语法的形式文体学，把系统功能语言学理论运用到文学文本和非文学文本的研究。系统功能语言学理论从 20 世纪 70 年代末、80 年代初被介绍到中国以后，相关理论用于文学研究和语言学研究交叉的文体学研究（Leech，2008），系统功能语言学理论开始运用到文学文本和非文学文本的分析之中，形成了"系统功能文体学"，简称"功能文体学"（刘世生、宋成方，2010）。系统功能语言学理论分析文学文本的工作肇始于 Halliday（1969）把系统功能语言学理论用于分析 William Golding 的代表作《继承者》。

随着系统功能语言学理论用于研究不同语篇的文体特征，功能文体学成为文体学中发展较为成熟、使用范围较广的分支和流派之一（Wales，2012）。国内功能文体学的研究，体现了系统功能语言学理论和研究中国化的成果，构成西方文体学百年发展历程中不可缺少的部分（Shen，2012）。功能文体学的发展过程，就是把系统功能语言学的理论用于指导包括文学文本和非文学文本分析的过程，这与系统功能语言学作为"适用语言学"（Halliday，2008）的思想一脉相承。

评价理论是 Martin & White（2005）拓展了系统功能语言学理论中人际功能的基础上发展而来的理论，被广泛应用到各种文本的分析之中，在此基础上提出的积极话语分析的分析方法和框架，形成与批评话语分析和文学批评不同的文本分析路向，为文体学研究提供了新的模式。彭宣维、程晓堂（2013）提出了评价理论应用到文体学中的问题和相应的解决方案，继而出现了以《评价文体学》（彭宣维，2015）为标志的"评价文体学"，以及"作者—文本—读者"一体化的文本解读机制（彭宣维，2016a）。对于功能文体学的发展，彭宣维在语言学前沿理论研究和文学文本的深度语篇分析方面，有确立文体学作为学科和研究对象的地位之功（封宗信等，2017）。

文体学研究在传统文体学主要用于描述、阐释、鉴赏文学文本。不同的是，功能文体学不但分析文学文本，而且更多用于分析非文学文本，特别是用于分析实用语类语篇和文本（如科技语篇、新闻报道语篇、商业信函等），其目不仅在于了解和描述某一语篇类型的文体特征，还在于深入挖掘特定语篇类型中语言运作和使用的机制，恰当有效地实现语言的特定功能，把文体分析的成果运用于语言教学、写作之中。功能文体学在二语习得、外语教学方面具有广泛的应用价值。功能文体学与语用学、语料库语言学相结合，具有十分广泛的应用前景，进一步体现系统功能语言学"适用语言学"的初衷。

基于 Halliday 系统功能语言学元功能的理论和有关社会符号学的思

想，Kress & van Leeuwen 提出了文本中图画、插图以及视觉模态分析的方法和框架，用于挖掘非文本模态符号意义，解读不同于纯文字文本的意义（谢妮妮，2014）。随着功能语言学视角下的多模态语篇分析在文体学分析中的广泛应用，多模态文本的功能文体分析将会有更大的发展（宋成方、刘世生，2015）。

在功能文体学，文体学主要是"消费型"的文本分析方法，主要把系统功能语言学的理论应用于各种语篇类型的文本分析之中。功能文体学的研究体现出不平衡的状态，目前研究主要将系统功能语言学的理论运用到问题分析之中，功能文体学研究对系统功能语言学理论的反哺和促进较少。系统功能语言学与功能文体学之间并没有形成良好互动（宋成方、刘世生，2015）。

5.4　功能语言学与外语教学

功能语言学一直以来都强调其语言学研究的应用目的，尤其是在教学中的应用。早在 1964 年，Halliday 就与 Mclntosh、Strevens 合作了一本关于功能语言学教学理论的专著《语言科学和语言教学》（*The Linguistic Sciences and Language Teaching*），指出理论的创建就是为了解决实践问题，探讨了语言学在语言教学的作用。Halliday 本人也反复强调语言理论探讨的目的是实践，他指出功能语言学从社会符号的角度研究语言就是针对其所关心的问题，尤其是语言的学习与教学问题（Halliday & Hasan，1985）。他在功能语言学理论著作《功能语法导论》（*An Introduction to Functional Grammar*）（1994a）指出从功能的角度研究语言也是为了将语言学应用到一些领域，充分发挥语言在其中的重要作用，其中应用最为广泛的就是语言学习和语言教学领域。功能语言学的影响对世界各地语言教学产生了较大的影响，推动了语言教学变革和进步。

5.4.1　功能语言学的语言教学基本思想

功能语言学最早关于外语教学的论述主要集中在 Halliday 等人 1964 年出版的专著《语言科学和语言教学》一书中。随后，功能语言学理论在自身不断发展和完善的过程中，对外语教学的发展产生了巨大的影响，为许多语言教学理论和方法提供了理论基础。

早在 1964 年 Halliday 等人就阐述了语言学在语言教学中的作用，对语言学习与语言教学进行了专门探讨，并强调语域、语境在语言教学中的重要作用。语言学对语言教学的重要作用主要体现对语言的精确描述，从而可以使我们对语言的运作有更深刻的认识，并能够进一步对语言事件进行推测：在一定的语境中可能出现哪些事件，哪些事件在一定语境中出现的可能性更大。因此，语言学理论可以用来描述语言，从而帮助我们通过对语言内部模式和外部语境模式深入理解来构建这种推测。除了对语言进行描述之外，还需要对语言进行比较，将外语与母语进行比较，发现它们的异同，为外语教学提供参考。语言比较以语言描述为基础，语言描述越准确，比较就越成功。通过语言比较可以预测外语学习中最有可能出现错误的地方，并可以描述这些特征，以预防外语学习中可能产生的错误。此外，通过语言比较可以对学生语言学习中所犯的错误进行解释，并准备补救练习以消除这些错误。

Halliday 等人（1964）认为语言教学的主要任务是使学生掌握运用语言的实际能力。语言运用通常需要掌握的基本语言技能包括听力、口语、阅读和写作。掌握这些技能涉及两个关键因素：一是学习者在实际语境中经历这些语言技能；二是学习者要真正地使用这些语言技能，发现不足和错误并予以补充和纠正。因而，外语教学包括两个方面：一为教授语言技能；二为教授语言知识。语言学一方面可以为不同的社会团体和不同用途的外语学习提供教学材料，另一方面可以用于发展先进的方法。

功能语言学对教学的影响始终以语境和语域思想为指导。功能语言学把语言看作一个社会符号系统，语言学习是一个社会过程，语言学习的环境是社会机构。语言作为社会符号系统，在社会交际中通过语篇作为基本单位体现。语篇同时体现了语言在社会交际中承担的各种各样的功能。因此，语篇是一个纯理功能框架，包含了概念功能、人际功能和谋篇功能。由此，作为符号系统的语言的语境是文化语境，而作为语言单位的语篇的语境是情景语境。学习是一个语境化过程：语篇的语境化可以使学生了解特定语境下的语篇形式；换言之，使学生了解什么语篇能够出现在什么语境当中。学生通过语篇学习语言，即通过语言的语境化来学习语言。语言教学是帮助学生实现这种语境化，通过语言和语境的互动来教授语言。学生不仅可以通过语篇学习语言，也可以通过语篇学习其他学科知识。因此，学习不仅是一个认知过程，还是一个话语过程。我们还需要探讨语言在学习中的作用，以促进学习理论的完善。

功能语言学语境与语域理论也为专门用途英语（或特殊用途英语）的产生和发展奠定了基础。功能语言学研究不同语境中的语言运用，不同的情景语境类型决定了不同的语域，即根据不同用途确定的语言变体。情景类型由三个主要因素决定：话语范围、话语方式和话语基调。话语范围系统地决定语言中的概念功能；话语方式系统地决定语言中的谋篇功能；话语基调系统地决定语言中的人际功能。研究者认为在外语教学中，对语言的描述包括对语言变体的描述甚至对语言变体态度的描述。从语域的角度来讲，对所有语言变体都进行描述和教授不太可能也没有必要。因此，外语教学首先需要明确学习的目的，然后根据不同的用途提供相关的语域变体材料，加深在这些不同领域的语言运用。例如，一般用途英语应该首先选择最常用的语言进行学习，而特殊用途英语则应该选择相关行业的语言进行学习，并根据语言出现频率、实用性、可教性和课堂需要等方面的原则来选择教学内容。而教学项目的整个过程要包括语言的所有层次，不仅包括词汇层，还需要把语音、语法、语境和情景都考虑在内。这种教学思想激发了专门用途英语的产生。Halliday

（1978）在首届澳大利亚应用语言学学会的发言中赞同"专门用途语言"的概念，认为外语学习是构建新的交流意义的现实，要在真实的语境中感知和学会。学习者需要学会识别语境的方法以及语境中可能交流的意义。在功能语言学教学思想的影响下，专门用途英语教学在教学计划制定、教学程序和教学方法等方面研究得到了快速的发展，积累了丰富的经验。

Halliday（1975）通过研究儿童语言发展探讨语言学习与语言教学的关系。他认为，每个正常的儿童都与生俱来地拥有学习语言的能力。儿童学习不需要懂语言学或者语言规则，他们在习得母语的过程中就学会了在特定情景的意义表达。如果我们知道儿童学习语言的特点，就能够知道使用何种教学方法。我们可以参考儿童发展语言的方式和方法进行语言教学。因此，发现儿童语言发展的特点可以为外语学习和外语教学提供参考。

Halliday（1975）从功能的角度观察和研究幼儿逐步学会表意的过程。幼儿在社会环境中学会用语言做事和满足自己的要求的过程中，逐步地发展意义系统。在开始学习语言的阶段，幼儿获得一组初级的语言功能。每个这样的功能都包含一组选择的意义。在开始阶段，每组功能中可供选择的意义数目较少。随着儿童不断成功地运用语言，其数量不断增加，获得更多意义和功能的愿景就不断加强。通过这一过程，儿童逐渐获得一套"意义潜势"。可见，儿童不需要系统的教导就能学好母语。同样，学习者不需要老师教导他们如何学会语言。老师的主要作用是为学生学习语言提供有利的条件。有助于语言学习的条件主要包括：第一，合适的语言学习年龄，学习第二语言的年龄越早越好；第二，学习者所获得的真正有意义的语言学习经历，即通过语言的真正使用来学习语言；第三，学习者动机，如同学习第一语言一样，有获得更多意义和功能的强烈愿望，产生学习外语的正动机，以促进语言的学习。

5.4.2　功能语言学的语言教学研究

功能语言学理论在外语教学中得到广泛的应用。在功能语言学理论的影响下，在语言教学中人们更多地关注语言的学习与社会生活中实际应用相结合，强调语言的交际功能。功能语言学理论促使了许多新的教学理论和方法的产生和发展，例如情景教学法（Melrose，1991）、文化教学法（Kramsch，1993）、语篇教学法、交际教学法（Brumfit & Johnson，1979）、主题交流方法（Melrose，1991）。语言教学的研究促使功能语言学理论的不断发展，功能语言学的研究成果极大地推动语言教学理论和方法的发展，特别是近年来基于功能语言学发展的语类理论，并基于此产生的以语类为基础的教学法的产生与发展，以及对专门用途英语教学和学科英语学习的研究也逐渐成熟（Halliday，2004）。

5.4.3　语类教学法

5.4.3.1　语类教学思想

以 Martin 等人为代表的悉尼学派从功能语言学的语类视角开展了一系列行动研究，发展了基于语类的读写教学法，简称语类教学法。Martin（1992a）等人发展了语类理论，认为语类应该在情景语境之上，属于文化层面。在他们的分析模式中，他们区分观念形态、语类、语域、语言四个层次，其中语言层次又包括语义层。语类和语域层面都在语言之外和之上，观念形态决定了语类，语类决定语域，语域决定语言。观念形态是文化的主要组成部分。语类体现了特定文化的社会活动实践，为复现的语义构型，是由语域的三个变量即语场、语旨和语式在复现的话语阶段的赋值构形而形成的系统。其分析方法为以语篇为基本单位进行语言教学提供了教学方法和分析模式。

悉尼学派行动研究是基于对各阶段学校教育课程语类的研究而开展

的。悉尼学派研究者（Rose & Martin，2012）认为不同语类构建了不同的社会经验，因此，学校各类学科知识也是由不同的语类构建的。学生学科知识的掌握是以语类的掌握为基础的。因此，读写能力课程教学首先需要对中小学和大学各教育阶段的各类课程中所包含的学科语类进行深入细致的研究，分析各语类所包含的社会目的以及结构类型，提供学校教育中学生所需要掌握的语类以及相关的知识。悉尼学派在行动研究过程中对中小学课程所涉及的各种主要语类进行了全面系统的总结归纳，从而将读写能力目标和各学科领域知识设计为学生需要逐渐掌握的一套语类系统（Christie & Martin，1997）。

5.4.3.2　语类教学设计

悉尼学派语类教学法基于 Halliday（1975）的儿童语言发展研究，以在经验共享的语境中通过师生互动进行指导为原则。与新维果茨基主义的脚手架（scaffolding）教学理念相似，强调监护人或者教师的指导作用。以学生熟悉的经验为背景，通过师生互动对话，引导学生在使用已掌握的意义表达中逐步迁移，从而逐渐学会新语境中的意义表达。

悉尼学派语类教学设计中，教与学不是完全同步的，而是形成了一个相互融合的教学循环圈。早期的教学循环圈（Martin & Rose，2007）主要包括解构、共同建构和个体建构三个部分。循环圈从解构部分开始，主要由教师向学生集中介绍要学习语类的模式，包括其社会功能、语类结构和语言特征等方面。第二阶段为共同建构，主要由教师指导学生根据前一阶段讲解的模式，提出自己的建议和词汇资源，共同写出一篇目标语类的新文章。第三阶段为个体建构，由学生基于前两个阶段学习的语类知识和语言资源，自己独立写出一篇文章。整个教学循环圈强调师生协商建立相关的语境和恰当的语场（即语篇的话题范围）。如果学生还不能完成独立写作任务，教师将启动第二轮解构和共同建构教学循环指导，直到学生做好独立写作的准备。

为了凸显阅读在写作中的作用，为学生提供更详尽的准备，悉尼学派学者进一步发展了教学循环圈，将每个阶段都发展出篇章、句法和遣词三个层面的教学支持活动，从而发展了"阅以致学"（Reading to Learn）教学循环圈（Rose & Martin，2012：147-148）。循环圈第一层相当于早期教学循环圈，关注目标语类的语篇学习和建构，由于更强调阅读基础，因此循环圈的起点改为阅读准备（preparing for reading），另外两个步骤仍为共同建构（joint construction）和个体建构（individual construction）。第二层关注目标语类的句法资源和句间关系，包括仔细阅读（detailed reading）、共同重写（joint rewriting）、个体重写（individual rewriting）三个步骤。第三层关注语类的词汇资源和运用，包括遣词造句（sentence making）、共同拼写（spelling）、个体书写（individual writing）。"阅以致学"教学循环圈将阅读教学法与写作教学法相结合，通过为学生提供不同层面的语言支持，逐步帮助学生掌握学校教育要求的读写能力。因此，整个教学循环圈受控于并服务于课程内容、语篇选择、教学计划与评价。具体教学循环圈如图 5-1 所示。

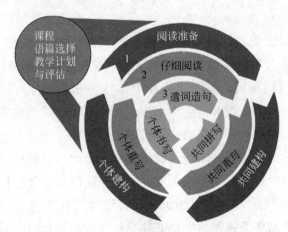

图 5-1　悉尼学派"阅以致学"教学循环圈（Rose & Martin，2012：147）

对于具体的课堂教学活动，悉尼学派也进行了较为微观的设计。

Rose & Martin（2012）从语旨、语场和语式三个维度对课堂教学因素进行阐释。语场用于分析教学中的人际关系。他们指出语类教学的目的就是要通过教学活动缩小因为学生家庭话语方式和学习经历差异而导致的个体差异，在教学活动中创造平等的知识获得机会，从而使所有学生都能够发展学术读写能力。语式用以描述教学方式和媒介，主要通过口语、书面语、音视频等多模态符号资源，引导所有学生都投入教学活动和任务当中。语场指的是教学活动，每一个教学环节由五个语步构成：准备（prepare）、聚焦（focus）、任务（task）、评价（evaluate）和强化（elaborate）。教学语步以学生的任务为核心，教师首先通过讲解给学生提供充分的语言知识准备以缩小个体差异，然后通过提问聚焦任务。有了前面这两个步骤的准备，学生就能够顺利地完成任务，因此，教师随后通常给出正面的评价以提升学生的信心。最后，对这一环节的知识进行阐释，强化学生的知识理解。这一教学环节螺旋循环式进行，一个循环的强化步骤衔接下一环节的准备步骤，每一个环节活动基于上一循环开展，并为下一环节的教学活动做好铺垫，整个教学过程通过螺旋上升的过程完成教学循环圈。学生在这一过程之中不断完成更具有挑战性的任务，知识技能从而得到积累。通过设计充分有效的准备活动，以及师生互动建立共享的经验，同时通过师生互动引导所有学生不断完成具有挑战性的学习任务，逐步缩小个体之间的差异，最终使拥有不同语言资源的学生都能够得到良好的学术发展（Rose & Martin, 2012）。

悉尼学派语类教学法将阅读和写作教学融为一体，强调自上而下的教学顺序，即从语类、语域入手，到语篇、语段、句子、词组和单词。该教学法强调教师对学生的引导，通过为学生设立语境，再对特定语境的语篇进行解构，引导学生共同建构，最后所有学生做好准备后才让他们进行独立建构。在这些教学阶段的循环过程中，通过师生的反复交流、讨论和协商，为学生搭建独立掌握课程知识语类的支架，使所有学生都能够平等地接触课程知识，最终获得从语类到语言各个层面的读写能力。

5.4.3.3　学科英语教学

早在 1964 年，Halliday 等人在《语言科学和语言教学》中就将研究的重点之一定为语言变体，并提出了机构教学的概念，明确提出了根据不同用途选择不同教学材料进行教学的必要性，同时提出了从事特定行业的人需要学习相关行业或学科的语言，如内务英语、警察英语、法官英语、药剂师英语、农业英语、工程师和装配师英语等语言变体。他们进一步说明，外语教学需要在对每一种特殊的语言变体进行大量研究和认真分析的基础上，选择和提供教学材料，并以对这些语言变体的描述为基础。功能语言学的这些教学思想为专门用途英语和学科英语教学理论和方法的产生和发展奠定了基础。

专门用途英语即特定专业或学科英语。专门用途英语或学科英语教学服务于学习者特定的目的和需求，其首要任务是对学习者需求进行分析，然后确定学习者需要获得的语言能力或者需要达到的语言水平，最后确定教材和教学材料。教材的选择则需要专业人员对特定学科的大量语言样品进行研究然后选择。因此，专门用途英语或学科英语教学与普通语言教学有一定的差别：（1）该课程的教学目标更加明确，普通语言课程教学目标为培养学生掌握能满足日常交际的基本的英语技能，而专门用途英语或学科英语教学则培养学生掌握在一定工作领域中运用英语进行专业交流的能力；（2）该课程的教学内容更加精确，不像普通英语课程那样广泛，而是只与特定职业和学科专业相关；（3）语言教学活动注重与相关职业、学科专业的语篇、句法、词汇等各层面的语言运用。这要求我们首先对不同语域的语言进行描述，然后让学生了解不同语域的语言特征，并能够在特定语境中有效地运用这些语言特征。

专门用途英语和学科英语教学经过多年的发展，逐渐积累了丰富的教学计划、教学程序和教学方法等方面的经验，研究成果也逐渐增多。Halliday 及其合作者和继承人，以及一些语言教学研究者，在功能语言学和语言教学诸方面发展了他的语言教学理论（包括外语教学理论），为专门用途英语和学科英语教学提供了进一步的指导。20 世纪 70

年代，在 Halliday 及其合作者的后续著作中，他们对语言变体进行了比较深入的探讨，并对基于机构语言学的教学进行初步研究（Halliday，1978；Halliday & Hasan，1985），为专门用途英语和学科英语提供了解构文本语境、语言选择和篇章组织之间关系的基本原则（Halliday，1985；Halliday & Hasan，1976）。这一时期，功能语言学语言变体、语域以及篇章理论的发展使得学科英语教学获得迅速发展。

20 世纪 80 年代以来，世界各地纷纷兴起了以语言和内容为双重教学目标的基于学科内容的（content-based）教学模式，同时，基于学科内容的外语教学模式、教学方法、教学效果也成为广大语言学研究者、学科专家和外语教学研究者关注的研究热点。这一时期以功能语言学为理论指导的基于学科内容的研究，其主要贡献在于为一些学者发展了功能语言分析方法以解决学科英语读写教育问题。一些学者尝试运用功能语言学语域理论进行语言分析，并基于此提出了"功能语言分析"概念（Schleppegrell，2000；Schleppegrell & Achugar，2003），用以考察教育语篇特征（Schleppegrell，2004）。此后，功能语言分析方法被广泛地运用于各学科读写教育（Fang & Schleppe-grell，2008），逐渐发展成为较为完善的语言分析模式（Fang，2010；Fang & Schleppegrell，2010；Schleppegrell，2017）。

功能语言分析以功能语言学语域理论为基础。具体来说，功能语言分析从语域的三个维度，即"语场、语旨和语式"出发，通过分析语篇特征，探讨语言词汇语法所体现的意义，揭示特定学科的语篇语言表达方式，展示学科写作风格，展现语篇组织结构。功能语言分析基于功能语言学教学语言观，认为不同学科知识是由不同的语言语篇结构组成，知识的学习与语言的学习密不可分，要关注读写教育中"内容"和"语言"的密切联系，重视对具体语篇中的语言描述。通过对特定学科特定内容语言的详细分析，全面展示不同学科独特的语篇结构和语言选择，并基于此提出了一系列的教学方法和策略。对相关学科内容进行细致分析，为正确理解特定学科内容意义提供指导，解决由于独特和复杂的学科语言造成学科课程学习的困难，相关的教学策略促进学生特定学科领域读写能力的发展（Fang et al., 2008）。

另一方面，功能语言学与学科知识社会学理论的长期对话和合作研究成果促使学科英语教学取得突破性进展。功能语言学从语言层面与教育社会学家 Bernstein（1971，1973，1990，1996）的知识结构对话，使得抽象复杂的知识结构更具体和易于理解。Halliday 对学科英语进行系统研究，总结出体现具体学科知识结构的七个语言特征，即术语的连锁定义、专门分类、特色表达、词汇密度、句法模糊性、语义非连续性、语法隐喻。

以 Martin 等人为代表的悉尼学派进一步从具体的语类层面与知识结构对话，关注各教育阶段学生对语类语言知识的需求，强调学科知识教育中应该将语类的语言结构和符号结构明晰地展示出来，并通过教学干涉向学生传播相关学科的话语能力（Christie & Martin, 1997；Martin & Rose, 2008）。

以 Swales 等人为代表的"特殊用途英语"学派也将功能语言学派的语类理论和 Bernstein 的知识结构理论相结合，应用于学科英语教学实践之中。特殊用途英语学派（Bhatia, 1993, 2004；Hyland, 2004；Swales, 1990, 1998, 2004）从民族学的角度出发，研究话语社团（discourse community）对语类的使用，并对语类的交际目的和相关的语言特征进行分析和描述，以满足母语非英语的学生学习学术性话语的需要。

21 世纪以来，功能语言学与社会学家 Maton 通过继承与发展语码理论与知识结构理论而创立的合法化语码理论（LCT）开展对话与合作。通过聚焦 LCT 的语义波（semantic wave）思想与功能语言学的权利三项（power trio），功能语言学与教育社会学进一步合作，发展和完善了他们的学科英语教学干预行动研究。具体来说，Martin（2013）指出工作场所的识读教学的目的是培养学生对学科或专业知识的建构能力；Maton（2013）提出语义波是实现累积式知识建构的前提。Maton

运用语义波概念分析课堂话语的语义轮廓（semantic profile），揭示课堂话语在相对依附于语境与相对独立于语境、相对语义稀薄与相对语义浓缩等各种量值之间反复变化，从而使所呈现的知识从具体语境脱离与其他知识联系，促进知识的累积式构建。Maton（2013）为语义波的形成与知识的累积式建构提供了语言学资源，揭示了语言资源的适当使用与语义轮廓的动态变化的影响关系，其中最关键的资源包括技术性词汇、语法隐喻和周期性等语义资源的控制，并形象地称为权利词汇（power words）、权利语法（power grammar）、权利话语组织（power composition）等权利三项。

功能语言学学科英语教学思想以及相关理论的发展为专门用途英语和学科英语教学在教学思想、不同学科语篇分析，以及教学方法和策略方面都提供了全面的指导。

5.5 功能语言学与翻译研究

翻译在本质上是将一种语言文字所承载的意义用另外一种语言文字呈现出来的过程。系统功能语言学作为适用语言学被广泛应用于诸多研究领域。翻译研究主张从语言学视角研究翻译，是系统功能语言学重要研究领域之一。Halliday（2001b）在《论佳译之理论》（"Towards a Theory of Good Translation"）一文中全面建构了系统功能语言学范式下的翻译理论模式。国内从系统功能语言学视角研究翻译的学者主要有黄国文、司显柱、张美芳等。黄国文（2004）发表了《翻译研究的功能语言学路径》一文，开创了翻译研究的功能语言学路径。之后关于翻译的功能路径研究在国内如火如荼（陈旸，2009；程晓堂、梁淑文，2008；李发根，2005；谢之君、王仙风，2006；张威，2010；郑元会、苗兴伟，2008）。本节讨论系统功能语言学范式下的翻译研究，主要从元功能、语境理论、语法隐喻和评价理论等视角，考察系统功能语言学理论对翻译研究的指导作用及其应用。

5.5.1 元功能与翻译研究

系统功能语言学的"元功能"思想被广泛应用到语篇分析、文体分析和句法分析等领域，并同时被用于指导翻译研究和实践（Halliday，2001b，2009，2013）。Halliday（2001b：14）指出，"对一个语言学者而言，翻译理论是研究事情是如何发生的，即研究翻译过程的本质和翻译中语篇之间的关系。"从系统功能语言学的"元功能"出发，Halliday（2001b）认为翻译中的"对等"首先体现在经验功能上，即译文与原文在经验功能上的对等，其次体现在人际功能和语篇功能上。经验功能对等指原文与译文在过程意义和参与者角色配置模式上的对等。人际功能对等指原文与译文在语气和言语功能上的对等。语篇功能对等指原文与译文在主位和信息结构上的对等。

国内诸多学者采用元功能思想对翻译进行研究，一般的思路是：先对原文作元功能分析，然后对译文作元功能分析，最后比较原文和译文在元功能上的异同并作出功能阐释。系统功能语言学视角下的"元功能对等"思想对翻译研究提供了一种新的分析方法和视角，既可以用来指导翻译实践，也可以用来考察和评估译文。

张美芳、黄国文（2002）从系统功能语言学视角探讨了篇章语言学与翻译研究的关系，指出翻译学的目标是描写客观翻译现象和建立能够解释和预测这些现象的原则和参数体系。翻译研究的语篇语言学方法可以给翻译的理论与实践带来启示。黄国文（2003）以"形式对等"为基本点，从语言分析的角度比较了马致远的《天净沙·秋思》的三种英译文，从译文是否忠实于原文、是否能传递原曲的意境、留给读者想象的空间有多大等方面对三种英译文作了试探性的分析。分析结果表明了"形式对等"在诗词翻译中的重要性。司显柱（2005，2006，2008）从功能语言学视角讨论了翻译的功能对等标准问题，并结合不同译文进行评估。他从翻译研究和系统功能语言学的学科性质与特征出发，论述了两者的密切关联性及后者对前者的借鉴和指导意义。

　　司显柱、李冰洁（2013）讨论了及物性理论在翻译批评中的应用。文章通过对《一件小事》及其两种译本的及物性分析，论证了及物性理论应用于翻译批评，可以增加翻译批评的客观性和系统性。基于 Halliday 的"元功能对等"思想，黄国文、陈旸（2014）对"元功能对等"进行了系统分析和探索，指出评估译文优劣的主要标准是看译文在经验功能上是否对等，认为"如果没有经验功能对等，就谈不上是翻译了"。黄国文（2015a）从元功能与"译意"和"译味"的关系指出，经验功能属于"译意"范围，人际功能属于"译味"范围。"译意"是翻译的基本要求，但"译味"也是翻译所追求的重要目标。在翻译过程中，为了达到"译意"和"译味"的目的，进而实现"元功能对等"，译者有时必须对原文的语境和译文的语言结构进行重构。程瑾涛、司显柱（2017）从系统功能语言学路径对《红楼梦》的两个英译本作了对比分析，重新审视了翻译中的对等问题，认为翻译即实现概念意义、人际意义和语篇意义的对等，即译者除了保证源语和译语语篇在概念意义上的对等，还必须满足两者在表达说话者上的态度、动机、角色等人际意义，以及在表达媒介、渠道、修辞等语篇意义上的对等。司显柱、陈瑾涛（2018）从系统功能语言学视角讨论到了《红楼梦》的"译味"。文章认为"译意"是指翻译出原文的经验意义，而"译味"则是再现原文的人际意义。从形式对功能体现的角度，尤其是从体现人际意义的词汇—语法系统在英汉语中的差别出发，文章讨论了《红楼梦》一些段落及其翻译案例所承载的人际意义，论述了根据系统功能语言学关于语气、情态、评价、人际意义、语旨等概念以及形式、功能、语境三者关系的阐述，译者和译学研究者就能找出一条破解"译味"难题的路径，通达语篇承载的人际意义到达彼岸。

　　刘永厚等（2022）从文本特征视角探讨了学术语篇元话语的中译英策略。研究发现，元话语的英译多采用直译法，以保证信息传递的准确性。但与此同时，译者会根据元话语的类型、元话语的语义可变幅度和语境等因素灵活处理，适当采取增译或省译法，以增强译文易读性。司显柱（2021）从"功能路径翻译"视角考察了翻译的语言表达，评析参赛译文的成败与得失，在此基础上论述了翻译的要义及其对当下我国高校翻译教学的反思。

总体来看，从元功能视角探讨翻译问题主要涉及翻译质量的评估标准问题。系统功能语言学者一般主张翻译的经验功能对等，但译文的评估涉及面广，视角各异，人际功能和语篇功能对等也是翻译追求的重要目标。系统功能语言学的元功能思想为翻译研究提供了重要的路径，可对翻译问题和译文进行立体化多视角分析，但存在思路缺乏创新、方法雷同等问题，如何强化系统功能语言学的元功能思想对翻译（特别是科技翻译）的指导并借鉴语料库翻译、生态翻译、认知翻译等理论和方法是今后的发展方向。

5.5.2 语境理论与翻译研究

系统功能语言学继承并发展了弗斯和马林诺夫斯基的语境思想，注重语言研究的文化语境和情境语境解读，始终把语言在特定语境中表达的意义作为其研究的重要出发点和归宿。系统功能语言学的语境理论拓展了翻译研究的视域，主要表现在对语域、体裁以及社会意识形态的分析（司显柱、庞玉厚，2019）。

国内诸多学者从系统功能语言学的语境理论视角对翻译进行了研究。戴凡（2007）讨论了文化语境对翻译的影响。李国庆（2008）以双关修辞为例，探讨了实现文化语境对等可采取保留双关明示法、体裁转换明示法和拆分增补明示法等。黄国文（2009b）认为翻译过程是一个交际过程，至少涉及两种语言、两种文化、两种情景、两种不同的目的和动机的复杂的人际交流活动。在这个过程中，源语语篇是译者联系作者的重要因素，译者从源语语篇中解读、推测原文作者的交际意图和交际目的，以及译者自觉和不自觉地所表达的意义，并通过源语语篇与原文作者进行对话，从中寻求自己认为合理、合适、贴切、准确的交际意义，最终提供一个目的语语篇。张敬源（2010）探讨了语境因素对译者策略的影响，认为译者首先要了解原作的文化背景知识，考虑原文和译文的文化差异，并注意情境语境因素。司显柱（2011）从系统功能语言学视角讨论了翻译研究范式的创新问题。文章认为系统功能语言学范式翻译研究紧扣翻译这种跨越两种语言和文化时空的言语交际行为的实质，围绕意义的易移，在言语行为框架理论之下，描写和阐述影响这一过程和目标实现的语言的、言语的、文化的等方方面面的因素。司显柱、卢明玉（2012）从系统功能语言学视角探讨了翻译文本与文化的关系，提出运用系统功能语言学理论，对翻译元素和翻译现象进行剖析，将翻译文本研究和文化研究有机地结合在一起，以求翻译研究立体化、系统化。黄国文（2012a，2012b）探讨了《论语》英译的意译方法以及典籍翻译中的语内翻译和语际翻译问题。研究表明，中国的很多著名翻译者都采取了意译方法来翻译《论语》，像《论语》这样的典籍翻译通常要经过"语内翻译"和"语际翻译"两个过程。黄国文、陈莹（2014）从系统功能语言学的"变异"概念入手探讨《论语》英译的研究。他们首先对语域和语篇体裁的基本概念进行勾画，重点讨论语言的"变异"与翻译的"变译"问题，并结合《论语》英译实例进行分析。分析认为，译文变异存在三种情况：文本的语域变异、文本的语篇结构变异、文本的语言变异。

黄国文（2015b）采取功能语用的视角，探索翻译中发话人意义的确定问题。研究重点是对《论语》中的"子见南子"进行功能分析和讨论。文章指出，对于典籍这类语篇，要确定发话人意义是不容易的，甚至是不可能的。因此，对译文的评估，应该看它是否传递了经过语内翻译的文本所表达的意义。黄国文（2015c）探讨典籍外译过程中对原文注释的理解与取舍。文章通过分析《论语·子罕篇第九》中的"子罕言利与命与仁"的翻译说明典籍外译过程中，译者是怎样理解和取舍原文语内翻译者的观点和注释，并在此基础上选择合适的语言形式体现原文的意义内涵，以达到合理翻译典籍和传播经典的。文章强调，对原文注释的理解与取舍是对外译者的学识和个人综合素质的考验，更是典籍外译的一个重要过程。黄国文、余娟（2015）设计了一个功能语篇分析模式的显化分析框架，并以其中一个维度（经验功能）为例，讨论显化在"过程""参与者""环境成分"三个方面在《论语》的英译文本中的表现。其分析结果表明，显化的常见手段主要是添加、说明和重构。司显柱（2016）以系统功能语言学及其体裁分析理论为指导，提出了翻译质量评估二阶段论：第一阶段评价译作相对于原作的功能、意义，关乎"忠实"；第二阶段评鉴译作本身语言是否顺畅，关注"通达"，从而建构新的翻译质量评估模式。

从语境视角进行翻译研究主张语境、形式和意义之间的互动，打破了翻译研究"形式"与"意义"之间静态、孤立的狭隘视野，为系统功能语言学语境理论视角下的翻译探究开拓了新的思路。但总体而言，语境理论对翻译的过程研究缺乏较为宏观的理论建构，常局限于个别细节，导致解释的充分性不够。另外，情境语境的三要素在翻译过程中的运用也缺乏系统分析。翻译是一个复杂的过程，涉及语境、译者、文本等多方面因素，今后可进一步挖掘语境理论对翻译研究的指导作用，深入研究具体的翻译问题。

5.5.3 语法隐喻与翻译研究

自 Halliday（1985）提出"语法隐喻"以来，语法隐喻被广泛应用于语篇分析领域，并被应用到翻译领域。Halliday 将语法隐喻分为概念隐喻和人际隐喻两类。在概念隐喻中，一个过程通过隐喻转换为另外一个过程，小句复合体可以转换为小句，小句可以转换为词组。人际隐喻指语气类型的转换。翻译中，语法隐喻的使用往往体现了作者和译者在交际意图、文化传递、审美等方面的选择，从而在语法结构上呈现不同的选择方式。一致式和非一致式的运用为翻译策略提供了重要参考，为分析不同译文的质量和效果提供了功能路径。

国内诸多学者从语法隐喻视角讨论翻译问题，既有理论探讨，也有应用研究。于建平（2006）和许婺、吴玲娟（2008）探讨了科技语篇中概念隐喻的工作机制和功能，主要从过程、功能成分、词汇语法转换等角度展开。刘著妍（2008）讨论了汉译英中一致式与隐喻式的对接问题。黄国文（2009c）讨论了语法隐喻在翻译研究中的应用。文章认为，在把一种语码转换成另一语码的过程中，翻译者面临的是多种语言形式的选择。在这些可供选择的形式中，有些就形成了一致式与隐喻式的配对。该文的研究表明：就语言形式所表达的意义而言，一致式与其相对应的隐喻式是为不同的交际目的、交际需要服务的。区分一致式与隐喻式，可以帮助我们更加清楚地区分它们各自不同的交际功能。

邓玉荣、曹志希（2010）专门探讨了英汉互译中一致式和隐喻式问题，认为译者的主体性和文化身份影响其对一致式和隐喻式的选择。陈清（2012）讨论了科学语言隐喻式的建构集翻译策略，认为可根据其难易程度分别采取同级翻译或升级翻译策略。杨林（2013）分析了科技英语名词化的语篇衔接功能，认为译者要视英汉语言的特点及使用习惯选择合适的词类，以实现语篇的等效翻译。司显柱（2019）研究了翻译中主位结构的隐喻式选择。文章认为译文在处理、再现原文的主位结构和推进模式时，往往需要从译入语的组织特征出发，对原文的主位结构或模式施以适度的改造，使译文文本衔接连贯，表述自然，做到既更好地再现原文的意义，又使译文自身流畅、顺达。司显柱等（2017）和司显柱、庞玉厚（2019）从概念语法隐喻、人际语法隐喻、语篇语法隐喻视角讨论了翻译问题，既注重理论挖掘，又注重实践分析，是系统功能语言学翻译研究不可多得的入门专著。

一致式和隐喻式都能体现原文和译文在意义上的对等，如何选择受语境、译者意图和语体等多因素制约。在将一种语言转换成另一种语言时，译者面临多种词汇语法形式选择。选择何种语言形式是由具体的交际目的、交际双方的社会角色关系以及情境因素决定的。语法隐喻为我们深刻解读原文，从而选取最佳译文提供了思路。译者不仅仅是原文的解读者，更是翻译活动的创造者，翻译活动中合理运用语法隐喻理论有利于更好传递原文的意义。总之，语法隐喻路径下的翻译研究视角新颖，具有较高实践价值，但如何从微观视角更好地解决翻译问题仍有待研究。今后的研究可进一步挖掘语法隐喻在翻译研究中的应用规律，完善研究框架，以指导翻译实践。

5.5.4 评价理论与翻译研究

评价理论是由 Martin 在人际元功能基础上发展起来的一种新的词汇语法研究框架，主要由态度、介入和级差三个子系统构成，是对系统功能语言学语气系统和情态系统的进一步发展。评价理论被用于翻译研究起始于张先刚（2007），他概述了评价分析对语篇翻译的相关启示，认为相同的态度意义可以由不同的态度意义资源表达，可以将态度意义转接至语篇中的其他部分。

柴同文（2010）采用量化研究方法，对英汉翻译过程中的评价资源"偏离"现象进行了分析，着重探讨了评价资源在目的语中的实现手段和方式。徐珺（2011）从词汇选择、鉴赏分析、显性评价和隐性评价视角对商务翻译的态度资源作了分析。刘晓琳（2010）和余继英（2010）以文学译本为例，探讨了评价意义在译文中的表达资源。刘世铸（2012）建构了评价理论下的翻译过程模型，阐释了翻译过程中态度模型、介入模型和级差模型的建构。司显柱等（2017）从评价理论的态度意义、级差意义和介入意义三个方面较为系统地讨论了评价理论对翻译研究的启示，并认为在翻译过程中实现评价意义的对等转换是译者面临的重要责任。司显柱（2018）从评价、介入、级差三个方面，讨论了评价理论在翻译中的整体应用。文章指出语言的评价系统对研究对象的评价理论之于翻译研究和实践的启示和指导意义不容置疑：它既能在词汇语法层面对源语语篇所蕴含的评价意义进行识别，以及在目的语语篇中的转换和再现提供系统的、看得见的工具；同时也为深入考察和探讨作者的主体性、译者的主体性以及主体间性提供了手段，值得深入探讨。司显柱、庞玉厚（2018）讨论了评价理论、态度系统和语篇翻译的关系，认为以语言的评价系统为研究对象的评价理论及其态度系统在翻译研究中既有重要的理论意义，也有极大的应用价值。邓仁华、廖婷（2020）从评价框架视阈讨论了国内旅游网页的翻译，认为为了妥善处理好国内旅游网页的评价资源，应采用省译、改写、转喻为义等翻译策略，使译文更接近目标读者的心理期待和阅读习惯，从而提高译文的可读性。

评价理论运用于翻译研究时间较晚，但也取得了较为可观的研究成果，既有量化研究方法，又有定性研究方法，还有基于语料的文本类型方法。但总体而言，高级别的研究成果较少，绝大多数研究成果集中在对态度资源的分析上，对介入和级差系统的分析和探讨相对有限。评价理论在翻译研究中不仅具有一定的理论意义，也具有较强的实践应用价值。从评价理论视角探讨翻译，可为原文和译文的词汇、语法、语篇选择提供重要参考工具，为深入探讨译者行为提供了新的手段。我们认为评价理论在翻译研究中的应用极具开发价值，必将对翻译理论和实践产生重要影响。

总体而言，系统功能语言学在翻译研究上的应用不断拓展，朝着纵深方向发展，方法不断创新，取得了较好的成绩。但也存在一定的不足：首先是主要专注元功能、语境、语法隐喻和评价理论视角，对系统功能语言学的其他视角关注不够，例如功能句法视角的翻译探讨较为少见；其次，在研究方法和研究路径上较为单一，有待进一步创新；第三，基于语料库的实证研究严重不足，对非文学类语篇的翻译探讨较为少见。我们认为，随着系统功能语言学应用领域的不断发展、丰富与完善，其对翻译研究的应用势将得到进一步拓展与深化。我们期待系统语言学视角下的翻译研究取得更为丰硕的成果。

5.6　系统功能语言学与自然语言处理

系统功能语言学与自然语言处理有着深厚渊源。Halliday 本人早期也对机器翻译、电子词典编撰等作过相关研究。例如，Halliday（1962/2007）指出机器翻译必须关注语言描写，因为机器翻译虽然涉及计算机科学和信息工程等问题，但机器翻译的核心问题之一是语言的描写和对比（李学宁、董剑桥，2012）。Matthiessen & Bateman（1991）也集中讨论了系统功能语言学与自然语言生成，介绍了多种基于系统功能语言学开发的自然语言处理系统（如 PROTEUS、BABELL、PENMAN等）。Halliday（2007a）收录了其关于系统功能语言学与计算语言学的诸多论著，在其中明确指出，"是否能将语言学理论直接应用于人工智能是检验语言理论是否正确、是否完善的重要手段；同时也是使语言理论发挥更大作用的大好机会"（转引自李学宁、范新莹，2015：29）。Halliday & Matthiessen（2014）在第4版《系统功能语言学导论》中也有过相似论述，他们认为：

> "In other words, describing a language is a process of generalizing from the analysis of textual data. The outcome of this process is a description of the system of the language, and we keep testing such descriptions by deploying them in continued text analysis and by applying them to different tasks such as language education or natural language processing." (Halliday & Matthiessen 2014: 54)

总体而言，国内对系统功能语言学在自然语言处理中的应用研究还比较少，大多是对前期研究的回顾和综述。比如，李学宁、董剑桥（2012）追溯和讨论了 Halliday 早期关于机器翻译的一些思考。他们的讨论表明，在学科属性上，Halliday 认为机器翻译应当归属于应用语言学的研究范畴；在翻译系统设计上，Halliday 较为推崇转换翻译法。整体而言，Halliday 早期关于语言学和机器翻译之间联系的思考对后续机器翻译研究产生了较为重要的影响。

李学宁、张德禄（2012）评述了 Teich 新开发的依存系统功能语法，认为虽然此模型有助于解决现有模型中的"组合沟"（syntagmatic gap）的问题，但其理论模型和真实应用上依然存在很大的局限，导致此问题的原因在于 Teich 的模型依然采用的是物理符号系统研究范式，因此必然会出现形式化后的系统难以表达出意义的全貌。随后，他们指出，人工神经网络技术可更好地将系统功能语言学的系统网络知识形式化，有助于推进系统功能语言学在自然语言处理方面的应用研究。

　　知识表示方法是语篇生成系统开发的重要环节。李学宁、范新莹（2015）考察了 PENMAM 语言生成系统中系统功能语言学的知识表示方法，认为系统功能语言学的主要知识表示方式是系统网络。他们发现系统网络的知识表征方式难以充分体现语言的交际性，因为它只能实现语言生成，但是难以进行语言理解。同时，这种知识表征方式在语言生成应用中效率较低，且结构复杂，难以进行后期维护与更新。有鉴于此，他们提出了系统网络的两条改进途径：基于复杂性科学的理论途径和基于人工智能的技术途径，并指出改进后的知识表征方式"有助于加强系统功能语言学与复杂性科学、人工智能等相关学科之间的交叉与融合，从而促进它在自然语言处理中的应用与发展"（李学宁、范新莹，2015：29）。

　　向大军、刘承宇（2017）则讨论了系统功能语言学的另一种模式——加的夫语法（Fawcett，2000，2008；黄国文等，2008）在自然语言处理的应用。他们认为，加的夫语法模式也强调语言理论的适用性，而其适用性"突出体现在自然语言的计算机生成模式建构和语篇分析的程序设计和方法上"（向大军、刘承宇，2017：55）。在这方面，早期的 COMMUNAL（Convivial Man-Machine Understanding Through Natural Language）项目就是以加的夫语法为理论框架开发的。整体而言，"加的夫语法在自然语言的自动生成模式上的成就，一度为系统功能语言学在人工智能领域的拓展提供了更具严密的操作程序，大大推动了系统功能语言学的适用性研究"（向大军、刘承宇，2017：55）。

　　从国内目前发展情况看，李学宁等（2018）最为详尽地讨论了系统功能语言学在自然语言处理中的应用。他们在书中回顾了不同发展阶段（即阶与范畴语法、系统语法和系统功能语言学）的系统功能语言学在自然语言处理中的应用情况，包括机器翻译、电子词典编撰等。通过梳理系统功能语言学在自然语言处理中的应用情况，聚焦了系统功能语言学的知识表征方式，即如何将系统功能语言学的相关理论框架形式化，进而更易于应用于计算机处理。他们的讨论表明，系统功能语言学的知识表征方式主要包括数理逻辑的方法（如概率逻辑）、系统网络和类型特征结构等，但同时这些表征方式也存在一些问题，尤其是难以有效地表示语言使用的交际性和系统功能语言学关于语言三大元功能并行的基本理论观点（见李学宁、范新莹，2015）。因此，李学宁等（2018）提出了复杂性理论途径和人工神经网络激素途径等两条主要改进途径。整体而言，李学宁等（2018）的研究表明，系统功能语言学在自然语言处理领域有着潜在的应用价值，且在此过程中也推动了系统功能语言学理论的发展和完善，尤其是对相关理论框架的形式化研究。

系统功能语言学在自然语言处理的另一应用是开发可以辅助系统功能语言学分析的计算机软件或程序。这方面尤其值得一提的是由马德里自治大学（Universidad Autónoma de Madrid）Michael O'Donnel博士开发的 UAM 软件。该软件可应用于辅助系统功能语言学如及物性、评价系统等的标注或分析，帮助研究者统计数据，具有良好的应用价值。国内学者在这方面的研究尚不多见，我们收集到的研究之一是严恒斌、Webster（2011）尝试建构一个基于云计算机平台的协作性标注框架，以达到对功能和语篇架构的标注和可视化的目的。该平台的优势在于"协作性文本标注能让不同地域的标注者通过统一界面对同一个语料进行标注"（严恒斌、Webster，2011：33），局限仍然在于并非自动化标注，导致能处理的文本量相对受限。关于基于系统功能语言学软件开发或者自动化处理的研究可以参考 Wong et al.（2014）和Yan（2014）。

从前期研究可以看出，虽然系统功能语言学一直强调其在自然语言处理中的潜在应用价值，但整体而言，研究还比较零散，且成效似乎并不显著。究其缘由，应当与自然语言处理本身的高技术性以及系统功能语言学相关理论框架的复杂性有关。要想更好地将系统功能语言学应用于自然语言处理，当务之急是需要系统、深入地探讨系统功能语言学理论形式化的问题。这是因为"系统功能语言学并不能直接应用于语篇生成系统。它需要进行'知识表示'或形式化表示，即采用一定的符号把语言学知识编码成一组数据结构，才能成为计算机接受并便于软件系统使用"（李学宁、范新莹，2015：26）。李学宁等（2018：3）也谈到，"从某个角度来说，能否直接采用自然语言处理中行之有效的知识表示方式，就成为检验系统功能语言学能否直接应用于计算语言学的一个重要评判标注。"换言之，如何将系统功能语言学的相关理论框架形式化也是推进其在自然语言处理方面应用的关键环节。

将语言描写应用于自然语言处理是理论语言学发展的目标之一，在此过程中，自然语言处理中发现的问题与不足也会反过来促进理论语言学的发展（李学宁、张德禄，2012）。系统功能语言学也是如此。总体来看，系统功能语言学从一开始就有着为自然语言处理服务的设想，经过长时间的发展，已在语言生成、人机对话和语言切分等方面产生了一定的影响（刘志伟、李学宁，2014），但是系统功能语言学在自然语言处理领域中的应用潜势尚未得到充分挖掘。进一步探索系统功能语言学在自然语言处理中的应用，也应当是系统功能语言学未来发展的重要方向之一。

具体而言，未来研究需要在将系统功能语言学相关理论框架形式化、实现系统功能语言学分析的自动化、培养有计算机背景的系统功能语言学家，以及开发基于系统功能语言学理论框架的自然语言处理软件等方面做出努力，以期在将系统功能语言学应用于自然语言处理方面取得突破。

5.7 小结

系统功能语言学作为适用语言学具有问题驱动本质，既注重理论建构，又注重应用对理论建构的反哺功能，其应用研究得到了不断拓展和延伸。近年来，系统功能语言学在传媒语言学、行销语言学、组织语言学、生态语言学、临床语言学、司法语言学等方面也得到了一定发展，越来越呈现出跨学科应用倾向。系统功能语言学是一个开放的动态系统，其应用研究源于理论本身，同时也来自其他学科的接触。我们相信系统功能语言学的应用将随着其研究领域的拓展而不断延伸，必将为新时代的语言学及其应用研究作出重要贡献。

第 6 章
中国语境下的功能语言学研究

6.1　引言

本章首先回顾系统功能语言学的中国渊源，接着探究其在中国化过程中遇到的挑战与机遇，接着介绍汉语功能语法的研究进展，进而梳理功能语言学在中国外语教学中的应用，最后探讨系统功能语言学在中国医疗保健中的应用研究，旨在总结系统功能语言学在中国语境下的应用问题。

6.2　功能语言学的中国渊源

随着国际国内功能语言学研究的不断深入，功能语言学的中国渊源成为学界避不开的话题。胡壮麟（2012，2015，2016，2018a，2018b）最为关注功能语言学的中国渊源的研究主题。从 Halliday 学习汉语的源头，参与汉语培训、教学、研究的经验和在中国生活的经历，以及 Halliday 多次接受不同学者的访谈中，发现功能语言学的中国渊源来自 Halliday 学习中文的浓厚兴趣，得益于他从事于汉语有关的工作。他在中国留学、研究汉语的经历为其汉语学习研究奠定了厚实的基础，同时也为其日后创立功能语言学提供了决定性的中国渊源。

在第二次世界大战期间，Halliday 参与了 1942 年英国军方与伦敦东方和非洲学院（The School of Oriental and African Studies in London，SOAS）合作举办的汉语短训班的测试和学习。在伦敦东方和非洲学院接受 18 个月培训以后，他主要使用中文从事反谍报工作。在此期间，他用汉语和中国人打交道，看中文，讲汉语，随后在军队开展为期两年的军队学员汉语培训工作（胡壮麟，2015）。在学习和教学培训的过程中，Halliday 表现出学习汉语和研究汉语的浓厚兴趣。Halliday 于 1947 年离开英国军队，到中国北京大学继续学习汉语，一年后顺利在中国获得由英国本土颁发的现代汉语学位，随后开启到中国西北农村工作的历程。

Halliday 于 1948 年 11 月获得英国政府奖学金，再次申请到北京大学读研究生，师从罗常培先生学习历史语言学和汉藏语系的课程；六个月后，在罗常培先生的建议和推荐下，Halliday 又前往岭南大学，师从王力先生学习和研究现代汉语。学习期间，在王力先生的指导下，Halliday 主要随王力进行方言调查，接受了系统的方言的音系学田野调查的培训，分析不同声调，还作了语法调查。Halliday 有关"语言观""研究方法""衔接理论""语法范畴"等思想与王力在这些方面的观点是一致或基本相似的（胡壮麟，2016），这些方面显然成为功能语言学的中国渊源。在岭南大学学习 9 个月的过程中，Halliday 收集到大量语料，为他回国攻读博士学位研究课题的语料做了准备，也为其创立系统功能语言学打下了一定的理论基础。

胡壮麟（2016）通过大量文献，论证了 Halliday 关于"语言的社会性""聚合与组合""小句元功能分析""主位与述位""语法隐喻"等重要学术思想的渊源来自中国学者高明凯。此外，Halliday 的功能语言学思想也受到朱自清、陈望道等为代表的中国语言学传统和理论的影响。因此，可以说 Halliday 学术思想渊源，即功能语言学的渊源来自中国（胡壮麟，2016）。

6.3 功能语言学中国化的挑战与机遇

如前所述，系统功能语言学从初创时期开始就有着深厚的中国渊源。但毋庸讳言，从根本上说它还是一种根植于英语等西方语言以及西方国家社会历史文化传统的语言学理论。因此，我们在将这种理论运用于分析汉语的结构和功能并用来解决中国大地上的语言问题时，仍不免存在某些水土不服乃至方凿圆枘的现象，因此，需要结合汉语及我国其他各种民族语言及方言，以及我国特有的社会文化环境和历史传统，对功能语言学理论进行本土化。自功能语言学理论和研究方法引入我国以来，在将其中国化方面仍面临诸多挑战和机遇。

正如连淑能（1993）所指出的，英语和汉语分别属于综合语与分析语，在语法特征、表现方法、修辞手段及其所蕴涵或反映的思维习惯、文化因素等方面都存在一定差异。因此，有必要基于系统功能语言学的基本概念和核心理论，对汉语和我国其他各种民族语言及方言的结构（形式）和功能（用法）进行全面、系统的描写和分析，从比较语言学、对比语言学及语言类型学视角将这些语言与包括英语在内的世界上其他国家、地区的语言进行对比分析，进而结合各民族的思维习惯、认知特点及社会文化环境等进行跨学科 / 超学科的分析和解释，从而从普通语言学与国别语言学相结合的视角，以及结构—功能—认知三维互动的视角，发现个别语言的结构特征、使用规律与认知基础，进而总结出世界上各种语言共同的结构特征、使用规律与认知基础，从而丰富和完善功能语言学理论和研究方法。

包括系统功能语言学在内的各种语言学理论，为我们进一步开展语言学研究奠定了坚实的理论基础；现代哲学社会科学与科学技术的发展进步为我们做好语言学研究提供了宽阔的研究视野与扎实的研究基础。

6.4　汉语功能语法

系统功能语言学自 20 世纪 70 年代由方立、胡壮麟、徐克容三位学者推介到我国以来，在过去的几十年里得到了全面发展。在早期引介的基础上，不少学者借鉴系统功能语言学的基本理论，将其应用于汉语研究，如龙日金的《汉语的及物性》（1981）[1]、胡壮麟等的《系统功能语法概论》（1989）、程琪龙的《系统功能语法导论》（1994）和周晓康的《汉语的物质与关系过程及物性》（1997），推动了系统功能语言学理论的本土化进程。汉语功能语法研究在最近二十年得到比较深入而系统的探讨。本节旨在探讨汉语系统功能语法的最新发展，进一步推动系统功能语言学理论的本土化研究，以解决汉语实际问题。鉴于汉语语法系统庞大且复杂，相关研究文献无数，本节主要介绍几位有代表性的学者（团队）的相关研究。

6.4.1 李深红的研究

李深红（Sum-hung Li）的《汉语的系统功能语法》（2007）是一部将系统功能语言学理论系统地应用于汉语研究的专著。该书参照Halliday 的《功能语法导论》写作模式，系统论述了汉语功能语法。在小句之下，李深红（2007）对汉语的词素、词类、词组等作了较为系统的描写，将汉语的词类分为动词、名词、副词、连词和小品词，形容词或形容词性动词归属于动词，将汉语的词组分为动词词组、名词词组、副词词组和介词短语。在及物性上，该书将汉语的及物性分为四种过程类型，即物质过程、关系过程、言语过程和心理过程，共同识解我们的意识世界、象征世界、物质现实世界和抽象关系世界。另外，该书还系统探讨了汉语的逻辑意义系统、语气系统、情态系统以及语篇连续性、语篇连贯与衔接、语篇过渡、连接系统等。李深红（2017）对汉语名词词组作了较为详细的探讨，对汉语名词词组的前置修饰语 [包括指示词、数量词、类别词、性质语（epithet）等] 和修饰语（介词短语、关系小句）作了很有参考价值的描写和分析。

1　见龙日金、彭宣维（2012）《现代汉语及物性研究（第一部分）》。

6.4.2　彭宣维团队的研究

彭宣维的《语言与语言学概论：汉语系统功能语法》（2011）是继李深红（2007）后又一部系统探讨汉语功能语法的专著。该书以"过程—维度"模式展现了汉语功能语法理论体系。

该书体现了以下新思想：第一，彭宣维论述了"作为过程的语言"的基本思想。语篇是语言的本位单位，既可以将语法和修辞结合起来，又可以说明诸多语言现象。语言是系统选择的结构化和组织化过程，其最终结果体现为篇章，主要表现在：（1）选择的资源对象是经验知识，伴随着主体的情感倾向、社交中权势关系，以及兼顾听话人的话语能力的交际意识本身，从而提取和生成语义特征，并形成语义范畴；（2）实施这一过程的手段是人类的语言操作能力。第二，"作为维度的语言"的基本思想。作为过程的语言，可以象征性地用一个三维立体模式加以表述：（1）从横向看，从认知情景到语义、语法、语音，并最终由言语声波或书写文字表达出来，是层次体现过程；其中从语义到语法到语音的三个阶段为语言的本体部分，三个层次为语言的横向维度。（2）从竖向看，从语素到语篇是一个连续体；词、词组、短语、小句、复句、段落、节、章、部等，是这一连续体上的代表性级阶，这是语言的竖向维度。（3）从纵深方向看，词—篇连续体上有三个相度：概念意义及其相应的语法形式和音系范畴；人际意义及其相应的语法形式和音系范畴；语篇意义及其相应的语法形式和音系范畴。三个维度作为一个整体，是人类交际过程中形成的一种制度化了的社会认知符号系统。支配它产生的是背后潜在的情景符合系统、制度符合系统，以及意识形态/价值观念。

以概念相度为出发点，系统描写了从词到小句的语义语法范畴，其重点仍然是相关语义范畴。研究者首先描写了词汇系统的语义和语法范畴。就概念意义而言，词汇主要涉及两类范畴：一是经验意义系统，二是逻辑意义系统；所有实词词类体现经验意义系统，逻辑意义系统主要由结构助词、介词、连词和一部分副词体现。与概念成分直接相关的语篇意义，也涉及两个基本范畴：潜在的新信息和非新信息，相应的语法形式范畴是代词，主要指不定代词和有定代词，但它们属于语篇语用领域。就人际意义而言，词汇涉及三类范畴：一是与语气有关的成分，如疑问语气词；二是与评价有关的态度和级差；三是与权势有关的成分，涉及正式性和级差性。

该书较为系统地探讨了汉语的词组和短语系统，认为其主要包括名词词组、形容词词组、数量词组、动词词组、副词词组、介词词组和介词短语。名词词组的基本语义范畴是事物，形容词词组的语义范畴是品质，数量词组的语义范畴是数量，副词词组的语义范畴是状态，动词词组的语义范畴是整体事件，动词词组中的时间意义范畴是由"时制"这一语法范畴体现的，现代汉语中，时制及其所表达的时间意义范畴共有12种。作者在该书中详细描写了汉语的代词系统、词汇的评价意义系统、词汇的权势语义特征及其相关范畴。总之，作者认为词组是词的扩展，是向心结构；短语是小句的缩合，是离心结构。

彭宣维（2011）以及物性及主语和主语结构为重点，较为详细地探讨了小句的语法形式范畴。在作者看来，小句的语义范畴是及物性，相应的语法形式范畴是主谓语结构。小句的及物性语义范畴由三个基本成分构成：过程、过程的参与者和过程的环境，外加一个关联范畴"范围"。小句的语法范畴是主语结构，由主语和谓语两个部分构成，主语部分是主语，谓语部分包括述语和补语。主语结构是及物性语义关系结构的抽象和形式表征；一个语法形式范畴可能对应多种语义关系。主语是主语结构这一抽象化过程中出现的主导参与者，不管该参与者是基本的还是非基本的，也不管是显现的还是隐没的，这就可能出现不确定主语。从系统性看，一些介于典型小句和典型复句之间的过渡现象可能有两个或以上的主语。主语是主语结构的主体，是主语结构展开的基础。

总之，从词到小句有诸多连续性，有的对接，有的重合或套叠。但无论以何种方式出现，均涉及语义范畴及其相应的语法表达范畴。两者是一个整体的不同侧面：前者是基础，后者是结构化的手段；前者由后者体现，后者是对前者的抽象表达，更是前者的基本加工程序。作者在该书的"结语"部分提出，接下来的工作是描写与小句连成一体的复句以及篇章的语义和语法组织，然后探讨语篇意义和人际意义及其相应的语法形式，从整体上对汉语的隐喻化过程作出描述，最后系统探讨汉语的篇章音系学。

龙日金、彭宣维的《现代汉语及物性研究（第二部分）》（2012）按照周晓康的作格分析思路，讨论了物质、关系和心理三个主要过程，同时关注环境成分，并依据具体的语言现象对周晓康模式给予了补充和修正。在汉语小句的物质过程一节中，作者认为物质过程是关于"做"的过程，即某个存在体"做"某事，并可能涉及另外一个存在体。在作者看来，物质过程涉及两种过程类别：一是"单物质过程小句"，即基本过程成分只涉及一种物质过程；二是"双过程物质过程"，其一为基本行为，其二为相关行为的结果。

作者将关系过程分为处所关系过程、包孕关系过程和属有关系过程三类。关于处所关系过程，作者提出了"动态"和"静态"的相对性和级差连续性，从而在单纯载体和复合载体之间形成一个连续体；同时，作者认为"存在"和"非存在"应当被看作语法形式的范畴。关于包孕和属有关系过程，作者认为它们也可分为单纯载体和复合载体两类。关系过程的基本特征是描述两个存在体之间的关系，作者根据现代汉语的实际对周晓康的关系过程模式作了一定的修正。心理过程是有关人或高等动物的心理体验的。心理过程的基本结构是"感知者 + 过程 + 现象"。作者将心理过程分为情感类、感知类和认知类，提出单纯感知者和复合感知者参与者角色。在作者看来，心理过程具有以下特点：一是同一过程内部的单纯类别之间存在连续性；二是同一过程内部的单纯参与者与复合参与者之间有过渡现象；三是不同过程之间有过渡和连续现象。小句在通过参与者和过程的功能复合，初步脱离了纯粹小句的范围，带有一点复句的特征。

另外，彭宣维（2016b）从系统功能语言学的扩展模式探讨了汉语的主语和主语结构。许西萍、彭宣维（2017）重构了及物性过程模式。徐宏颖、彭宣维（2020）从凸显消息意义视角探讨了"Y 处坐着 X"/"Y 死了 X"等句式的成因。彭宣维（2021a，2021b，2022）和彭宣维、高继华（2022）从量子语言学视角对汉语进行了研究，是系统功能语言学理论应用于汉语研究的新发展。

6.4.3　何伟团队的研究

以何伟为代表的系统功能语法研究团队从加的夫语法视角对现代汉语作了较为系统的研究，产生了系列研究成果。鉴于《汉语功能句法分析》（何伟等，2015）已在 3.9 节介绍过，本节主要介绍《汉语功能语义分析》（2016）一书，同时介绍该团队对现代汉语的新近研究成果。

何伟等所著《汉语功能语义分析》（2016）一书旨在从系统功能语言学角度，对人类各种经验活动在汉语中的表征进行探讨，呈现了一个比较完整的涉及活动类型及参与者角色的汉语及物性系统网络。该书名为《汉语功能语义分析》，但主要关注的是汉语的及物性系统。该书将汉语的过程类型分为七种：动作过程、心理过程、关系过程、行为过程、交流过程、存在过程和气象过程。

动作过程建构人类经验活动中的"做""发生"以及"……使……做或发生"，涉及一个、两个或三个参与者角色。参与者角色可以为具体或抽象的物，也可以是情形，即发生的事件。心理过程建构人类经验活动的"情感""愿望""感知"和"认知"，以及"使……具有什么情感、愿望、感觉或认识"，涉及一个或两个参与者角色，以及两个位置。关系过程建构人类对事物之间关系的判断，涉及"归属""识别""位置""方向""拥有"和"关联"，以及"……使……具有归属、识别、位置、方向、拥有或关联关系"，参与者角色一般有两个，也有的涉及三个。行为过程建构人类自身的生理活动经验以及"……使……产生生理活动"，主要涉及一个参与者角色，有时也涉及两个参与者角色。交流过程建构人类的言语和表意交流过程以及"……使……进行交流活动"，涉及两个或三个参与者角色。存在过程建构人类对"特定空间或时间下存在、出现某物或某物消失"现象的认识。尽管人类活动中也存在促使"特定空间或时间下存在、出现某物或某物消失"现象的发生，不过，这种现象为数不多。此类过程一般涉及两个参与者角色，但有时其中一个为隐性参与者角色，所以在语义配置结构中，可表现为"存在过程 + 存在方"。气象过程是关于天气现象的过程，不涉及参与者角色，活动类型主要由"过程 + 过程延长成分"建构。

该书的一大特色是以语篇分析为案例，系统描写并探讨各种过程类型，充分展现了其建构的汉语及物性系统网络的实践价值，体现了系统功能语法"为语篇分析提供一个可操作性的功能语法"的目的，是系统功能语言学及物性研究的一种新视角。

另外，何伟、仲伟（2017）从系统功能语法视角探讨了汉语小句的限定与非限定之分。He（2020）对汉语及物性系统的这一新模式做了更为详细的说明和介绍。何伟、马宸（2020）从名词的数量范畴探讨了汉语的生态性并与英语作了比较。何伟、张嘉越（2020）讨论了汉语动词重叠式。何伟、杨璐（2021）讨论了汉语"一量名"结构指称现象。何伟、于昌利（2022）和何伟、闫煜菲（2022）从存在小句和流水句等讨论了汉语的主客融合特质，并与英语的主客分离特质进行了比较。这些研究主要为系统功能视角下的现代汉语微观研究，为深入探讨汉语语言现象提供了视角参考。

6.4.4　其他学者的研究

除上述学者对汉语所作的功能语法视角研究外，其他诸多学者近年来也对汉语（特别是现代汉语）开展了具有重要参考价值的研究，推动了系统功能语法的本土化进程。王勇、周迎芳（2014），王勇（2019，2022）和王勇、徐杰（2018）发表了系列高级别研究论文，对现代汉语的事件存在句、领主属宾句、无人称小句、名词动用问题以及句法和词汇界面问题作了深入的研究。邓仁华（2015，2016，2018a，2018b）分别对现在汉语的存在句、特殊句式（如"木牌上写着两个大字""王冕死了父亲"）和兼语句展开系统的句法语义分析，为汉语特征句式的功能语法视角提供了新思路。杨炳钧（2015，2018，2019）从隐性范畴和渐变群视角讨论了汉语动词的限定性，并从概念语法隐喻视角深入探讨了"王冕死了父亲"句和"台上坐着主席团"句。魏银霞、杨连瑞（2020，2021）从系统功能语法视角探讨了汉语的评价型"V 得 C"小句嵌入显赫趋向特征和迂回致使结构，是对现在汉语系统功能语法视角研究的进一步发展。另外，由 Webster & Peng（2017）主编的《系统功能语言学应用：中国的最新成果》（*Applying Systemic Funtional Linguistics: The State of the Art in China Today*）也收录了部分学者对汉语语法的相关研究，涉及字、词、句和语篇各个方面，值得参考。

综上，汉语功能语法研究从最初的及物性探讨逐步延伸到汉语研究的各个领域。在研究内容上不断丰富，既涉及小句之下的字和词，又涉及到小句之上的篇章，既有微观探讨，又有宏观分析。在研究范式上，既有主流的悉尼模式路径，又有加的夫语法的非主流模式。这些研究大大推动了系统功能语言学的本土化研究，为现代汉语的功能视角研究提供了新的思路和路径参考。但从汉语庞大的语法系统而言，仍然存在系统性解释不足、研究缺乏理论创新等问题。比如对汉语的语法体系描写缺乏阐释，理论范式主要局限于及物性、语气、语篇等，对汉语的特殊性把握不够。未来研究需要在进一步深入描写语言使用的基础上，作更深层次的阐释性探讨，并结合汉语语言事实对系统功能语言理论作进一步的"本土化"挖掘。

6.5 功能语言学与中国外语教学

功能语言学自引入中国以来，得到了广大外语教育研究者和工作者的认可。许多学者、外语教育研究者和外语教师运用功能语言学的教学思想指导教学，开展了相关教学实践，取得了丰富的成果。杨信彰（2012）对1980—2009年间发表于中国知网（CNKI）的功能语言学视角下的外语教学研究文献进行统计发现，功能语言学最初进入中国以来只有零星几篇相关的论文；而进入21世纪后，论文发表数量迅猛增加，多达1000多篇，其中2009年发表的论文有824篇。可见，功能语言学理论逐渐被接受，并被越来越多的教育研究者和工作者用以指导外语教学。廖传风（2011）对2000—2009年我国三家具有代表性的外语类核心期刊的17篇论文进行研究发现，21世纪初功能语言学视角下的外语教学研究主要是对功能语言学教学思想的介绍，以及运用功能语言学理论指导外语教学的研究，涉及的最主要的理论有语境、语篇方面的理论以及评价理论等，探讨得最多的课程教学是阅读和写作教学。近年来，功能语言学在自身不断完善以及与其他学科对话合作的过程中不断得到发展，在外语教学领域的应用也不断涌现出新的研究热点和转向，取得了大量可观的新成果。因此，本节对2010年以来CNKI收录的相关研究进行梳理与总结，分析研究热点、研究趋势变化，呈现国内研究者运用功能语言学理论指导外语教学的最新应用研究发展情况。

本节的数据来源为CNKI论文数据库，起点时间为2010年，终点设置为2022年，以"系统功能语言学/功能语言学"和"教学/教育"为主题词进行检索，共得到613篇文献。我们再进一步在CNKI的核心期刊数据库进行检索，共收集到148篇核心文献。分析发现，最近十多年来，随着功能语言学理论的发展，功能语言学理论指导下的外语教学研究越来越深入，同时更多的功能语言学理论被应用于外语教学研究之中，研究范围也不断扩大，触发了许多新的外语教学研究议题。

6.5.1 功能语言学指导下的外语教学

近十几年来，国内学者对功能语言学最新研究成果持续引介和应用，同时积极尝试对其理论进行拓展和完善。在外语教学方面，国内学者在继续引介功能语言学教学理论和教学思想的同时提出了对中国外语教学的指导作用，并积极将相关理论应用到教学实践之中。此外，国内学者在应用功能语言学理论的同时，还积极尝试结合中国语境进行中国外语教育理论和教学模式的本土化构建。

理论引介方面，朱永生（2011）讨论了 Bernstein 的教育社会学理论影响下的功能语言学研究成果，主要包括 Bernstein 的语码理论对功能语言学理论的影响和知识结构理论对悉尼学派语类理论的促进，并呼吁中国功能语言学家也应该像国外学者一样关注教育中的社会问题。张先刚（2013）对悉尼学派语类教学法进行了较为全面的介绍，分析了语类教学法的理论基础，梳理了其发展历程，展示了每个阶段语类教学法的具体行动研究项目和教学方法，进而提出该理论对我国外语教学的启示。周惠、刘永兵（2014）深入介绍和评述了 Halliday 的语言发展理论的内涵外延，探讨了意义、思维与学习的关系，指出 Halliday 的语言发展理论帮助我们更好地理解语言的本质和进化，对我国二语习得研究和实践具有重要的指导意义。汤斌（2014a）介绍了教育社会学的合理化语码理论与功能语言学的合作内容和成果，指出在课堂教学中，合理化语码理论的"语义性"原则中的语义波与功能语言学资源权力词汇、权力语法、权力话语组织紧密合作，为学生知识建构提供了保障。汤斌（2014b）还讨论了个体化理论对识读资源再分配的指导，指出要提高教学法的可见度，拉近编码取向之间的差距，增强识读资源再分配的效度，为我国识读能力教育提供了启示。杨信彰（2019）总结了学科语篇研究的主要问题，包括学科性、知识与学科的关系、学科知识在语篇中的体现以及研究方法等方面，指出功能语言学与教育社会学的结合能够帮助学习者了解学科知识的机制和特点，进而提高学科识读能力。李燕飞、冯德正（2019）借助功能语言学语类语境、系统选择、元功能与符号层级等思想对多元读写教学法实景实践、明确指导、批评框定三个核心概念进行阐释，加深了我们对多元读写教学法的理解，对新媒体环境下的课堂教学方法体系和新型课堂教学评估模式建构等方面具有指导意义。

功能语言学教学理论和教学思想对外语教学实践指导更加具体深入，涉及的理论有语境语域、语篇语义、语法隐喻、评价、语类以及话语分析理论等，指导的教学领域既包括从宏观层面对外语教育、英语专业和大学英语教学的指导，也包括对具体语言课程教学进行指导，如听说读写和翻译教学，以写作教学为热门话题。宏观探讨方面，马淑霞（2011）指出基于功能语言学习观的交际法使得我国大学英语教学观从行为语言学习观转向交际语言学习观。李忠华（2015）讨论了基于语域理论的大学分科英语教学：培养学生对学科语言特点的显性注意，革新教师教学观念和教学模式，以及助推分科英语课程建设。于丽（2016）在探讨功能语言学语境、语域和语篇的关系，以及对比外语学习与母语发展的基础上，从语域出发阐释了高校外语教育的培养目标、教学过程、教学任务设计与教学真实性等问题，并提出要从方法论的角度应用功能语言学指导外语教学实践。

具体应用研究方面，陈旸（2012）通过从功能语篇分析角度对翻译中源语（原文）进行分析，以及对源语和目的语差异进行对比，证明语篇分析能够提高翻译教学效果。阮英、王澜（2016）将评价理论的介入系统应用于大学英语阅读教学中，发现引导学生了解作者的介入程度和立场，有助于学生快速掌握文章主旨并了解语篇背后蕴含的深义，从而提高学生的自主学习能力和批判性阅读能力。王保健等（2020）的研究发现，语法隐喻对二语写作研究贡献了丰富的资源。语法隐喻为书面语篇意义构建提供符号资源，同时也是语篇功能资源、中介语发展和学术写作语法资源，复杂语言生成以及满足高级语篇写作交际复杂性需求资源。语法隐喻框架下的二语写作研究对写作教学有重要的指导意义。教育语篇也是近年来的一个热门研究话题，主要关注学科教育语篇和课堂教育语篇等方面，讨论内容涉及科学教育语篇多模态构建（刘宇，2015）、教育语篇意义表征模式（唐青叶，2016）、不同学科教育语篇知识结构分析与对比（于晖、于婷婷，2017）、学科英语特征要素（彭宣维，2019）、学术语篇与学科知识建构的关系（胡光伟、刘焰华，2020）、不同学科英语/教育语篇知识构建（师小帅，2020；于晖，2018）、课堂话语研究（彭静，2015；解敏，2022；杨雪燕，2021）等方面。

近年来，一些学者尝试结合新时代中国外语教育语境，基于功能语言学理论或功能语言学与其他学科的跨学科研究角度，构建本土化的教学理论或教学模式。例如，杨才英、宫齐（2017）基于功能语言学理论，构建了一个基于语类的以意义为核心的多层次二语写作教学框架。在此框架下，设计了在混合式学习背景下的意义写作课堂教学原则和教学步骤，为二语写作教学提供了参考性指导。陆丹云（2018）从功能语言学的组篇视角，构建了功能为组篇成分属性特征、以语义推进模式为描述对象的篇章结构分析模式，并应用该模式对学生作文进行篇章结构个性化程度评估，基于此组篇意义选择的篇章结构研究对写作教育的启发。张德禄、郝兴刚（2019）结合多元读写能力培养模式、Bernstein 的知识结构理论和 Maton 的合法化符码理论，构建了超文化交际能力培养的教学模式，包括知识讲授、实践教学、批评思辨、应用与创新四个方面。韩宝成等（韩宝成、梁海英，2021；韩宝成、魏兴，2022）基于系统功能语言学和二语习得关于会话互动及意义协商等理论，探讨了整体外语教学视阈下的大学英语课堂意义协商活动，包括重现内容、新构语境、谋篇布局和遣词造句四个步骤，并通过实证研究证实开展意义协商活动，有助于学生深入理解语篇的意义和内涵，提升意义构建能力和外语水平。

6.5.2　语类与外语教学

语类（genre）是功能语言学一个非常重要的概念，以语类为基础的语言教育一直是外语教学领域关注的重点话题之一。由于一些国内研究者将其翻译为体裁，因此为了便于谈论，下文将交替使用"语类"和"体裁"两种译法。21 世纪以来，悉尼学派经过一系列的行动研究，在发展了语境理论（包括语类与语域理论）以及语篇语义理论的基础上（Martin，1992a，1999b；Martin & Rose，2008），完善了其基于语类的读写教学法（Martin，1999a；Rose & Martin，2012）。悉尼学派教学研究不仅分析了各学科课程的知识结构，还全面总结和归纳了各阶段学校教育中学生所需要掌握的语类，以及相应的语言资源，在此基础上对课堂话语和教材话语进行了深入细致的研究，并设计出一系列具体教学流程与教学策略。悉尼学派语类教学法发展到 21 世纪设计全面细致，形成了一套成熟的读写教学法，在全世界范围内得到广泛的应用，具有借鉴作用。

语类教学法得到了更多的关注，一些学者将其应用于指导外语教学实践。梁文花（2010）将体裁教学法应用于英语阅读教学中，通过开展具体的"语境创立—示范分析—联系相关语篇—评估与测试"流程教学，培养学生的体裁认知能力和自主学习能力。杨信彰（2015）通过对语类理论及其在语言教学应用的文献进行分析，提出语类意识是英语专业学生外语能力的重要组成部分。毛佳玳、蔡慧萍（2016）以 Hasan 的语类结构潜势为基础，构建了基于语类的口语教学模式。该模式通过"培训或结果法"和"教育或过程法"两个层次实施教学，引导学生学习"语类知识"和掌握"语类分析模式"，从而使学生能够流利地表达相关语篇主题。大量研究实证表明，语类教学法对中国外语听说读写各模块教学具有指导意义，能够提升学生的外语能力。

语类教学法还被广泛地运用到学术英语教学中。马玉蕾（2010）将Martin 基于语类理论的教学模式应用到研究生大学英语学术写作教学中，探讨了师生互动中语域变量的作用，指出基于语类的教学法对中国的大学英语教学具有指导作用。张先刚（2012）探讨了语类读写教学法对学术论文摘要写作的启示，在基于对学术论文摘要进行语类分析、概括出摘要的发展阶段的基础上，提出该理论对学术论文摘要写作的启示，进一步验证了这一方法在理论上的可行性。李小坤（2014）探讨了语类教学法在 EAP 教学中的运用，通过解构到建构的过程，引导学生理解和掌握 EAP 语言资源，从而能够进行学术交流，实现构建社会现实的目的。黄洁等（2016）以"文献综述"写作教学为例，提出了基于语类理论的"解构—建模—再认—模仿—评议—独立写作"六步英语学术写作教学路径并进行了实证研究。研究结果证明基于语类的教学能够增强学生的语类意识和语类知识，提高学生的语类结构、语言规范性的认知和运用能力，是一种有效的学术英语写作教学方法。

近年来，一些学者还将语类教学法与其他理论相结合，进行中国外语教学理论和实践上的创新探索。周祥（2017）将悉尼学派语类教学法中的"以读促学"与王初明"以写促学"相结合，提出一种将交互与支架构建融入课堂的读写结合教学新模式，并探讨了其对大学英语写作教学的启示。张宜敏（2017）将悉尼学派语类教学法与教育社会学合理化语码理论、语义波和累积式知识建构等概念相结合，建立了一种"以外语教学环境为背景、以发展学生意义潜势为目的、以构建语义波为手段、以实现再语境化为依托"的累积式英语阅读教学模式，并通过实证研究证明了该模式通过语篇的语境化构建，能够促进学生的语言知识积累式构建。韩宝成、魏兴（2022）从整体外语教学视阈探讨了大学英语论说语类教学。他们首先在对论说语类的概念和目的、语篇构成及其论证构建进行分析的基础上说明论说语类教学内容，进而根据整体外语教学流程提出"英语论说语篇的意义理解、意义协商和意义表达活动"的教学实施建议，认为多层次、多方位的论说语类运用活动能够促使学生掌握论说类语类知识，提高论证和思辨能力。

6.5.3　多模态与多元读写能力培养

随着文化多元化趋势和科技的发展，学校教育读写能力培养目标逐步扩张为多元读写能力（multiliteracy），多模态学习受到了广泛的关注。20 世纪，多模态话语分析（multimodal discourse analysis）兴起，关注运用听觉、视觉、触觉等多种形式，通过语言的和非语言的（图像、声音、动作）符号资源进行交际的现象。多模态话语分析主要以功能语言学为理论基础。功能语言学为多模态话语分析提供了文化、情景、话语意义、语法、形式和媒体等多层次的分析框架。这个框架为现代媒体技术条件下的外语教学实践提供有效教学过程和实践指导。基于此，可以从以下三方面对模态进行选择：第一为外语教学提供教学情景和便利条件；第二为外语教学提供辅助条件；第三为多模态话语交际提供多通道话语意义表达方式，提高教学效果。针对以发展多元读写能力为目的的多模态学习需求，新伦敦小组提出了设计理论，包括已有设计（the available design）、设计过程（designing）和再设计（redesigned）三个部分，并提出了具体的教学设计步骤，包括实景实践（situated practice）、明确指导（overt instruction）、评判框定（critical framing）、转化实践（transformed practice）。在设计学习过程中，制约意义选择的语境因素主要包括文化语境和情景语境，学习方式为学习者从已有资源选择合适的模态实施设计，实现意义表达形式为意义和模态，学习过程为一个循环圈，学习转换的对象为意义，而学习的目标或结果为多元能力（张德禄、张时倩，2014）。

21 世纪初，一些学者对多模态话语理论和多元读写能力研究理论进行了引介（张德禄，2009b；朱永生，2007，2008）。之后，多模态研究迅速成为教学研究热点，涉及内容非常广泛，包括阅读、写作、听力、口语、词汇、翻译等多种类型课堂教学，儿童绘本、PPT 教学内容、英文朗诵、口述影片等语篇类型。此外，多模态语料库作为一种新兴的计算机辅助教学工具也受到了研究者的关注。多模态理论构建方面，张德禄等人构建了多模态外语教学的设计与模态调用模式、多模态学习能力培养模式、外语教学多模态选择框架、多模态互动分析框架，并对这些理论的教学指导意义进行了深入的探讨（张德禄，2010，2012；张德禄、丁肇芬，2013；张德禄、王正，2016）。

以"多元读写能力"教学理论为基础，利用多媒体技术和多模态资源进行教学改革、培养学生的多元读写能力的研究也逐渐增多。王梅（2012）基于多模态，采用与以讲解和练习为主的传统教学方式不同的多元化、生动化及立体化的教学方式，对英语专业综合英语教学进行改革，以培养学生的多元文化读写能力。宋庆伟（2013）以多模态话语理论为框架，在大学英语教学中对多元读写能力教学法与传统教学法进行对比，证实多元读写能力教学法教学效果更好，建议加强中国特色的大学英语多元读写能力培养研究和实践。张征（2013）以"设计"理论为基础，构建了"以学习为中心"的多模态课堂语言教学模式，该模式强调教学设计和学习设计的同等重要性，对培养学生多元读写能力的教学实践具有指导意义。张德禄、刘睿（2014）基于"设计学习"和"设计模态"理论，构建了英语课堂的多元读写能力培养框架，并通过在教学中指导学生通过小组合作，根据"体验已知和新知识—概念化和理论化—功能性分析和批评性分析—合适性应用和创造性应用"进行口头报告设计和展示，然后分析学生设计多模态语篇和多元读写能力的学习过程，证实了该培养框架的应用价值，并提出了相关的外语教学改革建议。冯德正（2017）以多元读写理论为指导对英语语言学课堂教学进行改革设计，并以功能语言学及物性分析教学为例详细介绍了课堂教学的各个步骤，为多元读写教学法的应用提供详细的理据和操作方法。雷茜（2018）基于设计学习理论，发展了一个设计学习过程分析框架，并基于此研究了英语专业高级写作提案专题课学生的设计学习过程。学生在特定语境中在教师的指导下通过多种学习方式和学习媒体开展设计学习，实现意义转换，增加了写作的创新空间，发展了多元读写能力，尤其是批评读写能力、媒体与模态应用能力、媒体和模态批评能力。吴玲娟、张德禄（2019）将网络教学工具雨课堂融入设计学习理念，构建了基于雨课堂的通用英语设计学习模式，并通过教学实践证明该模式在培养学生多元读写能力方面具有一定的优势。邱晴（2020）基于多元读写教育模式构建了多元国际化人才培养模式，通过深化教学改革、师生意义共建、明确指导以及多元化评价，强化价值引领；提升学生国际视野和批判性思维能力，提供了国际化人才培养的新路径。

6.5.4　教育语言学

教育语言学作为一个新兴学科，近年来也成为国内语言学研究的一个热点。教育语言学关注教育与语言的双向互动关系。教育最主要的手段是语言，知识通过语言构建和传递，学习可以看作一种语言行为。Halliday（1994b，2007）把教育视为学会如何通过语言表达意义的过程，提出把基于语言的学习理论和基于语言发展的教学理论作为理论基础（赖良涛，2018）。语言不仅能够反映经验，同时也能够构建经验。语言作为一种意义潜势，其不同的特征体现了不同的学科知识。语言发展过程也是构建知识的过程，因此对语言发展过程的研究可以帮助我们了解知识学习的本质。Halliday 指出教育语言学的内容涉及语法、语言规划、建构主义的学习方式、外语教学、特殊用途英语等方面的主题（胡壮麟，2013a）。Hasan（2005，2009）基于对有关学习理论中语码和直觉以及语义变异研究，指出除了要关注课堂语言教学，教育语言学还应关注家庭、社区、学校等社会文化环境造成的语义变异。Rose & Martin（2012）继承和发展了 Halliday 功能语言学视角下的教育语言学思想，认为教育过程就是一个话语过程。对学术话语和教育话语进行了比较全面系统的研究，基于此发展了基于语类的读写教学法，并广泛应用于小学、中学、大学各阶段学校教育之中，极大地推动了教育语言学的理论和实践研究发展。

21 世纪初，国内一些学者对教育语言学研究进行引介，并提出将教育语言学看作独立学科来指称语言教学、二语习得等话题更为合理（范琳、张德禄，2004；俞理明、袁平华，2004）。近年来，教育语言学研究在国内逐渐受到关注。国内教育语言学研究仍处于初期阶段，讨论大多集中在学科定位、学派界定、研究范式等方面。赖良涛（2015）对西方教育语言学研究进行评述，按地区将教育语言学分为美国、欧洲、澳大利亚三大派别，对各派别的标志性学者、研究历程、基本学术观点以及所取得的成果和存在的问题进行评述。沈骑（2016）在对教育语言学学科身份、学科属性和研究范式进行探究的基础上说明其学科创新价值，并进一步指出教育语言学对中国外语教育研究在确立学科主体地位、实施学科整合战略以及倡导超学科研究范式三个方面具有重要指导意义。俞理明（2018）根据理论现实背景介绍了教育语言学缘起的四大动因：（1）Dell Hymes 的交际能力思想；（2）Halliday 基于其功能语言学理论的教育语言学思想；（3）Spolsky 等学者对于应用语言学学科现状的不满；（4）20 世纪初兴起的教育研究语言学转向。赖良涛（2018）进一步根据学科领域基础总结了教育语言学的四大研究范式：（1）基于语言教学的范式；（2）基于普通语言学的范式；（3）基于社会语言学的范式；（4）基于解释学的范式，并提出了教育语言学对我国语言教育的启示。于晖（2018）则专门对系统功能语言学视阈下的教育语言学范式进行了阐释，通过对系统功能语言学的理论分析指出系统功能语言学为教育语言学的主题性研究提供了实用型研究视角，并结合系统功能语言学近年来的理论研究发展情况，详细探讨了教育语言学的主要研究内容：（1）探究纲要的和动态的视角；（2）深化和延伸语法学；（3）调查语义变异；（4）继续探寻更高的层次；（5）研究基于语言的教学／学习理论；（6）多模态研究；（7）知识结构的研究。夏宁满（2022）借鉴 Kuhn 的"范式"理论，从实证主义、后实证主义、批判理论、建构主义四个方面对教育语言学研究范式进行解构，进而对其未来的重构进行探讨，认为从单一研究范式向多元研究范式过渡将成为未来教育语言学研究发展的主要趋势；并提出只有将多元化研究与我国语言文化背景相结合，才能促进我国特色教育语言学研究发展。

功能语言学视阈下的教育语言学实践研究主要涉及基于功能语言学教学思想和理论的教学实践研究，如基于语类的读写教学法的教学语言教学、基于语言的学习理论的特殊用途英语 / 学科英语（ESP）或学术英语（EAP）、基于多模态话语分析理论和多元读写能力理论的外语教学，以及以话语分析理论为基础的不同学科教育语篇知识结构和不同媒介语篇知识结构分析。

6.6 功能语言学与中国医疗保健研究

韩礼德创建的系统功能语言学和中国有着密切联系，它在中国的传播和发展有着 40 余年的历史。国内学者对系统功能语言学思想有着众多的引介和阐释、应用和发展，并在此基础上，不断对该理论展开本土化研究和创新。近年来，系统功能语言学在国内各种研究不断拓展，这既包括理论的传承和创新，又涵盖理论在多方面的具体应用（王文峰、张敬源，2019）。而作为一种以问题为导向的适用语言学，它旨在解决语言在运用中所面临的各种现实问题，这其中就涉及功能语言学在医疗保健服务领域的应用研究以及在语言障碍领域的指导研究。

6.6.1 系统功能学与医疗保健服务研究

作为机构话语的重要构成部分，医疗保健服务研究或临床医生和患者之间的话语研究一直受到国内学者的关注。有效的护理沟通，无论是在临床医生之间，还是在临床医生和病人之间，都是提供安全和优质医疗服务的关键（Slade，2015a，2015b）。就系统功能语言学而言，国内研究者主要从概念元功能、人际元功能、语篇元功能以及语境等视角对医患机构话语特征展开探讨。

牛利（2014）从宏观整体层面和微观局部层面对医患门诊话语结构特征展开全面研究，尝试探究医患动态交际过程及其实践细节，从而更好地认知医患互动语境中的特征、规律和本质，并提出采取相应的策略以改善医疗护理质量，缓和医患关系。罗茜（2015）从陈述句、疑问句、祈使句等语气系统对医患话语中人际功能展开讨论。梁海英（2019）基于系统功能语言学的个体化理论框架，探讨了医患会话中医生诊疗话语个体化意义的资源分配构建，主要集中体现在医生语气资源、评价资源、情态资源等人际意义的个体化特征。旷战、李淑晶（2019）基于系统功能语言学的语类理论，探讨了精神科医患话语宏观语类结构及其功能变体。研究结果表明该类话语的图示结构表征为"检查开始""病史采集与专业检查""诊断陈述与治疗建议""检查结束"等四个形式标识。这一潜势在词汇语法的实例化过程中，呈现出"一致式"和"隐喻式"相互混合的语篇模式，从而有助于医生更好地提升临床诊断和治疗的效果。

与此同时，有部分学者从系统功能语言学的视角关注医患话语中的权势和身份问题。王晋军（2002）通过对医生和患者会话中所用问句不同比例、类型以及语用内涵的分析探讨，揭示了医患之间存在不平衡的权势现象。旷战（2017，2018）融合系统功能语言学和合法化语码理论，基于知识和知者语码两个参数，提出在医患机构会话中心理医生拓扑建构了精英型、知识型、知者型、相对型四类身份，这些不同类型身份在具体场域下由内行、检查者、关心者、同伴等一系列话语身份集合体现，这些不同身份为相应的社会场域提供匹配的语义框架和合法化语码资源，从而有助于构建医患和谐环境，提高医生诊疗效果。

总之，系统功能语言学基于意义的语法为医疗保健研究提供了有效的工具，它探索医患话语中词汇语法、语篇语义、语域/语类等层面的意义，总结概括医患话语和语篇特征，为医疗保健提供了一个客观的依据。它对因语境差异而产生的语篇差异的描述也为探讨医患会话过程中意义的建构提供了具体的描述方法。

6.6.2　系统功能学与语言障碍研究

系统功能语言学视语言为一种表意的社会符号资源，它关注语言在真实语境中的具体运用。此外，该理论具有大脑发展和语言发展同步的生理基础（马博森等，2018）。系统功能语言学不仅为语言障碍研究提供了适用的系统理论和方法，还为语言障碍的本质认知提供新的视角（Ferguson et al.，2019）。因此，在语言障碍的诊断和治疗中，不仅需要对孤立的语言特征进行零碎观察，还需要对障碍语言进行基于理论的研究，如例示、层级、元功能、组成 / 横纵轴等（Halliday，2005c）。20 世纪 80 年代，在国外已经形成了临床语言学这一独立的学科，旨在审视语言障碍现象，而国内对语言障碍这一交叉领域的跨学科研究尚不多见，并且主要也是围绕系统功能语言学理论中元功能思想和层级思想展开。

崔刚（1999）、孙肇春（2013）探讨了失语症患者在语音层的语言障碍。赵俊海、杨炳钧（2012）提出系统功能语言学以语境和语言层次性为重要参项，以小句为最基本意义单位，强调语言的真实应用，这对语言障碍现象的临床话语分析有积极的意义。随后，赵俊海（2012）以轻度阿尔茨海默症患者为研究对象，以系统功能语言学为理论框架，以三个元功能为操作路径，从及物性、人际意义、主位结构、衔接与连贯四个维度对患者话语中的语言障碍现象展开研究。结果显示，该类患者语言障碍呈现出语音层、词汇语法层、语篇语义层等语言不同层次上的受损。于浩鹏等（2017）考察了平均年龄为 5 岁的汉语语言障碍儿童关系从句的产出状况。结果表明，句法知识缺损导致儿童对从句中心语边缘特征的不敏感，由此造成宾语从句产出困难的相对近距效应。严世清（2019）研究发现，失语症患者语言损伤主要表现在语言输出方面。马文、谭淑文（2023）研究表明，失语症患者的语言障碍不仅表现为命名困难、语法缺失、言语迟缓，还在话题管理、话轮构建、序列结构、会话修正等四个方面呈现出异常特征。

总之，将系统功能语言学运用于语言障碍领域研究，建立临床话语理论分析框架，有助于整体上对患者语言障碍受损情况作出全面的描写、分类、评估、诊断、治疗，对患者后期的康复也能起到积极的理论指导作用。同时，该领域研究结果还可以反作用于系统功能语言学，有助于修正、完善和发展语言学理论。

整体而言，系统功能语言学在医疗保健和语言障碍领域的应用和研究取得了一定的进展。但是，现有相关研究以引介英语国家相关研究为主，以汉语语言障碍为研究对象的本土化实证研究相对较少，强调语言康复训练在一定程度上忽视了临床语言学的理论构建。既有文献多为个案研究，未对语言障碍患者按照病因、性别、年龄、教育程度等参数加以分类并开展更为细致的研究，缺乏对患者话语的语言障碍特征和医生话语的诊疗干预特征展开一体化的研究。

第7章
功能语言学新发展：概述与评价

基于前文的论述，本章概述系统功能语言学近 20 年的新发展，围绕理论、方法和应用三个维度的新发展展开，并对所得的成绩和存在问题进行评价。

7.1 功能语言学理论新发展

国内的功能语言学者一直致力于系统功能语言学理论的发展和完善，在这方面也取得了卓越的成果。近期的理论新发展包括适用语言学、生态语言学、语法隐喻以及汉语功能语法等，下面逐一讨论。

作为适用语言学的系统功能语言学越来越受到重视。近期研究包括厘清适用语言学的概念和内涵，探讨其形成过程及发展趋势等方面。代表性的研究包括 Mahboob & Knight（2010），收录了国内外知名系统功能语言学家对适用语言学的理解和解读；胡壮麟（2007）、杨雪燕（2010）以及朱永生（2012）等研究充分讨论了适用语言学的内涵，指出适用语言学的目的是建立意义发生系统。然而，当前适用语言学研究主要集中在厘清概念或者内涵解读上。我们认为，作为适用语言学的系统功能语言学不仅需要理论思辨，更需要在实际意义上开展适用语言学研究，从而更好地展现系统功能语言学的适用价值。在这方面，生态话语研究值得称赞。

生态语言学是系统功能语言学近期新发展的代表性方向，也是系统功能语言学适用性的体现。适用语言学着力于通过语言研究解决现实社会中存在的问题，而生态语言学主要聚焦通过语言分析来解决社会现实中存在的生态环境问题，与系统功能语言学的适用语言学发展趋势高度契合。在生态语言学研究方面，近期研究主要聚焦生态话语分析研究方法体系建构以及生态话语分析实践。在研究方法体系建构方面，主要有三个代表性的学术团体（见 4.2.5 节），即以 Arran Stibbe 为代表的英国学者团队，强调生态话语分析不仅需要考虑人与人之间的关系，还需要考虑人与自然这一层面的更大生态系统之间的联系；以 Sune Vork Steffensen、Alwin Fill 等为代表的丹麦生态语言学团队，区分了符号生态学、自然生态学、社会文化生态学和认知生态学等不同研究路径，提出了扩展生态假说（extended ecology hypothesis）等研究思想；以黄国文、何伟等学者为代表的中国生态语言学研究团队，系统论述了生态话语分析的目标、原则与方法。在实证研究方面，生态语言学也取得了丰硕的成果（见 4.2.5 节），发展出了"人类中心"思想，其分析框架应用于考察各类生态话语如物种多样性、气候语篇、生态旅游话语、新闻报道等。总体来看，生态语言学研究呈现出理论纵深发展、研究方法多样、分析框架日渐完善、实证应用研究丰富等特点。

作为系统功能语言学的另一重要理论框架，语法隐喻研究热度不减，取得了非常丰硕的成果，近期出版了多部具有代表性的著作（丛迎旭，2017；董娟，2021a；杨延宁，2020；杨忠，2022）。整体而言，语法隐喻研究呈现话题丰富、研究方法和视角多样等特点。话题上，不仅有对语法隐喻理论概述的讨论（赵德全、李伟，2010）、建构语法隐喻理论模型（林正军、王克非，2012）、考察语法隐喻的级转移向度（何清顺，2013）、系统描写语法隐喻类型（杨炳钧，2019，2021）等，也有将语法隐喻应用于具体语篇分析的研究实践，如沈继荣（2010）考察了新闻语篇中的语法隐喻，陈瑜敏、黄国文（2014）对比考察了英语文学原著与简写本的语法隐喻使用情况，黄国文（2018c）采用语法隐喻视角考察了诗歌话语等。研究方法和视角上，相关研究不仅结合系统功能语言学的相关视角如合法化语码理论，也结合其他学科如认知语言学和语料库语言学等方法，如董敏、徐琳瑶（2017）借助语料库语言学的局部语法概念，探讨了逻辑语法隐喻的局部语法，揭示了逻辑隐喻式的型式复杂性，显化隐喻式的"语义差异"。

　　在理论新发展方面，近期的汉语功能语法研究是系统功能语言学理论本土化研究方面的重要成果。我们在 6.4 节已经专门讨论过汉语功能语法研究。我国功能语言学研究的主要研究团队都开展了大量的汉语功能语法研究。例如，彭宣维（2011）以"过程—维度"模式系统讨论了汉语功能语法理论体系。何伟的团队主要采用系统功能语言学的加的夫模式，代表性的研究成果包括何伟等（2016）所著《汉语功能语义分析》，该书从系统功能语言学视角考察了人类经验活动的汉语表征，系统描写了汉语及物性系统网络；何伟、仲伟（2017）探讨了汉语小句的限定与非限定之分，何伟、张嘉越（2020）讨论了汉语动词重叠式，以及何伟、于昌利（2022）和何伟、闫煜菲（2022）等讨论了汉语的主客融合特质，并与英语的主客分离特质进行了比较。这些研究不仅展现了系统功能语言学在汉语研究中的应用价值，更是极大地发展了汉语功能语法理论，为汉语语言学研究提供了理论和视角的参照。

7.2　功能语言学方法新发展

　　系统功能语言学方法新发展主要体现在两个方面：一是与语料库研究方法的结合；二是从超学科／跨学科视角开展功能语言学研究。

　　在系统功能语言学与语料库研究方法结合方面，尤其值得一提的是基于语料库的评价研究。实际上，基于语料库的评价研究日渐成熟，早期 Martin & White（2015）也强调过语料库在评价研究中的重要性，近期更是产出了不少有影响力的成果，包括建立汉英对应的评价意义语料库（彭宣维等，2015）、型式语法与评价研究的结合（陈春华、马龙凯，2022；董敏、徐琳瑶，2021；苏杭、卫乃兴，2017）等。这些研究充分展现了语料库之于评价研究的重要作用（详见 4.2.2 节）。

不可否认的是，目前基于语料库的评价研究也还存在一些不足。例如，从语料库语言学的型式语法视角开展的评价研究大多聚焦形容词及其型式，鲜有研究考察名词和动词的评价意义潜势。因此，未来研究可以参照结合形容词语法型式考察评价语言的研究思路，考察名词和动词型式在评价语言研究中的价值。这类研究可以丰富评价意义潜势的实现形式，丰富评价语言研究话语，并进一步完善评价系统理论框架。

从超学科/跨学科视角开展系统功能语言学研究，主要体现在生态语言学和量子视角下的系统功能语言学研究方面（详见 4.4.1 节）。胡壮麟（2007）等学者早在 21 世纪之初就已经指出语言学需要跨学科研究，系统功能语言学也不例外。Halliday 也专门讨论过跨学科或超学科与系统功能语言学之间的联系，强调要超越学科界限，完善系统功能语言学理论。胡壮麟（2013）更是指出超学科研究的主题思想与系统功能语言学三大元功能理论高度契合。

根据这些研究思想，我国功能语言学者开展了诸多超学科/跨学科视角的研究。例如，黄国文教授团队近期结合生态语言学和语言学相关思路和理论框架，发展了生态语言学、生态批评话语分析、系统生态语言学以及和谐话语分析等新的分析框架，充分显示了跨学科研究方法在系统功能语言学研究中的重要性和必要性。彭宣维教授团队则将量子思维应用于系统功能语言学研究，尤其是彭宣维（2022）系统论述了量子语言观，并简要讨论了系统功能语言学相关理论或观点中所体现的这种量子思维。

我们也发现，超学科/跨学科视角下的系统功能语言学研究，尤其是生态语言学和生态话语分析，已经取得了长足的发展，并应用在各类具体话语分析上。在发展过程中也充分考虑了中国语境和社会文化等因素，提出了适用于中国语境的一些话语分析原则（如和谐话语分析框架中所提出的以人为本、良知原则、制约原则和亲近原则），但量子语言观视域下的系统功能语言学研究才刚起步，除了理论上的思考之外，具体的应用研究甚为鲜见（彭宣维，2023）。由此，如何将量子语言观应用于系统功能语言学研究实践当是未来研究需要着重思考的问题。

7.3　功能语言学应用新发展

　　理论与应用相辅相成，理论指导应用，应用实践反过来又促进理论的完善和发展。系统功能语言学作为一种适用语言学，强调理论的应用，被广泛应用于各个领域。

　　功能语言学的主要应用领域之一是语篇分析。Halliday（1994a）就曾明确指出，功能语法的目的是指导语篇分析。在研究实践中，系统功能语法被广泛应用于新闻语篇（张德禄、郝兴刚，2020）、法律语篇（刘承宇、汤洪波，2021；汤洪波、刘承宇，2021；王品、王振华，2006；王振华、吴启竞，2017）、学术语篇（杨信彰，2018）、政治语篇、外交语篇（张庆彬、王振华，2019）以及文体学等具体领域。例如，李淑晶、刘承宇（2020）和于晖、王丽萍（2020）等采用及物性系统和评价系统开展了环境语篇和教育语篇的生态话语分析。王振华、方硕瑜（2021）分析了抗疫演讲语篇中的顺应、同化与合作。王振华、张庆彬（2013）讨论了中国大学校训中的评价意义。王振华、李佳音（2021）还开创性地将评价系统应用于分析高危话语，归纳出了高危话语的评价特征，有助于预警极端活动。整体而言，系统功能语言学与语篇分析的结合较为成熟，产出了诸多有价值的成果（参见董保华等，2021；董保华、杨炳钧，2022）。未来研究可以进一步将系统功能语言学相关理论框架应用于新时代产生的新话语形式，拓展功能语篇分析范围，丰富功能语篇分析话题。

　　系统功能语言学应用于语篇分析的另一个方向是文学文本分析，催生了功能文体学。宋成方、刘世生（2015）的综述表明，功能文体学在理论方面探讨了功能语言学相关理论框架在文体学分析中的适用性，在应用方面主要将功能语言学理论框架应用于分析经典文本。例如，张德禄、穆志刚（2012）探讨了多模态功能文体学的理论框架建构，将文学作品中的文字以外的模态表意资源纳入文体学分析的范围，拓展了文体学研究的范围。王竹青、苗兴伟（2015）以 Hasan 提出的语言艺术分析为理论基础，分析了《麦田守望者》的文体特征，展示了词汇语法分析有助于揭示文学作品的主题。张德禄（2018b）以功能文体学为理论基础，通过分析英汉两则寓言故事，提出了一个语际功能文体学分析框架，为汉英文学作品的对比研究提供了方法参照。张德禄、郝兴刚（2020）采用功能文体学路径探讨了同题新闻评论的文体特征，并建构了一个同题新闻对比分析框架，对新媒体时代各出版社在同题新闻竞争时有所参考。这些研究丰富了功能语篇分析的话题，推动了功能文体学的发展。

　　功能语言学与语篇分析结合的另一方向是多模态语篇分析。概括而言，多模态不仅关注语言的词汇语法资源的表意潜势，也关注其他模态如图像、声音、色调等非语言模态的意义潜势，是对传统的基于语言资源的意义研究的发展。多模态话语分析在近期取得了良好的发展，丰富了多模态研究方法和话题。例如，在研究方法上，近期研究采用和发展了多种分析方法，如模态意义分析、基于元功能的多模态分析以及物质性模态分析。在话题方面，多模态方法被应用于考察不同语类中呈现的多模态意义（如广告、儿童文学作品、视频游戏等），以及批评话语分析等领域。综观相关研究，多模态研究存在的不足主要包括研究领域不够聚焦、术语使用缺乏一致性、对多模态语法的重要性的看法不一，以及尚未系统梳理和完善分析原则和理论框架等。

　　我国功能语言学者对系统功能语言学在翻译研究中的应用价值也进行了大量有益的探讨。这方面的代表性成果是黄国文教授团队关于《论语》的英译研究的系列成果。黄国文、陈旸（2014）讨论了翻译中的"元功能对等"。黄国文（2015a）从系统功能语言学视角解读了"译意"和"译味"，认为它们与系统功能语言学的经验功能和人际功能具有相似性，并指出，"如果译文与原文在经验功能方面是对等的，那它就是译意的结果；如果译文与原文在人际功能方面是对等的，那它就是译味的结果"（黄国文，2015a：736）。黄国文、陈莹（2014）借助系统功能语言学的"变异"概念探讨了《论语》的英译，指出译文可能会在语域、语篇结构和语言等几个方面出现变异的情况。黄国文（2015b）和黄国文、余娟（2015）进一步从功能语用分析和翻译显化等方面讨论了《论语》的英译。除《论语》的英译外，也有研究将系统功能语言学应用于其他文本的翻译。如谭晓春、黄国文（2019）从系统功能语言学视角讨论了孟浩然《春晓》的英译，展示了系统功能语言学理论在诗歌翻译中的适用性，并指出，翻译质量评估的标准之一在于是否能展现诗歌的特性。司显柱教授也从功能语言学视角开展了《红楼梦》英译的系列研究（如程瑾涛、司显柱，2017；司显柱、程瑾涛，2018）和政治话语的英译研究（如司显柱、卢明玉，2012；司显柱、曾剑平，2021）。这些研究表明，系统功能语言学不仅对翻译理论建构和翻译实践具有指导作用，也对翻译质量评估有所启示。如 Halliday（2001）和黄国文（2015a，2015b，2015c）指出，元功能对等可以用来评估翻译质量，即译文和原文是否在概念和人际等元功能方面对等。除上述研究之外，近期部分中国学者也在国外出版社出版了系列系统功能语言学与翻译研究的论著，如 Wang & Ma（2020，2021，2022）、Kim et al.（2022）等。

　　功能语言学一直强调其在语言教学方面的应用，尝试将语篇分析的思路应用于外语教学，为教学提供了一定的指导意义（Martin et al.，2020）。功能语言学的理论对新的教学大纲、课程设置研究、教学材料和教学软件等研究也产生了很大的影响（张德禄，2020）。功能语言学在外语教学中的应用促进了系统功能语言学视角下的教育话语研究，催生并促进了教育语言学等研究领域的发展。国内学者如于晖（2018）、赖良涛（2018，2019，2021）等集中讨论了系统功能语言学路径下的教育语言学，指出系统功能路径是教学语言学的重要流派之一，其教学法以语境化的意义表达为核心，培养学生从词汇语法、语篇语义到语境等各个层次的表意能力。概括而言，系统功能语言学视角下的外语教学强调教学实践不仅需要关注语言形式，也需要关注语言形式在具体语境中的意义和交际功能。

概括而言，系统功能语言学进入 21 世纪以后在理论、方法和应用研究等方面发展迅速，取得了丰硕的成果。理论方面，适用语言学、生态语言学以及汉语功能语法研究等都是突出的理论新发展。方法上，系统功能语言学研究更加强调语料库方法和超学科／跨学科视角在研究实践中的重要性。应用方面，系统功能语言学在语篇分析、翻译研究、文体学研究以及外语教学等具体应用研究领域的发展越来越完善，丰富了系统功能语言学研究话题，拓展了系统功能语言学的应用范围，展现了系统功能语言学作为适用语言学在语言和话语研究中的适用性。

7.4　功能语言学新发展评价

进入 21 世纪，系统功能语言学取得了重要的发展，在理论上不断完善现有理论表述，如现已更新至第 4 版的《功能语法导论》（Halliday & Matthiessen，2014）和《剑桥系统功能语言学手册》（Thompson et al.，2019）等，并推出新的分析框架，如评价系统（Martin & White，2005）、积极话语分析（Martin，2004）、合法化语码理论（Maton，2010，2016；Martin et al.，2020）、适用语言学（Halliday，2006；Mahboob & Knight，2010）、适用话语分析（Matthiessen，2014）以及和谐话语分析（Huang & Zhao，2021）等。在方法和应用范围上不断丰富和拓展，采用语料库（Hunston，2013；O'Donnell，2014）和跨／超学科视野开展系统功能语言学研究（彭宣维，2022）等。下文主要评述国内系统功能语言学近十年来的新发展。

自系统功能语言学理论被引入我国以后，国内学者除了将其运用于语篇分析、语言教学、翻译研究等领域，也致力于系统功能语言学理论的发展和完善，近二十年来在适用语言学、生态话语分析、语法隐喻及其认知机制研究、汉语功能语法与语言类型学研究等领域都取得了重要的进展。

国内学者不仅关注对适用语言学概念内涵的阐述和挖掘（如胡壮麟，2007；黄国文，2006，2010；杨雪燕，2010；朱永生，2012），同时也尝试在适用语言学视域下开展生态话语分析（如何伟、张瑞杰，2017；何伟、魏榕，2018a；黄国文，2018b；黄国文、赵蕊华，2017；辛志英、黄国文，2017）、司法语言研究（如刘承宇、汤洪波，2020，2021；卢楠、袁传有，2022；王振华，2004，2006，2012；王振华、刘承博，2014；袁传有，2008）、教育语言学（如赖良涛，2018，2020，于晖，2018；朱永生，2011）。Halliday（2008）将系统功能语言学定义为用于解决与语言有关的各种问题的适用语言学。但客观地说，目前国内围绕适用语言学的概念内涵、研究方法、应用范围等仍有待进一步挖掘和开拓。

在语法隐喻研究方面，近二十年来国内学者除了沿着元功能模式（Halliday，1985，1995）和语义模式（Halliday & Matthiessen，1999，2004）继续分析和阐述各种类型的语法隐喻（如杨忠，2022；张德禄、董娟，2014；朱永生，2006）及其在语言教学中的应用（如李杰，2016），也有学者探讨语法隐喻的认知机制（如常晨光，2004；丛迎旭、王红阳，2017；林正军、张慧，2022）及其对语用和语义的发生理据（如林正军、杨忠，2016；林正军、张姝祎，2018），同时也有部分学者开始探讨汉语中的语法隐喻（如 Yang，2008，2011）。但总的来说，与国内外有关英语中语法隐喻的研究相比，对汉语中的语法隐喻的类型、体现形式及其发生与演变机制的研究仍处于起步阶段，有待深入挖掘和拓展。

在汉语功能语法及语言类型学研究方面，近二十年来国内学者做了积极的尝试，也取得了不少引人瞩目的成果（如 Wang，2021，2022；Wang & Xu，2013a，2013b；Wang & Zhou，2014；彭宣维，2011；王勇、徐杰，2010，2018；王勇、周迎芳，2014）。但总体来看，对汉语语法还缺少全面、系统、深入的分析，尚未形成基于汉语语法体系的系统功能语言学理论，对汉语语法现象的研究仍局限于部分语法结构，从系统功能语言学视角开展的语言类型学研究还较少涉及汉语之外的我国众多少数民族语言及各种地域方言，所覆盖的语言结构和语言现象也相当有限，与目前世界上研究较为成熟的其他国家语言的比较研究也有待开拓深化。

如上所述，系统功能语言学近二十年来在研究方法方面的新发展，主要体现在语料库研究方法和超学科／跨学科研究视角两个方面，出现了不少运用通用或自建的语料库对汉语、英语以及汉语或英语作为二语学习的研究成果，在基于系统功能语言学的超学科／跨学科研究方面也有了起步。但总体说来这方面的研究方兴未艾，未来亟须从构建中国学术话语体系、推进新文科建设的高度大力推进这方面的研究。

第 8 章
功能语言学发展趋势：预测与研判

8.1　引言

进入新时代，我国社会发展已处于一种新的历史方位；系统功能语言学研究也进入后韩礼德时代，亟须探索学术创新的新路径。鉴于此，本章将从适用语言学、生态语言学、语言类型学、跨学科 / 超学科研究、系统功能音系学、系统功能字系学、自然语言处理等研究领域对功能语言学的发展趋势进行预测与研判。

8.2　适用语言学

"适用语言学"这一术语的提出是经过深思熟虑的。依据上文综述，我们认为适用语言学相关研究大致可以分为三个阶段：一是确定名称阶段；二是内涵阐释阶段；三是具体分析阶段。在系统功能语言学作为适用语言学的发展过程中，多语言研究、多学科研究和多意义系统研究是三个逐渐明显的趋势，并大致沿着"与语言的相关程度"由高到低逐渐扩展延伸，同时沿着研究内容的精密度向纵深细微处拓展。作为适用语言学，系统功能语言学内部出现了各种具有适用性的意义研究体系，如批评话语分析、积极话语分析、多模态语篇分析等。同时，随着多种学科的不断发展，系统功能语言学的外延不断扩大，逐渐衍生出与其他学科交叉而成的跨学科研究，如生态语言学、认知功能语言学、基于语料库的语篇分析。但正如前文综述表明，目前相关研究大多集中在概念解读或者理论思考，而具体分析研究甚为鲜见，因此相应的应用研究值得期待。也就是说，适用语言学即将进入第三阶段。作为适用语言学的系统功能语言学将更多地应用于传统的语篇分析、翻译研究、语言教学、学术写作、多模态分析等方面，以及多语言研究；也同时应用于多学科研究，如语言类型学、机构语言学、认知语言学、伦理语言学、临床语言学等；此外还有多意义系统等。同时，更为值得期待的是语义发生体系的建立、自然语言处理、计算语言学、语料库语言学以及人工智能等方面的相关"接面"（interface）研究。

8.3　生态语言学

生态问题是系统功能语言学所面临的新的描写任务，生态话语分析一方面使系统功能语法的描写潜势得以扩展（辛志英、黄国文，2013），另一方面系统功能语法对语言描写的精密度也得到细化和加深。纵观生态语言学近年的发展，可见如下特征：

（1）生态话语分析的生态哲学观的研究引起重视，也取得一些进展，但是仍然存在很多问题。首先，生态语言学的研究处处渗透着生态中心主义思想。虽然分析者主张人与非人是平等的，但是在分析过程中对人类本质特征（人的利益、主体性和特殊性）的合法性予以否定，这实际上是由人与自然之间一种形式的不平等变成了另一种形式的不平等，同时使人类的角色产生混乱，处境变得尴尬。其次，生态话语分析研究过于强调生态哲学观的主观性，对其客观性置之不理，这使其缺乏对生态哲学的基本问题的讨论和对生态中心主义、人类中心主义等哲学流派的深入认识。因此，很多研究存在着表面"生态中心"、实为"人类中心"的逻辑矛盾。生态话语分析需要加强对生态哲学基本问题的审视，以求建立逻辑严谨、能够真正作用于生态现实的伦理标准。

（2）生态话语分析早期的研究主要是通过否定人类利益的正当性、人类的主体性和独特性来批评（英语）语言系统中的人类中心主义。由于语言系统难以改造，至少是无法在短期内改造（Halliday, 2001a），生态话语分析此后主要针对环境语篇展开。生态语言学研究者在系统功能语言学理论的基础上对语言的概念、人际和语篇系统进行了生态化的延展和实践（何伟等，2021；李淑晶、刘承宇，2020）。其中，何伟研究团队依据"多元和谐，交互共生"的生态哲学观建立了较为全面的生态话语分析框架，包括概念系统下的及物分析模式，人际系统下的评价、情态和语气分析模式，以及语篇系统下的主位和衔接分析模式（何伟等，2021）。每种语篇类型的分析，均意味着理论分析模式的调整（魏榕、何伟，2019）。例如，由于特定的社会功能，新闻语篇具有不同于其他体裁的语言特征（van Dijk, 1988；孙发友，2009），有必要建构一个适用于新闻语篇的国际生态话语分析框架。如何借鉴系统功能语言学的三大元功能理论，建立基于不同语篇的本质特征生态话语分析框架是未来研究的重要方向之一。

8.4　语言类型学

当代语言类型学兴起至今有半个世纪之久，国内语言类型学研究大致起始于 20 世纪 80 年代，语言类型学得到了持续不断的发展。SFT 作为 SFL 新兴的应用领域，尽管使现有的 SFL 理论基础得到了有效完善，但 SFT 研究才刚刚起步，其中仍然存在一些薄弱环节，包括研究对象较为零散，缺乏系统性的整合，研究方法较为单一，实证研究较少，与其他学科结合不多。因此，SFT 理论在未来的研究中将在以下几个方面具有较大的发展潜力。

一是汉语、方言及少数民族语言研究。我国是统一的多民族国家，多元文化共生，语言资源丰富。对中国境内语言的研究是语言类型学研究的重要组成部分。然而，以 SFT 为基础对汉语、方言及少数民族语言的研究较少。另外，国内大部分研究主要还是借用国外的理论和方法进行的验证性或补充性研究。因此，无论是对于语言类型学理论的发展，还是中国文化的推广来说，对汉语、方言及少数民族语言的系统功能语言类型学研究将是未来类型学研究的重点。

二是跨学科研究。许多社会问题和科学研究计划无法由一个学科解决，跨学科研究成为当前科学研究的基本趋势。SFT 同样也应引入多维视角，通过学科间的合作应对语言类型学中的复杂问题。例如，与认知语言学相结合，阐释人们理解和运用语言的心理和认知过程；与人类语言学和历史语言学相结合，说明语言的类型分布特征的历史学和人类学等因素；与语料库语言学相结合，利用现代语料库的定量基础来描写语言类型差异背后的规则；与演化语言学相结合，推断语言间的亲缘关系。

三是历时研究。以往 SFT 研究聚焦自然语言的共时研究，而语言类型历时研究却寥寥无几。语言的直系传承关系一般分为上古（old archaic）、中古（middle）和现代（modern）三个历史阶段（吴建明，2020），从纵向发展的角度研究某种语言从一个时代到另一个时代的发展变化，能够从语言演变和语言接触视角为语言类型研究提供证据支持。因此，以 SFT 为基础的语言类型历时研究将成为语言类型学研究的重要领域之一。

四是系统的整合性研究。对于语言的描写是一个庞大而系统的工程。以往的 SFT 研究更多地集中在对语言的某个或者某几个部分的描写，而对于某一特定语言的共性和差异的总结，需要将这些对语言的某部分的描写进行系统整合，从而归纳出语言的类型学特征。另外，对特定语言的 SFT 描写之后，还要进一步进行语言间的规模性的比较和对比，从而总结出语言的共性和差异。因此，系统的整合性研究也将是 SFT 研究中的重要发展趋势。

五是运用现代技术手段开展跨语言对比研究。通过现代技术手段对大规模的语料进行跨语言对比研究，不仅可以提高语言类型研究的可靠性和科学性，还能够实现同时对大规模不同语言描写的对比分析，确保了语言类型研究的高效性和准确性。因此，现代技术手段的应用为语言类型学的迅猛发展提供了广阔的发展前景。

8.5　跨学科 / 超学科研究

我们在 4.4.1 小节已对跨学科 / 超学科研究做过讨论，指出跨学科强调学科之间的合作，而超学科意味着我们必须要跳出特定学科的框架，以超学科视野审视学科的发展，创新理论和研究方法。我们在本节讨论系统功能语言学在跨学科与超学科方面的发展趋势，具体包括：从跨学科视角探讨系统功能语言学与其他语言学分支学科的融合；从超学科视角探讨系统功能语言学与其他学科的交叉研究。

语言学内部跨学科之间的融合是语言学研究的一大特征，如语料库与语用学的结合产生了语料库语用学，认知语言学与语用学的结合产生了认知语用学等。在系统功能语言学领域，这种融合主要体现在系统功能语言学与认知语言学和系统功能语言学与语料库语言学的结合。

系统功能语言学与认知语言学同属功能语言学研究范式，二者渊源颇深。Halliday & Matthiessen（1999）结合认知经验探讨过意义识解。林正军、唐玮（2022）也考察了认知语言学和功能语言学的经验意义观。他们认为，"认知视角的经验意义观侧重从经验到意义的概念化过程；功能视角的经验意义观侧重从意义到经验的概念表达功能。可见，二者都只解读了经验与意义的部分因缘，是不完整的经验意义观"（林正军、唐玮，2022：1）。他们在对二者区别与关联讨论的基础上，结合认知意义观和功能意义观，构建了认知与功能经验意义观的关联框架，并指出该框架可更好地解释话语意义的建构机制。

语法隐喻是系统功能语言学与认知语言学融合的重要研究领域。丛迎旭、王红阳（2013：38）认为语法隐喻之所以重要，原因之一就是"语法隐喻是系统功能语言学中认知研究的主要内容"。概括而言，语法隐喻考察同一意义或经验结构的不同语言表达式之间的联系。目前多位学者从认知语言学的角度考察过语法隐喻的本质或属性。例如，刘承宇（2008）从认知和功能文体学的角度讨论过英语元语篇中的语法隐喻及其文体价值。丛迎旭（2011）则从意象图式和转喻等认知语言学的理论视角讨论过系统功能语言学的名词化和动词化等语法隐喻现象，证实了语法隐喻的一致式和隐喻式的双向转换模式。丛迎旭、王红阳（2017）的考察表明，语法隐喻的一致式表达具有原型性和象似性的认知特征，而林正军、董晓明（2017）则指出，语法隐喻的不同表达式之间存在转喻关系。林正军、张慧（2022）考察了概念语法隐喻的体认基础，认为体认经验是语法隐喻产生和判定的重要理据，"当语言表达式所表达的概念意义蕴含更多的体验成分、更少的认知加工成分时，该表达式即为一致式；相反，则为隐喻式"（林正军、张慧，2022：51）。此外，林正军、杨忠（2016）还考察了语法隐喻的语用理据。这些研究展现了语法隐喻所体现的认知和功能语言观，以及认知语言学相关理论在语法隐喻分析时的作用。

跨学科研究的另外一个趋势应当是系统功能语言学与语料库语言学将更加紧密地结合在语言和话语研究中。这包括利用语料库语言学研究方法推进及物性的（半）自动化分析（Su, 2020; Tang, 2021）、评价意义及其实现形式的自动识别和提取（也见 4.4.2），以及采用语料库研究方法考察语法隐喻能力的历时发展。在语法隐喻研究方面，丛迎旭（2014：80）就曾指出，"基于语言事实对具体语法隐喻现象的深入研究对检验与完善系统功能语言学理论和方法具有重要意义，也是今后系统功能语言学学者努力的方向。"

超学科研究方面，系统功能语言学家也需要更多地尝试超出学科范围，推进系统功能语言学理论的发展和完善。我们在 4.4.1 已经讨论过彭宣维教授团队近期从量子力学这个视角开展的相关研究，他们详细讨论了系统功能语言学理论框架中的量子思维，对系统功能语言学的发展和应用研究提供了诸多启示。除量子思维之外，谢翠平、刘承宇（2015）借助复杂自适应系统思想对系统功能语言学的核心思想和理论做了解读和讨论。简单而言，复杂自适应系统作为复杂性科学的重要概念，是对物理、经济、社会学等学科共同特点的归纳和概括，为科学研究提供了新的思路。谢翠平、刘承宇（2015：48）指出，"将语言视为复杂自适应系统的研究范式给我们提供了更多的灵感和启示，使人们对语言的复杂系统演化规律有了新的质的突破，为语言学领域的超学科研究提供了一个全新的视角。"他们讨论了系统功能语言学的系统观、元功能语言观、语境观、社会建构观以及语义发生等核心理论观点中蕴含的复杂自适应系统思想，表明系统功能语言学和复杂自适应系统思想有着相同的语言哲学基础。他们指出，复杂自适应系统思想有助于推进系统功能语言学研究的复杂性科学转向，从而更好地解构语言的语义发生系统。

综上所述，我们在上文讨论了系统功能语言学与语言学内部其他学科交叉融合研究的经典案例（如系统功能语言学与认知语言学、语料库语言学的融合），也简要讨论了超学科视野下的系统功能语言学研究的近期发展（如量子语言观）。这些研究充分说明和展现了跨学科和超学科视野对推进系统功能语言学理论的完善和增强其适用性的重要作用。与此同时，我们也发现，目前超学科视野下的系统功能语言学研究依然处于思想萌芽阶段，学者们论证了超学科研究转向的重要性，但真正意义上的超学科研究甚为鲜见，甚至几乎没有。因此，我们认为在实践上开展超学科视野下的系统功能语言学研究显得尤其重要。我们期待有更多系统功能语言学家从跨学科和超学科视角开展系统功能语言学研究。

8.6　系统功能音系学

Halliday 在语法研究和意义研究方面的成就引人瞩目，但是其对于音系学的贡献却少有人提及（赵永刚，2015）。Halliday 本人一直都强调音系学的重要性，他强调"如果我们想对英语语法有一个全面的看法，我们必须首先对音系学（phonology）进行考察"（Halliday & Matthiessen，2014：11）。早在 20 世纪 60 年代，即构建功能语法理论之初，他就产出了许多音系学的著作，如《英语的音调》（*The Tones* of English，1963b）[1]、《英国英语的语调和语法》（Intonation in English Grammar，1963a）、《英国英语的语调和语法》（Intonation and Grammar in British English，1967）、《英语口语教程》（A Course in Spoken English，1970）等。2008 年，他与威廉·格里夫斯（William Greaves）合著《英语语法中的语调》（Intonation in the Grammar of English，2008），更加系统、详尽地介绍英语语调系统。在这些著述中，Halliday 在系统功能语法的框架下对英语的韵律特征进行描写，突出语音的组合和聚合关系，由此构建了系统音系学，并关注韵律的意义和语境，由此构建了音系学的功能维度。系统功能音系学主要目标是充分地、恰当地、简雅地对音系学进行描写和解释，并使该理论具有跨语言的普遍意义（Tench，1996）。

8.6.1　系统功能音系学的起源

学界普遍认为系统功能音系学的思想主要来源于伦敦学派的 Firth。但 Halliday 本人在《英语语法中的语调》一书中指出，在跟随 Firth 学习之前，他曾在中国导师王力和罗常培的指导下，接受了中国传统音系学的训练（Halliday & Greaves，2008）。Halliday 在中国留学期间，于 1949—1951 年跟随王力进行方言研究，调查粤语的不同种类，学习撰写方言调查提纲，并对不同音调进行分析（胡壮麟，2018a）。此外，Halliday 本人也在采访中指出，王力是其语言学和音系学知识的第一输入资源，其次才是 Firth。如 1998 年，在与 Manuel Hernandez 的访谈中，Halliday 指出："我最早是在中国由两位杰出的学者教我语言学的，特别是其中的一位帮我打下了现代语言学和音系学的基础，那是王力。""Firth 是第二个输入资源"（胡壮麟，2018a：29）。他也多次提到王力对其进行方言学和音系学训练

1　胡壮麟将 tone 翻译为"声调"，但是为了与汉字的声调有所区分，我们这里将其翻译为"音调"。

的重要影响：1986 年，在回答 Martin 的提问时，Halliday 提到参与王力的方言调查使他真正走向语言学。他表示非常感谢王力让他研究语音学和音系学，自己对王力的《中国音韵史》最感兴趣（胡壮麟，2018a：30）。在 2011 年另一次访谈中，Halliday 将他对汉语口语特征敏锐的识别能力归功于王力的音系学训练，尤其是音调分析（Martin，2013a：255–256）。除王力外，Halliday 也谈到罗常培先生，罗常培也是他的研究生导师，帮助其打下了历史语言学和汉藏语言学的基础。

由此，我们认为 Halliday 的音系学思想具有极其深厚的中国渊源，例如，系统功能音系学的主要思想之一韵律音系学（prosodic phonology）的思想，即主要研究语言的韵律特征，不是按照最小成分进行分析。以往学者认为这一思想来源于 Firth 的 "韵律分析"（prosodic analysis），而根据 Halliday 的学习经历和访谈，我们认为这一思想首先是来源于王力的中国音韵学传统，其次才是来源于 Firth。我们有两个依据：第一，Halliday 先在中国跟随王力学习语音和音系学，而后回到英国后才跟 Firth 学习；第二，在 1985 年，在回答 Paul Thibault 的提问时，Halliday 谈到根据中国音韵学传统，王力把语言从韵律特征进行解释，而 Firth 的观点与之很接近，两者都不是按最小成分进行分析（胡壮麟，2018a）。可见，中国音韵学传统是韵律音系学思想的最早起源。我们当然承认 Firth 对 Halliday 音系学思想形成的巨大影响，尤其是他在 1948 年 "Sound and Prosodies" 中提出的 "发音中组合（syntagmatic）与聚合（paradigmatic）关系同等重要" 的思想、"从语法描写方法分析音系的单位、特征和范畴" 的策略，以及 "采用多系统（polysystemicity）原则分析不同的语言特征" 的方法等，这些思想和方法为 Halliday 构建系统音系学奠定了基础。而关于 Halliday 音系学思想的中国渊源，目前研究还不多，胡壮麟在《韩礼德学术思想的中国渊源和回归》（2018a）一书中开创性地指出 Halliday 的一些思想来源于中国，但是限于篇幅和专门性，没有深入追究具体哪些音系学思想源于中国，而这将是一项有意义的工作。因为厘清 Halliday 音系学思想的中国渊源，不仅有助于为系统功能音系学的中国化研究和实践提供启示，推动汉语音系学的发展，还有助于揭示中国音韵学对国际音系学研究的重要作用，从而推动汉语音韵学走向世界，为当代音系学研究提供中国理论和中国方法，促进国内外音系学研究的合作与发展。

除了王力和 Firth 的思想，Halliday 在其音系学理论中还继承与发展了布拉格学派，尤其是 Jakobson 的"标记性"（markedness）理论。该理论起初主要是研究语音特征，如清辅音和浊辅音，Halliday 将其应用于音系特征，探究韵律的普遍结构（unmarked）和特殊变体（marked）。Halliday 继承了"不基于分布频次区分标记性和非标记性韵律形式"的观点，摒弃了完全基于语音特征的识别依据，且开创性地提出基于语义的区分原则——"正当理由原则"（Good Reason Principle）：标记性语调具有高强度的语境依赖性，表达特殊意义，它的产生和使用不具有正当理由（good reason），因此需要对其做出详细解释，而非标记性语调并没有上述特征，它的产生顺理成章，因此不需要进行解释（Halliday，1970：76；Halliday & Greaves，2008：107）。

综上，我们认为 Halliday 的音系学思想主要来源于王力的音韵学思想、Firth 的韵律分析思想和 Jakobson 的标记性理论。

8.6.2 系统功能音系学的核心思想

系统功能音系学主要聚焦于韵律音系（prosodic phonology），包括语调（intonation）和节奏（rhythm）。其中语调研究占主流，主要原因在于 Halliday 和 Greaves 认为语调是最具有象似性（iconic）的音系系统，有助于揭示音系和意义之间的自然的、非任意的（non-arbitrary）关系，以修补"语音与意义之间是完全任意的"这一观点（Halliday & Greaves，2008）。Halliday 在系统功能语言学的框架下对英语语调进行描写，将结构（structure）、系统（system）、层级（stratification）、元功能（metafunction）、语境（context）、连续统（continuum）等核心思想贯穿于音系特征的研究。

首先，从组合关系角度讲，系统功能视角下的音系层级结构包含四个级阶（rank）：调群（tone group）—语步（foot）—音节（syllable）—音素（phoneme），不同级阶之间的关系是部分—整体的包含关系（a part of）。语调研究聚焦于最高一级，即调群。音系层次的四个级阶分别对应词汇语法层次的四个级阶，即小句（clause）—短语/词组（phrase/group）—单词（word）—语素（morpheme），但是两者不同构。系统功能的层级是根据语音特征划分的，语音和语法位于语言中不同的层级（strata）；而生成语法学派的韵律音系学按照语音和语法结构划分层级，虽然存在一定分歧，但是主要包含音节、音步、音系词、粘着组、音系短语、语调短语、话语（Nespor & Vogel，1986）。另一个不同之处在于，Halliday 和 Greaves 强调音系层级在不同语言中存在差异，而生成音系学派的主流观点是所有语言都具有相同的韵律层级。目前已经有研究表明不同语言的韵律层级是不相同的（Schiering et al.，2010）。

其次，从聚合关系角度看，音系是系统（systemic）的，具有不同的精密度（delicacy）。英语语调是一个可供说话者选择的音系资源系统；语调系统进一步分为三个子系统，即调核（tonicity）、调群切分（tonality），以及音调（tone），而每个子系统又由不同的选项和入列条件构成。不同系统之间的关系是概括—具体的选择关系（a kind of）。以音调为例，音调属于语调系统的子系统，而其本身又可分为单一语调和复合语调。单一语调包括 5 种基本调型，即 T1 降调、T2 升调、T3 缓升调、T4 降升调、T5 升降调；复合语调包括 T13（降调 + 缓升调）和T53（升降调 + 低升调）两种。由此，音调形成了一个精密的选择系统网络。

此外，语调理论采用了层级（stratification）的思想。语调位于语言层中的表达层—音系层，上接词汇语法层（lexico-grammar），下接语音层（phonetics）。系统功能音系学家自下而上分析语调（音系层）、词汇语法之间的层次关系，建立起了语调和信息系统（information system）以及语气系统（mood system）之间的映射（mapping）和体现（realization）关系：调核对应信息焦点（information focus）；调群切分对应信息分布（information distribution）；音调对应语气系统的基调（Key）。值得关注的是，Halliday 根据映射关系的自然程度（naturalness），依据"正当理由原则"区分了标记性（marked）语调和非标记性（unmarked）语调。标记性的语调变体在一定程度上拓展了意义表达的语调形式，从而拓展了意义潜势，具有很高的研究价值，但是目前研究较少。此外，Paul Tench（1996）补充了连续统的思想，主要体现在对音调体现形式的描写中：音高包含低、中低、中、中高、高五个维度，形成一个连续体。Halliday 的层级观从系统功能语言学的角度回答了当代音系学最关注的问题之一，即音系、词汇语法、意义三者之间的界面关系。他认为音系体现词汇语法，词汇语法体现意义，音系无法直接表达意义，需词汇语法作为中介。具体而言，音系与词汇语法在非标记性的情况下，在结构上和语义系统中都存在映射关系，如调群对应小句，调核对应信息焦点。

语调理论融合了元功能思想。语调具有逻辑语义功能、语篇功能和人际功能。在单个调群中，调核和调群切分影响语篇的信息系统，因此具有语篇功能，而音调能改变语气的基调，因此具有人际功能。而在连续的调群群组（tone group sequence）中，音调还具有逻辑语义（logico-semantic）功能。Halliday 认为语调不具备经验（experiential）功能，但是有研究表明语调具有区分不同事实的功能（Tench，1996），即具有区分不同经验的功能。因此，关于语调是否具有经验意义还需要进一步探索。Halliday 音系学与其他音系学理论最大的不同之处是其对语义的关注和系统的分析描写。

语调理论体现了语境的思想。语调具有语境敏感的特性，其使用和解读都离不开语境（在分析语调时，音系学者一般会在例句前加上该例子出现的语境）。此外，强语境依赖性作为标记性语调的识别标准之一。

结构、系统和层级的构建，使得传统的韵律分析完成了向系统音系学的转变，而元功能和语境的思想构成了功能音系学的基础。由此，系统功能音系学应运而生。系统功能音系学理论拥有一批支持者和追随者，这里主要介绍若干位代表性人物：Paul Tench、Martin Davies 和 John Wells。Tench（1996）对英语语调的功能进行了细致的分析。Davies 关注诗歌中的语调和书面文本中固有的韵律特征。Wells 结合英语学习者的需求，研究第一语言和第二语言学习中的语调。他们的研究是对系统功能音系学的补充和拓展。Tench 于 1992 年编写了第一本系统功能音系学的论文集，书中包含了辅音、元音、单词重音、节奏、语调的系统功能描写，以及这些语音和音系理论在语音合成、体裁研究和广播中的应用。Wendy Bowcher 和 Bradley Smith 继 Tench 之后将系统功能音系学主要学者的新的理论和应用研究汇编成书《系统音系学：有关英语的最新研究》（*Systemic Phonology: Recent Studies in English*）（2014），展示了不同语篇中的系统功能音系学的应用，包括新闻阅读、儿童故事、文学经典、课堂话语和歌唱文本。该书还对加的夫学派语调生成和标点符号生成模型进行了解释。

8.6.3　系统功能音系学的主要贡献

Halliday 构建了系统功能音系学，强调音系是人类构建意义的资源。他开创性地从组合与聚合的角度对语调的类型、体现形式、功能进行系统、详尽的描写，构建了语调的语法系统。通过研究语调、语法、意义之间的关系，揭示了三者之间的自然联系和规律，从而修补了音系和词汇语法是完全任意的观点。此外，系统功能音系学还关注音系的语义和语境，从功能角度对音系的结构形式进行阐释。由此，我们认为 Halliday 已经完成了对语调的语法构建，其对语调的描写已经达到了近乎于词汇—语法描写的精细程度，为当代音系学研究提供了系统功能的框架和方法。

Halliday 的另一突出贡献在于提出信息系统（information system）

的概念，并阐明其与语调系统的关系。他认为信息结构位于词汇语法层，语调系统位于音系层，音系系统中的信息焦点和信息结构分别由调核和调群切分体现。基于 Halliday 关于 primary 和 secondary tone 的讨论，Tench（1992）进一步提出信息地位（information status）这一新范畴，并指出其由音调体现。Halliday 提出的信息系统的相关概念一直沿用至今，是当代音系学研究中的核心概念。

Halliday 的第三个贡献在于在自己的音系学理论中发展了"标记性"理论，将"标记性理论"拓展到音系层次的分析中，并提出了基于语义的识别原则。根据这一原则，"标记性"的音系结构具有多重意义并且具有高强度的语境敏感性，具有"功能不透明性"（functional intransparency），且标记性变体作为非标记性变体的同意义系统的其他可选项，显示出其"隐喻潜势"，由此引发了后来关于"音系隐喻"（Veltman，2003）的探索，但是目前关于音系隐喻的研究还十分缺乏。

8.6.4 当前研究的不足和未来的发展

总体来说，系统功能音系学的研究相比于语法研究目前还较少。未来的研究需关注 Halliday 音系学思想的来龙去脉，厘清其中国渊源和西方传统，将更有助于音系学理论的继承和发展。国内外学者已经对 Halliday 的思想进行探源（Martin，2013a；胡壮麟，2018a），但是专门针对音系学的还很少（赵永刚，2015），且主要关注西方学者对 Halliday 的影响。因此需要开展全面、客观的理论追溯研究。另外，关于系统功能音系学的中国化研究还有待加强。Halliday 本人先学习汉语语法，再学习英语语法，且其音系学思想部分来源于中国传统音韵学，那么就很有可能实现系统功能音系学的中国化。未来研究可以尝试将其与中国的当代音系学理论结合，运用于汉语的音系研究中。

此外，就系统功能音系学本体来说，现有韵律研究主要聚焦于语调，关于节奏的研究还较少。就语调研究而言，语调的经验意义有待挖掘。

还有一个值得注意的方向是音系结构变体，即音系隐喻，这一概念的提出是基于"标记性"音系结构的隐喻潜势（Veltman，2003）这一事实，音系隐喻理论的发展将有助于揭示音系和意义的联系，阐明音系系统意义潜势的发生过程，并拓展语法隐喻和语音系统的隐喻研究[1]。"音系隐喻"一词最早由 Halliday 在 1978 年首次提出，并由 Veltman（2003）借助语法隐喻理论进行定义和论证。当前音系隐喻的研究凤毛麟角，令人欣喜的是，胡琴（2009）首次尝试对音系隐喻（包含语调和节奏）进行较为系统的分析，探究其实现形式、元功能和认知理据。此外，也有学者聚焦于英语语调隐喻，分析隐喻类型和使用目的（王兰春、王硕，2013），或探究语调的人际功能和语篇功能（金娜娜，2008），但"这类研究为数不多"（胡壮麟，2021b：29）。胡壮麟（2021b）也关注到语音层面的隐喻，他指出语音隐喻研究已经进入国内外语言学界的研究视线。但是音系隐喻是一个几乎全新的理论，关于音系隐喻的内涵和外延，比如定义、隐喻机制、体现形式、功能特点等方面都需要进一步的详细说明。

　　未来研究也需挖掘系统功能音系学的适用性，在二语习得、语言教育、医学等领域应用系统功能音系的理论成果，同时检验和发展这些理论。肖娟娟和黄国文（2019）探究了中国英语学习者的朗读语调，并研究肯定了系统功能语调理论的应用价值。但此外，目前关于系统功能音系学的应用研究还很少。另外，系统功能音系学作为系统功能语言学的重要部分，其目标同样是构建普通语言学，即尽可能充分地、恰当地和简雅地描写音系语法，使其在不同语言中也具有普遍性。因此，系统功能音系学的跨语言研究也十分必要。

8.7　系统功能字系学

　　语言的书写系统是对口语组成层次结构的模拟（Halliday，2014）。

1　此前，Fónagy 于 1999 年基于语音的象似性（iconicity），提出了语音隐喻（phonemic metaphor）。李弘（2005）在认知语言学框架下研究汉语的语音隐喻，这些隐喻以语音相似性为基础，实现概念的跨域映射，从而丰富了语音隐喻的内涵。

人类所有语言的书写系统在起源上都寄生于口语语言。虽然语言的书写系统与语言本身的语音系统有着系统的、非任意性的联系，但这种联系并不直接。语言的书写系统层级因具体语言的不同而不同。现代英语的书写层级包括句子、次句（sub-sentence）、词和字母四层次。系统功能语言学视角下的字系学研究相对较少。近年来，不管是英语字系学研究，还是汉语字系学研究，都是一个亟待开发和探索的研究领域。下面仅介绍我国学者彭宣维在汉语字系学方面的功能视角探索。

字在汉语中不是一个现成的实例性使用单位，而是汉语系统中的待选成分，基本等同于印欧语中的语素，也即语素字（彭宣维，2011）。在汉语中，一个字可以对应一个甚至多个语素，从而形成单语素字和多语素字。字可以视为汉语最基本的系统成分（彭宣维，2011），即字是汉语的初始成分，只有进入选择阶段，才可能构成结构和组织关系。彭宣维（2011）探讨了汉语"字"的系统特征，认为"字"是汉语系统中的待选成分，一个字可能被选择成为一个语素同时是一个词，也可能是一个语素多个词，或者和别的语素一道构成一个复合词。在他看来，汉字具有成分性质，是汉语最基本的系统成分，是供使用的被选单位。

彭宣维（Peng，2017）尝试解释汉字简体字的笔画系统。基于系统功能语言学的三大元功能，他描写了汉字笔画及其组成部分的经验、人际和语篇潜势，以择取相关的系统。汉字有四个级阶：线段（segment）、笔画（stroke）、字素（grapheme）和字（character），汉字并非表意文字，而是语标文字。从语篇和经验功能视角，他基于线段识别标准，识别了10种基本线段变化，对应10种主位推进方式，如竖、横、撇、捺、点、提等。这10种基本线段进而组成25种复合笔画，从而建构了汉字的笔画系统。从人际功能看，作者从"线"和"点"视角，在评价理论基础上详细分析了其美学功能，进而建构了"线"和"点"美学系统。

目前为止，在系统功能语言学视角下开展汉语字系研究的文献十分缺乏。彭宣维在这方面作了开创性的工作，是汉字书写级阶模式的初步尝试，对字系研究具有重要意义。但彭宣维对汉语字系的描写仍然有限，主要局限于"线段"，在字体上也只局限于宋体。从中国第一部系统分析字形和考究字源的《说文解字》算起，汉语字系研究源远流长。汉语字系发达，字体丰富，其美学功能一直以来深受学界喜爱。我们认为系统功能语言学视角下的字系学研究应加大以下几方面的研究：一是沿着彭宣维的研究思路，基于元功能继续开展汉字"线段"之上的笔画、字素和字的研究，描写其语义潜势；二是加大对不同字体的语义潜势研究，建构相应的系统网络；三是加大简体字和繁体字的人际功能对比研究。另外从语言类型学视角，探讨世界诸语言的字系特征，描写其共性和个性也是系统功能字系学的重要研究方向。

8.8　功能语言学与自然语言处理

我们在 5.6 小节详细综述了系统功能语言学在自然语言处理这方面的应用研究现状。尽管系统功能语言学家一直强调其在自然语言处理中的应用价值，但是相关研究还比较零散，且并没有开发出较为强大的自然语言处理软件。基于现状，我们在 5.6 小节指出，未来研究需要在将系统功能语言学相关理论框架形式化、实现系统功能语言学相关理论框架分析的自动化，以及开发基于系统功能语言学理论框架的自然语言处理软件等方面做出努力。我们认为这些也是系统功能语言学与自然语言处理研究结合的发展趋势。

第一，进一步形式化系统功能语言学的相关理论知识。目前之所以尚缺较好的基于系统功能语言学开发的自然语言处理软件，一方面是因为自然语言处理本身的高技术性，另一方面则是因为系统功能语言学相关理论框架的复杂性。因此，要想更好地挖掘系统功能语言学在自然语言处理中的应用价值，目前亟须解决的问题之一是需要系统、深入地探讨系统功能语言学理论形式化的问题，因为"系统功能语言学并不能直接应用于语篇生成系统。它需要进行'知识表示'或形式化表示，即采用一定的符号把语言学知识编码成一组数据结构，才能成为计算机接受并便于软件系统使用"（李学宁、范新莹，2015：26）。因此，在这方面，系统功能语言学的发展趋势之一，应该是进一步将系统功能语言学相关理论框架形式化。

第二，有必要在开发基于系统功能语言学理论框架的自然语言处理软件等方面做出努力，以期进一步推进系统功能语言学相关理论框架的（半）自动分析。这方面，学界已经有了较好的基础，比如 UAM 分析软件可以用于系统功能语言学标注，型式语法以及其他的短语特征可以用于辅助评价系统研究（如陈春华、马龙凯，2022；Su & Hunston，2019a，2019b），基于云计算平台的协作性标记框架（严恒斌、Webster，2011），以及及物性的（半）自动分析等（Yan，2014）。然而，这些分析方法依然高度依赖于人工标注，相关软件更像是提供一个系统功能语言学分析的界面或者平台，并非真正意义上的（半）自动分析，因此，学界也亟需解决如何在现有研究的基础之上，更好地实现系统功能语言学相关理论框架的（半）自动化分析。要做到这一方面，我们认为需要有意识地培养有计算语言学背景的系统功能语言学家，或者进一步将系统功能语言学相关理论引介到计算语言学领域。

总而言之，系统功能语言学的发展以及应用实践已经表明，系统功能语言学在自然语言处理方面有着潜在的应用价值。尽管目前问题犹存，但是我们相信随着系统功能语言学的发展和完善，以及更多具有计算语言学背景的学者加入系统功能语言学研究或者将系统功能语言学引介到自然语言处理领域，其在自然语言处理中的应用价值定能得到充分挖掘。

8.9　小结

清代诗人赵翼在《论诗》中有云："李杜诗篇万口传，至今已觉不新鲜。江山代有人才出，各领风骚数百年。"系统功能语言学从 20 世纪中后期形成、发展至今，已经成为当代语言学学界一种重要且影响深远的流派，具有重要的学术影响和历史地位，结构主义、功能主义和认知主义，也常常被视为当代语言学的三种主要研究路径之一。为了应对当今世界之变、时代之变、历史之变，系统功能语言学理论体系和研究范式也需要与时俱进，守正创新，在加强语言本体及其功能研究的基础上，进一步开展跨学科／超学科研究，从相邻或相关学科吸收新的养分。同时，不断更新研究视角、研究方法、研究工具和研究手段，以回答中国之问、世界之问、人民之问、时代之问，为构建中国学术话语体系做出新的贡献。

参考文献

Bednarek, M. & Huan, C. 2018. 评价系统研究中的关键原则 . 外语研究，（1）：39–45.

柴改英，刘佳丽 . 2019. 地方政府外宣形象的及物性语法隐喻研究 . 外语电化教学，（01）：44–50.

柴同文. 2010. 评价意义在目的语中的重现——基于评价理论的英汉翻译研究. 载张敬源（编）. 功能语言学与翻译研究. 北京：外语教学与研究出版社.

柴同文. 2013. 系统功能语言学理论中的互补思想. 外国文学，（2）：99–104.

常晨光 . 2004. 语法隐喻与经验的重新建构 . 外语教学与研究，（1）：31–36.

常晨光 . 2010. 系统功能语言学理论与实践的辩证关系——适用语言学探索. 外语与外语教学，（5）：11–14.

陈春华，马龙凯. 2022. 新冠肺炎评论中的态度资源与形容词型式——基于型式语法的研究. 外语教学，（3）：22–29.

陈海叶. 2009. 系统功能语言学的范畴化研究. 上海：上海大学出版社.

陈海叶，郐红 . 2015 . 海明威"冰山"理论的系统功能适用语言学释解——以短篇小说杀手为例 . 北京科技大学学报（社会科学版），（5）：41–47.

陈俊，王蕾 . 2011. 纽约时报涉华环境报道的批评性话语分析 . 编辑之友，（8）：126–128.

陈令君. 2012. 基于自建英语学术书评语料库的评价参数模型探析. 外语与外语教学，（2）：23–27.

陈令君. 2016. 英汉学术书评评价模式对比研究. 郑州：郑州大学出版社.

陈令君，赵闯. 2016. 新闻语篇中的"中国梦"——评价理论态度视域下的话语分析. 天津外国语大学学报，（4）：34–39, 81.

陈清. 2012. 科学语言隐喻式的构建及其翻译策略. 外语教学，（5）：104–108.

陈新仁 . 2014. 语法隐喻的认知语用解读 . 外国语（上海外国语大学学报），37（02）：33–41.

陈旸. 2009.《论语》三个英译本翻译研究的功能语言学探索. 外语与外语教学,（2）：49–52.

陈旸. 2012. 从功能语篇分析到翻译教学. 中国外语,（1）：94–97, 111.

陈瑜敏, 黄国文. 2014. 语法隐喻框架下英语文学原著与简写本易读度研究. 外语教学与研究, 46（06）：853–864, 959–960.

程瑾涛, 司显柱. 2017.《红楼梦》两个英译本的对比分析——系统功能语言学途径. 语言与翻译,（1）：69–76.

程琪龙. 1994. 系统功能语法导论. 汕头：汕头大学出版社.

程晓堂, 梁淑文. 2008. 及物性理论与英汉翻译中转译的启示. 外语与外语教学,（12）：42–45.

丛迎旭. 2011. 概念语法隐喻研究的限制与扩展. 外国语（上海外国语大学学报）,（05）：46–53.

丛迎旭. 2014. 系统功能语言学语法隐喻理论的贡献与问题. 解放军外国语学院学报,（5）：73–81.

丛迎旭. 2017. 语法隐喻视角下汉英错位修饰现象研究. 北京：科学出版社.

丛迎旭, 王红阳. 2013. 基于语义变化的概念语法隐喻模式与类型. 现代外语,（1）：33–39, 108–109.

丛迎旭、王红阳. 2017. 语法隐喻一致式的认知特征与阐释. 中国外语,（4）：28–34.

崔刚. 1999. 布洛卡氏与传导性失语症患者的语音障碍. 外语教学与研究,（3）：24–29, 82.

戴凡. 2007. 从文化语境看语篇和语篇翻译. 外语研究,（3）：77–81.

戴桂玉, 仇娟. 2012. 语言, 环境, 社会——生态酒店英文简介之生态批评性话语分析. 外语与外语教学,（1）：48–52.

邓仁华. 2012. 系统功能语法的存在句研究. 广州：中山大学出版社.

邓仁华. 2015. 汉语存在句的系统功能语法研究. 现代外语,（1）：37–47, 145.

邓仁华. 2016. "木牌上写着两个大字"功能句法–语义分析. 中国外语,（3）：39–46.

邓仁华. 2018. "王冕死了父亲"的系统功能语言学阐释. 现代外语,（2）：186–196.

邓仁华, 廖婷. 2020. 评价框架视阈下的国内旅游网页翻译研究. 中国外语,（3）：85–93.

邓玉荣, 曹志希. 2010. 英汉互译中的一致式与隐喻式. 外语学刊,（6）：114–116.

丁建新. 2007. 主体间性·功能进化论·社会生物学——M. A. K. Halliday 社会符号学理论述评. 四川外语学院学报,（6）: 26–30.

丁建新. 2009. 功能语言学的进化论思想. 外国语（上海外国语大学学报）,（4）: 71–76.

丁建新. 2010. 作为社会符号的"反语言"——"边缘话语与社会"系列研究之一. 外语学刊,（2）: 76–83.

丁建新. 2013. 从话语批评到文化批评——"边缘话语与社会"研究. 江西社会科学,（09）: 71–75.

丁建新, 沈文静. 2013. 边缘话语分析. 天津: 南开大学出版社.

董保华, 任大玲, 杨炳钧. 2017. 系统功能语言学认知转向辩证. 外国语文,（1）: 67–73.

董娟. 2021a. 语法隐喻中的语义变化. 青岛: 中国海洋大学出版社.

董娟. 2021b. "性状—事物"类语法隐喻的经验意义变化. 外语学刊,（03）: 45–51.

董娟, 张德禄. 2017. 语法隐喻理论再思考——语篇隐喻概念探源. 现代外语, 40（03）: 293–303, 437.

董敏. 2012. 从级差系统分析辩论话语的人际意义. 外语研究,（3）: 14–20.

董敏. 2017. 局部语法与系统功能语法的互补性初探——以评价子语言为例. 外语与外语教学,（2）: 38–47, 147.

董敏, 徐琳瑶. 2017. 逻辑语法隐喻的局部语法视角. 中国外语, 14（06）: 27–34.

董敏, 徐琳瑶. 2021. 评价研究的局部语法视角. 外语教学,（3）: 13–17.

范俊军. 2005. 生态语言学研究述评. 外语教学与研究, 37（2）: 110–115.

范琳, 张德禄. 2004. 外语教育语言学理论建构的设想. 外语与外语教学,（4）: 16–21.

范文芳. 2000. 英语语气隐喻. 外国语（上海外国语大学学报）,（4）: 29–34.

范文芳. 2001. 语法隐喻理论研究. 北京: 外语教学与研究出版社.

范文芳. 2007. 试论语法隐喻的综合模式. 外语教学,（4）: 12–15.

方义桂, 丛迎旭. 2020. 语法隐喻视角下英汉名形化的认知语义研究. 解放军外国语学院学报, 43（03）: 91–99.

房红梅. 2014. 论评价理论对系统功能语言学的发展. 现代外语,（3）: 303–311, 437.

房红梅, 严世清. 2004. 概念整合运作的认知理据. 外语与外语教学,（4）: 9–12.

封宗信, 张俊, 牟许琴, 曹雷雨. 2017. 系统功能语言学前沿与文体学研究: 文体学前沿研究专题（笔谈）. 外语学刊，（2）：19–31.

冯德正. 2017. 基于多元读写理论的课堂教学设计：以英语语言学课程为例. 中国外语，
（3）：55–63.

冯德正，亢玉杰. 2014. 态度意义的多模态建构———基于认知评价理论的分析模式.
现代外语，37（5）：585–596，729.

冯捷蕴. 2014. 美国环境新闻报道的话语研究——以"哥本哈根气候峰会"为例. 外语
学刊，（5）：154–158.

高歌，卫乃兴. 2020. 英国语言学传统下的意义研究——从 Firth、Halliday 到 Sinclair.
中国外语，17（1）：5–34.

高生文，闫振华. 2013. 英语不连续现象的加的夫语法研究. 北京科技大学学报（社会
科学版），（1）：23–31.

韩宝成，梁海英. 2021. 整体外语教学中的意义协商活动. 外语教学与研究，（1）：
102–112，161.

韩宝成，魏兴. 2022. 整体外语教学视域下大学英语课堂意义协商活动研究. 外语教育
研究前沿，（3）：25–33，90.

韩礼德，何远秀，杨炳钧. 2015. 系统功能语言学的马克思主义取向——韩礼德专题
访谈录. 当代外语研究，（7）：1–4，79.

何芳芝. 2016. 生态语言学视角下的英语课堂教学研究. 内蒙古师范大学学报（教育科
学版），29（2）：151–154.

何清顺. 2013. 语法隐喻的转移向度研究. 东北大学学报（社会科学版），15（02）：
205–210.

何伟. 2008. 语法隐喻：形式变体和意义变体. 解放军外国语学院学报，31（3）：1–6.

何伟，高然，刘佳欢. 2021. 生态话语分析新发展研究. 北京：清华大学出版社.

何伟，高生文. 2011. 传统语法、悉尼语法、加的夫语法的句法描述思想. 中国外语，
（6）：26–32.

何伟，高生文. 2013. 小句过程意义的体现形式：悉尼语法 vs. 加的夫语法. 解放军
外国语学院学报，（1）：8–13，127.

何伟，高生文，贾培培，张娇，邱靖娜. 2015. 汉语功能句法分析. 北京：外语教学
与研究出版社.

何伟，耿芳. 2018. 英汉环境保护公益广告话语之生态性对比分析. 外语电化教学，

（4）：57–63.

何伟，滑雪. 2013. 现代汉语"是"字的功能研究. 外语学刊，（1）：51–59.

何伟，马宸. 2020. 从名词的数量范畴看汉英语言的生态性. 外语研究，（1）：7–12，112.

何伟，马瑞芝. 2009. 加的夫语法及物性系统概观. 北京科技大学学报（社会科学版），（1）：98–105，119.

何伟，苏淼. 2013. 从加的夫语法视角看汉语单复句的划分标准. 北京科技大学学报（社会科学版），（1）：1–11.

何伟，魏榕. 2017a. 国际生态话语的内涵及研究路向. 外语研究，（5）：18–24.

何伟，魏榕. 2017b. 国际生态话语之及物性分析模式建构. 现代外语，（5）：597–607.

何伟，魏榕. 2018a. 多元和谐. 交互共生——国际生态话语分析之生态哲学观建构. 外语学刊，（6）：28–35.

何伟，魏榕. 2018b. 生态语言学：发展历程与学科属性. 国外社会科学，（4）：113–123.

何伟，魏榕. 2018c. 话语分析范式与生态话语分析的理论基础. 当代修辞学，（5）：63–73.

何伟，魏榕. 2018d. 国际语境下的生态语言学研究. 北京科技大学学报（社会科学版），34（2）：1–5.

何伟，薛杰. 2018. 汉语"动量词"之加的夫语法视角研究. 解放军外国语学院学报，（1）：30–38.

何伟，闫煜菲. 2022. 汉英的主客融合及分离特质——以流水句及其英译为例. 上海翻译，（1）：34–39.

何伟，杨璐. 2021. 汉语"一量名"结构指称现象的功能视角研究. 外语学刊，（3）：17–24.

何伟，于昌利. 2022. 从存在小句看英语的主客分离特质和汉语的主客融合特质. 外语教学与研究，（2）：177–188，318.

何伟，张存玉. 2016. 表达气象意义小句的及物性研究：系统功能类型学视角. 解放军外国语学院学报，39（01）：36–44，158.

何伟，张嘉越. 2020. 汉语动词重叠式之系统功能视角研究. 汉语学习，（2）：64–75.

何伟，张瑞杰. 2017. 生态话语分析模式构建. 中国外语，（5）：56–64.

何伟，张瑞杰，淡晓红，张帆，魏榕. 2016. 汉语功能语义分析. 北京：外语教学与研究出版社.

何伟，张悦芹. 2011. 加的夫语法数量词组完成语研究. 天津外国语大学学报，（5）：18–23.

何伟，仲伟. 2017. 系统功能语法视角下汉语小句的限定与非限定之分. 外语教学，（5）：7–12.

侯建波. 2008. 语法隐喻：新解与反思. 外语教学，29（5）：28–32.

胡光伟，刘焰华. 2020. 学科性与学术语篇. 外语教学，（2）：29–33.

胡琴. 2009. 音系隐喻的系统功能语言学研究. 重庆：西南大学硕士学位论文.

胡壮麟. 1990. 韩礼德语言学的六个核心思想. 外语教学与研究，（1）：2–8.

胡壮麟. 1994. 英汉疑问语气系统的多层次和多元功能解释. 外国语，（1）：1–8.

胡壮麟. 2000. 评语法隐喻的韩礼德模式. 外语教学与研究，32（2）：88–94.

胡壮麟. 2004. 认知隐喻学. 北京：北京大学出版社.

胡壮麟. 2007. 谈语言学研究的跨学科倾向. 外语教学与研究，（6）：403–408.

胡壮麟. 2008. 系统功能语言学的社会语言学渊源. 北京科技大学学报（社会科学版），（2）：92–97.

胡壮麟. 2012. 超学科研究与学科发展. 中国外语，（6）：15–22.

胡壮麟. 2013. 系统功能语言学家的超学科研究. 外语与外语教学，（3）：1–5.

胡壮麟. 2014. 系统功能语言学的认知观. 外语学刊，（3）：44–50.

胡壮麟. 2015. 韩礼德的中国梦. 中国外语，（6）：10–13.

胡壮麟. 2016. 韩礼德学术思想的中国渊源和回归. 外语研究，（5）：9–13.

胡壮麟. 2018a. 韩礼德学术思想的中国渊源和回归. 北京：外语教学与研究出版社.

胡壮麟. 2018b. 吾师韩礼德先生的为人和治学. 浙江外国语学院学报，（5）：12–15.

胡壮麟. 2021a. 系统功能语言学视野中的体认语言学. 浙江外国语学院学报，（1）：1–7.

胡壮麟. 2021b. 浅析"语音隐喻"的有关特性. 中国外语，18（4）：26–31.

胡壮麟，朱永生，张德禄. 1989. 系统功能语法概论. 长沙：湖南教育出版社.

胡壮麟，朱永生，张德禄、李战子. 2005. 系统功能语言学概论. 北京：北京大学出版社.

胡壮麟，朱永生，张德禄，李战子.2008.系统功能语言学概论（修订版）.北京：北京大学出版社.

胡壮麟，朱永生，张德禄，李战子.2017.系统功能语言学概论（第三版）.北京：北京大学出版社.

郁昌鹏.2018.评价系统研究中的关键原则.外语研究，35（1）：39–45.

郁昌鹏，吴灿中.2015.评价系统：历史、现状与未来.当代外语研究，（4）：15–22, 42.

黄国文.2002a.清明一诗英译文的人际功能探讨.外语教学，（3）：34–38.

黄国文.2002b.对唐诗寻隐者不遇英译文的功能语篇分析.解放军外国语学院学报，（5）：67–70, 115.

黄国文.2003.从天净沙·秋思的英译文看"形式对等"的重要性.中国翻译，（2）：23–25.

黄国文.2004.翻译研究的功能语言学途径.中国翻译，（5）：17–21.

黄国文.2005.宝剑峰从磨砺出梅花香自苦寒来——贺外语与外语教学出版200期.外语与外语教学，（11）：9.

黄国文.2006.作为适用语言学的系统功能语言学.英语研究，（4）：1–6.

黄国文.2009a.系统功能语言学研究中的整合.中国外语，（1）：17–23.

黄国文.2009b.一个简单翻译过程模式的功能分析.外语研究，（1）：1–7, 112.

黄国文.2009c.语法隐喻在翻译研究中的应用.中国翻译，（1）：5–9.

黄国文.2010.对"胡—朱与Halliday访谈"的解读.中国外语，（6）：25–30.

黄国文.2012a.典籍翻译：从语内翻译到语际翻译——以论语英译为例.中国外语，（6）：64–71.

黄国文.2012b.论语英译意译方法研究的功能句法视角.北京科技大学学报（社会科学版），（3）：16–21.

黄国文.2015a."译意"和"译味"的系统功能语言学解释.外语教学与研究，（5）：732–742, 800–801.

黄国文.2015b.功能语用分析与论语的英译研究.北京科技大学学报（社会科学版），（2）：1–7.

黄国文.2015c.对原文注释的理解与取舍：典籍外译的一个重要过程——以"子罕言利与命与仁"为例.当代外语研究，（8）：1–5, 77.

黄国文.2016a.外语教学与研究的生态化取向.中国外语，13（5）：1, 9–13.

黄国文. 2016b. 生态语言学的兴起与发展. 中国外语，13（1）：1, 9–12.

黄国文. 2017. 论生态话语和行为分析的假定和原则. 外语教学与研究，49（6）：880–889, 960.

黄国文. 2018a. 斯提比生态语言学研究述评. 鄱阳湖学刊，（1）：42–47, 126.

黄国文. 2018b. M. A. K. Halliday 的系统功能语言学理论与生态语言学研究. 浙江外国语学院学报，（5）：31–40.

黄国文. 2018c. 自然诗歌中的元功能和语法隐喻分析——以狄金森的一首自然诗歌为例. 外语教学，39（3）：1–5.

黄国文. 2019. 中国系统功能语言学研究 40 年. 外语教育研究前沿，（01）：13–19, 87.

黄国文. 2020. 关于跨学科研究的两个问题. 外语界，（4）：7–8.

黄国文，陈旸. 2014. 翻译研究中的"元功能对等". 中国外语，（2）：97–102.

黄国文，陈旸. 2016a. 菲尔生态语言学研究述评. 鄱阳湖学刊，（4）：19–24.

黄国文，陈旸. 2016b. 生态哲学与话语的生态分析. 外国语文，（6）：55–61.

黄国文，陈旸. 2017. 自然诗歌的生态话语分析——以狄金森的一只小鸟沿小径走来为例. 外国语文，（2）：61–66.

黄国文，陈旸. 2018a. 生态话语分类的不确定性. 北京第二外国语学院学报，（1）：3–14.

黄国文，陈旸. 2018b. 微观生态语言学与宏观生态语言学. 外国语言文学，（5）：460–471.

黄国文，陈莹. 2014. 从变异看论语的英语翻译. 外语与外语教学，（3）：61–65.

黄国文，冯捷蕴. 2002. 加的夫语法简介. 载黄国文（主编）. 语言、语言功能、语言教学. 广州：中山大学出版社，187–205.

黄国文，何伟，廖楚燕等. 2008. 系统功能语法入门：加的夫模式. 北京：北京大学出版社.

黄国文，王红阳. 2018. 给养理论与生态语言学研究. 外语与外语教学，（05）：4–11, 147.

黄国文，辛志英. 2011. 功能语言学通论. 北京：外语教学与研究出版社.

黄国文，辛志英. 2012. 系统功能语言学研究现状和发展趋势. 北京：外语教学与研究出版社.

黄国文，余娟. 2015. 功能语篇分析视角下的翻译显化研究. 外语与外语教学，
（3）：41–47.

黄国文，张培佳. 2020. 系统功能语言学的性质、特定及发展. 现代外语，（5）：601–611.

黄国文，赵蕊华. 2017. 生态话语分析的缘起、目标、原则与方法. 现代外语，
40（5）：585–596，729.

黄会健，冷占英，顾月秋. 2007. 话语分析的建设性转向——从批评话语分析到积
极话语分析. 浙江工业大学学报（社会科学版），（1）：1–6.

黄洁，周统权，王微萍. 2016. 基于语类的英语学术论文写作教学路径研究——以
"文献综述"写作教学为例. 外语界，（2）：69–78.

黄雪娥. 2013.《献给爱米丽的玫瑰》中"态度"的表达与意识形态的体现. 中国外语，
（1）：36–40.

江潇潇. 2018. 斯里兰卡"一带一路"相关报道态度资源研究. 解放军外国语学院学报，
41（6）：42–48.

姜望琪. 2009. 语篇语义学与评价系统. 外语教学，30（2）：1–5.

姜望琪. 2014. 语法隐喻理论的来龙去脉及实质. 解放军外国语学院学报，37（05）：
63–72，160.

蒋晓丽，雷力. 2010. 中美环境新闻报道中的话语研究——以中美四家报纸"哥本
哈根气候变化会议"的报道为例. 西南民族大学学报（人文社会科学版），（4）：
197–200.

金娜娜. 2008. 英语语调隐喻研究. 贵州大学学报（社会科学版），（5）：87–91.

旷战. 2017. 个体意库、身份建构与情感绑定——基于精神科医患会话的个案研究.
重庆：西南大学博士学位论文.

旷战. 2018. 精神科医生身份建构的合法化语码研究. 语言学研究，（1）：131–144.

旷战，李淑晶. 2019. 精神科医患会话语类结构之系统功能视角研究. 北京科技大学
学报（社会科学版），（1）：8–15.

赖良涛. 2015. 西方教育语言学研究述评. 外国语言文学，（2）：78–85.

赖良涛. 2018. 教育语言学的四大范式. 中国外语，（5）：4–11.

赖良涛. 2019. 教育语言学的系统功能视角. 语言学研究，（2）：7–16.

赖良涛. 2020. 教育语言学的社会语言学路径——Spolsky 的理论与启示. 中国外语，
17（6）：35–40.

赖良涛. 2021. 教育语言学研究 2021（第四卷）. 上海：上海交通大学出版社.

雷茜. 2018. 基于设计学习的外语本科生多元读写能力培养模式研究——以提案写作设计学习为例. 解放军外国语学院学报，（3）：19–25, 159.

李德志. 2013. 广告类超文本多模态的视觉语法分析. 外语学刊，（02）：7–11.

李发根. 2005. 人际意义与等效翻译——蜀道难及其英译文的功能语言学分析. 广州：中山大学博士学位论文.

李国庆. 2008. 翻译策略的选择与文化语境的对等——以人际功能为倾向的双关语修辞广告翻译为例. 外语学刊，（6）：117–210.

李弘. 2005. 语音隐喻初探. 四川外语学院学报，（03）：70–74.

李华兵. 2013. 多模态研究方法和研究领域. 西安外国语大学学报，（3）：21–25.

李杰. 2016. 语法隐喻理论指导下的隐喻能力培养. 中国外语，13（03）：47–55.

李林昆. 1991. 对主体性问题的几点认识. 哲学研究，（3）：25–32.

李琳. 2016. 基于语料库的商务话语评价建模研究. 外语教学与研究，48（3）：370–381.

李满亮. 2009. 加的夫语法中的挑选概念再思考. 内蒙古大学学报（哲学社会科学版），（2）：127–132.

李淑晶，刘承宇. 2020. 基于评价系统的生态话语分析——以特朗普退出巴黎气候协定的演讲为例. 外语与外语教学，（5）：65–76, 149.

李素琴. 2016. 基于系统功能类型学的白语小句研究. 重庆：西南大学博士学位论文.

李涛，胡开宝. 2015. 政治语篇口笔译中的级差资源重构. 现代外语，38（5）：615–623.

李文，郭建辉. 2020. 中国高级英语学习者概念语法隐喻能力——基于中外博士论文的研究. 外语教学理论与实践，（01）：50–58.

李小坤. 2014. 从解构到建构：语类分析在 EAP 教学中的运用. 西南民族大学学报（人文社会科学版），（3）：173–176.

李学宁，董剑桥. 2012. 韩礼德的机器翻译思想初探. 中国外语，（3）：90–93, 100.

李学宁，范新莹. 2015. 系统功能语言学的知识表示方法研究. 北京科技大学学报（社会科学版），（3）：26–30.

李学宁，李向明，宋孟洪. 2018. 系统功能语言学在自然语言处理中的知识表示研究. 上海：上海交通大学出版社.

李学宁，张德禄. 2012. 系统功能语言学的形式化进程——兼评系统功能语言学在自然语言生成中的应用．山东外语教学，（1）：27–32.

李雪娇．2016. 语篇级阶上的语法隐喻——标记性语篇组织方式．外语学刊，（06）：39–42.

李燕飞，冯德正．2019. 多元读写教学法的系统功能语言学阐释．外语教学理论与实践，（2）：8–14, 98.

李战子．2001. 功能语法中的人际意义框架的扩展．外语研究，（01）：48–54, 80.

李战子，程子航. 2008. 韩礼德文集评介．外语研究，（4）：102–104.

李战子，庞超伟. 2010. 反语言、词汇语法与网络语言．中国外语，7（3）：29–35.

李战子，屈静雯. 2022. 微信点赞的评价意义和评价行为探究．外语与外语教学，（4）：48–55.

李忠华．2015. 基于功能语域理论视角的大学分科英语教学．外语界，（3）：25–32, 50.

连淑能．1993. 英汉对比研究．北京：高等教育出版社．

梁海英．2019. 医患会话中医生诊疗话语个体化意义建构研究．北京：中国社会科学出版社．

梁文花．2010. "体裁教学法"在英语阅读教学中的应用与分析．西安外国语大学学报，（1）：94–98.

廖传风．2011. 系统功能语言学在外语教学中应用研究综述：成绩与不足——基于3种外语类核心期刊10年（2000—2009）的统计分析．山东外语教学，（6）：53–60.

廖云路．2014. "三重跨文化传播"：涉藏生态报道的话语研究．西藏大学学报（社会科学版），29（1）：174–179.

林正军，董晓明. 2017. 语法隐喻的转喻属性．东北师范大学学报（哲学社会科学版），（4）：7–12.

林正军，唐玮. 2019. 语言元功能的体验哲学基础．现代外语，（4）：462–474.

林正军，唐玮. 2022. 认知与功能经验意义观考辩．外语与外语教学，（3）：1–10.

林正军，杨忠. 2016. 语法隐喻的语用发生理据．现代外语，（6）：764–772, 872–873.

林正军，张慧. 2022. 概念语法隐喻的体认基础．中国外语，（1）：45–52.

林正军，张姝祎．2018. 语法隐喻的语义发生理据．外语与外语教学，（05）：26–33, 147–148.

林正军, 王克非. 2012. 跨语言语法隐喻探讨. 外语学刊,（01）: 59-63.

林正军, 杨忠. 2010. 语法隐喻的语义关系与转级向度研究. 外语教学与研究, 42（06）: 403-410, 480.

刘承宇. 2003. 语法隐喻的文体价值. 现代外语,（2）: 120-127.

刘承宇. 2005. 概念隐喻与人际隐喻级转移的逆向性. 外语教学与研究,（4）: 289-293.

刘承宇. 2008. 语法隐喻的功能——认知文体学研究. 厦门: 厦门大学出版社.

刘承宇, 李淑晶. 2019. 生态话语分析的伦理标准——兼论生态人类中心主义的是与非. 中国外语,（5）: 51-58.

刘承宇, 汤洪波. 2020. 合法化语码视域下的法律语言"大众化". 语言文字应用,（1）: 50-58.

刘承宇, 汤洪波. 2021. 白话法言法语: 解包庭审话语中的名物化语言. 当代修辞学,（2）: 60-70.

刘可风, 王雨辰, 朱书刚. 2005. 应用哲学与应用伦理学引论. 北京: 中国财政经济出版社.

刘世生, 宋成方. 2010. 功能文体学研究. 外语教学, 31（6）: 14-19.

刘世铸. 2009. 基于语料库的情感评价意义构型研究. 外语教学,（2）: 22-25.

刘世铸. 2010. 评价理论在中国的发展. 外语与外语教学,（5）: 33-37.

刘世铸. 2012. 评价理论观照下的翻译过程模型. 山东外语教学,（4）: 24-28.

刘世铸, 张征. 2011. 评判的结构潜势与语义构型. 中国外语,（1）: 22-27, 50.

刘婷婷, 张奕. 2014. 概念语法隐喻的认知解读. 现代外语, 37（05）: 628-637, 730.

刘晓琳. 2010. 评价视域中的翻译研究——以红楼梦两个译本对比为例. 外语学刊,（3）: 161-163.

刘兴兵. 2014. Martin 评价理论的国内文献综述. 英语研究,（2）: 6-11.

刘杨. 2017. 生态语言学视野下苗族大学生加强多语能力发展的思考. 民族论坛,（02）: 85-89, 94.

刘永厚, 朱杰一, 司显柱. 2022. 文本特征视角下学术语篇元话语的中译英策略研究. 西安外国语大学学报,（1）: 91-96.

刘宇. 2015. 科学教育语篇研究的多模态视角. 外国语文,（5）: 77-82.

刘志伟, 李学宁. 2014. 系统功能语言学在自然语言处理中的应用. 上饶师范学院学报,（2）: 53-56.

刘著妍. 2008. 汉译英中一致式与隐喻式的对接. 天津大学学报（社会科学版），
　（6）：553–555.

龙日金，彭宣维. 2012. 现代汉语及物性研究. 北京：北京大学出版社.

卢楠，袁传有. 2022. 司法意见书的语类嵌入结构探析. 外国语（上海外国语大学学报），
　45（3）：34–47.

陆丹云. 2018. 系统功能语言学视野下的篇章结构个性化研究. 外语研究，（3）：
　11–18.

陆红坚. 2001. 环保传播的发展与展望. 中国广播电视学刊，（10）：4–6.

陆娇娇. 2018. 生态语言学视角下的中德气候变化新闻话语对比. 北京科技大学学报
　（社会科学版），34（6）：33–42.

罗茜. 2015. 基于系统功能语法语气系统的汉语医患会话人际意义研究. 重庆：西南
　大学博士学位论文.

罗载兵，蒋宇红. 2015. 语法隐喻的语义波建构模式. 外语研究，（03）：24–29.

马博森，龚然，曾小荣. 2018. 系统功能语言学视阈下的语言障碍研究：回顾与
　展望. 浙江外国语学院学报，（5）：72–80.

马丁，王振华. 2008. 实现化、实例化和个性化——系统功能语言学的三种层次
　关系. 上海交通大学学报（哲学社会科学版），（5）：73–81.

马淑霞. 2011. 透视大学英语教学观的转向——基于行为主义语言学习观和功能语
　言学习观的分析. 宁夏大学学报（人文社会科学版），（4）：189–192.

马文，谭淑文. 2023. 失语症群体话语沟通：会话过程与临床价值. 河南师范
　大学学报（哲学社会科学版），（1）：94–99.

马玉蕾. 2010. 马丁基于语类理论的写作教学框架. 当代外语研究，（10）：50–
　54，63.

毛佳玳，蔡慧萍. 2016. 基于语类的大学英语口语教学模式应用研究. 外语界，（3）：
　89–96.

孟愉，牛国鉴. 2017. 生态语言学视角下的科技借入语翻译——以物理学术语为例.
　中国科技翻译，29（1）：29–31，39.

牛利. 2014. 医患门诊会话结构研究. 武汉：华中师范大学博士学位论文.

彭静. 2015. 功能语言学视角下教师课堂话语意识研究. 西安外国语大学学报，（2）：
　70–73.

彭宣维. 2011. 语言与语言学概论：汉语系统功能语法. 北京：北京大学出版社.

彭宣维. 2015. 一维过程性、轨迹在线性与层次结构性——评价文体学建构的三个基本原则. 外语教学，36（1）：7–12.

彭宣维. 2016a. 视角逆行、评价隐喻与情感——伦理诉求——你还在我身旁的评价文体效应与解读模型. 外语学刊，（1）：41–48.

彭宣维. 2016b. 从系统功能语言学扩展模式谈汉语的主语和主语结构. 西华师范大学学报（哲学社会科学版），（2）：126–132.

彭宣维. 2019. 学科英语研究——高水平英语教育问题与对策述要. 外语教学，（2）：1–7.

彭宣维. 2021a. 系统语言学范畴体系和语言观中的量子力学思想. 当代外语研究，（2）：19–31，111，113.

彭宣维. 2021b. 韩礼德著述中的量子力学思想. 中国外语，（1）：25–35.

彭宣维. 2022. 论量子化的事件运动系统. 外语学刊，（1）：1–10.

彭宣维. 2023. 论小句生成中的分形核化走向. 外语学刊，（1）：1–10.

彭宣维，程晓堂. 2013. 理论之于应用的非自足性——评价文体学建构中的理论问题与解决方案. 中国外语，10（1）：27–35.

彭宣维，高继华. 2022. 量子语言观：研究背景、基本观点和方法论总原则. 外语教学，（6）：8–14.

彭宣维，杨晓军，何中清. 2012. 汉英对应评价意义语料库. 外语电化教学，（147）：3–10.

彭宣维，张鸣瑾. 2021. 超学科视野、互补性综观和理论语言学出路数问——从韩礼德有关论述看语言学学科发展. 外语学刊，（03）：1–7.

彭宣维等. 2015. 汉英评价意义分析手册——评价语料库的语料处理原则与研制方案. 北京：北京大学出版社.

齐曦. 2017. 生态语言学视域下的学术英语写作能力发展评估体系研究. 外语界，（3）：82–89.

钱宏. 2007. 运用评价理论解释"不忠实"的翻译现象——香水广告翻译个案研究. 外国语（上海外国语大学学报），（06）：57–63.

秦勇. 2021. 从语言的系统功能描写到语言类型学——回顾和展望. 浙江外国语学院学报，（06）：37–45.

邱晴 . 2020. 多元读写与国际化人才培养模式的构建 . 江西社会科学, (6): 247–253.

曲英梅, 彭爽 . 2020. 基于文献计量法的国内语法隐喻研究分析 . 江西师范大学学报 (哲学社会科学版), 53 (06): 154–160.

阮英, 王澜 . 2016. 介入系统在大学英语阅读教学中的应用及启示 . 教育理论与实践, (18): 57–58.

邵新光, 徐秀芹 . 2015. 多媒体环境下语法隐喻在英语阅读中的认知作用研究 . 外语电化教学, (01): 57–61.

沈继荣 . 2010. 新闻语篇中语法隐喻的工作机制及功能 . 当代修辞学, (02): 85–91.

沈骑 . 2016. 教育语言学的学科创新及对我国外语教育研究的学科意义 . 外语与外语教学, (3): 7–13+144.

束定芳. 2008. 认知语义学 . 上海: 上海外语教育出版社.

司显柱 . 2004. 论功能语言学视角的翻译质量评估模式研究 . 外语教学, (04): 45–50.

司显柱. 2005. 从功能语言学的语言功能观论翻译实质、翻译策略与翻译标准——兼与朱志瑜博士商榷. 中国翻译, (3): 61–65.

司显柱. 2006. 功能语言学视角的翻译标准再论. 外语教学, (2): 63–67.

司显柱. 2008. 翻译语篇质量评估模式再研究——功能语言学路向. 中国翻译, (2): 57–60.

司显柱. 2011. 论翻译研究范式创新: 系统功能语言学视阈. 中国外语, (2): 98–103.

司显柱. 2016. 翻译质量评估模式再研究. 外语学刊, (3): 84–94.

司显柱. 2018. 评价、介入、级差: 评价理论在翻译中的整体应用. 亚太跨学科翻译研究, (1): 18–31.

司显柱. 2019. 论翻译中主位结构的隐喻式选择. 语言教育, (3): 73–77, 84.

司显柱. 2021. 英译汉译文评析: 深度翻译视角的意义重构与功能路径翻译视域的语言表达. 中国翻译, (6): 174–180.

司显柱, 程瑾涛. 2018. 从系统功能语言学视角论红楼梦的 "译味". 外语研究, (2): 65–70, 112.

司显柱, 李冰洁. 2013. 及物性理论在翻译批评中的应用——以一件小事的两个英译本的对比研究为例. 北京科技大学学报 (社会科学版), (2): 1–6.

司显柱, 卢明玉. 2012. 系统功能语言学视角下的翻译文本与文化关系研究——以文学兴国策为例. 中国翻译, (5): 15–18.

司显柱，庞玉厚. 2018. 评价理论、态度系统与语篇翻译. 中国外语，（1）：96–102.

司显柱，庞玉厚. 2019. 英译汉翻译研究功能途径. 北京：外语教学与研究出版社.

司显柱，庞玉厚，程瑾涛. 2017. 汉译英翻译研究功能途径. 北京：外语教学与研究出版社.

司显柱，曾剑平. 2021. 对外政治话语翻译：原则、策略、成效——以习近平谈治国理政的英译为例. 上海翻译，（2）：18–24.

宋成方，刘世生. 2015. 功能文体学研究的新进展. 现代外语，38（2）：278–286, 293.

宋来全，杨忠. 2019. 人际语法隐喻的发生理据和文体功能研究——以商务英语信函中的人际语法隐喻为例. 外语学刊，（02）：50–55.

宋庆伟. 2013. 多模态化与大学英语多元读写能力培养实证研究. 外语研究，（2）：55–59.

苏杭，刘承宇. 2012. 悉尼语法与加的夫语法及物性理论对比. 北京科技大学学报（社会科学版），（1）：41–47.

苏杭，卫乃兴. 2017. 评价语言的局部语法研究. 中国外语，（3）：40–45.

孙发友. 2009. 新闻文本与文化生态——媒介话语的框架性解读. 北京：人民出版社.

孙铭悦，张德禄. 2015. 评价系统组篇机制研究. 现代外语，38（1）：26–36.

孙铭悦，张德禄. 2017. 语篇的评价策略研究——以英语社论语篇为例. 西安外国语大学学报，25（4）：23–28.

孙岩梅，邵新光. 2011. 语法隐喻与英语阅读. 西南民族大学学报（人文社会科学版），32（07）：189–191.

孙肇春. 2013. 粤语传导性失语症患者语音障碍研究. 广东外语外贸大学学报，（2）：41–45.

谭晓春，黄国文. 2019. 自然诗歌翻译的功能语言学解读——以孟浩然春晓为例. 外语教学，40（5）：72–78.

汤斌. 2014a. Maton 的合理化语码理论与系统功能语言学的合作. 现代外语，（1）：52–61, 145–146.

汤斌. 2014b. 系统功能语言学个体化理论与识读资源再分配的关系研究. 中国外语，（4）：42–47, 60.

汤洪波，刘承宇. 2021. 社会符号学视域下庭审话语中名物化的语义模糊及其消解.

现代外语, (6): 779–790.

唐青叶. 2004. 功能与认知研究的新发展——通过意义识解经验: 基于语言的认知研究评介. 外国语 (上海外国语大学学报), (2): 73–78.

唐青叶. 2016. 意义潜势与个体化——基于教育语篇意义表征模式的探讨. 外语学刊, (1): 58-63.

陶贤都, 李艳林. 2015. 环境传播中的话语表征: 基于报纸对土壤污染报道的分析. 吉首大学学报 (社会科学版), 36 (5): 108.

王保健, 王宝平, 王云. 2020. 语法隐喻对二语写作研究的资源贡献. 外语教学理论与实践, (04): 36–47.

王辰玲. 2015. 语法隐喻的级差: 概念隐喻与人际隐喻的渐进性研究. 外语与外语教学, (05): 49–54.

王国凤. 2017. 政治性新闻语篇翻译中的评价——基于华盛顿邮报和参考消息中的钓鱼岛事件. 外语教学, (3): 34–39.

王红阳, 陈瑜敏. 2008. 韩礼德语言思想溯源——来自四份访谈录的启示. 宁波大学学报 (人文科学版), (1): 56–62.

王欢, 王国凤. 2012. 语言语境与新闻理解——英语新闻语篇评价策略解读. 外语教学与研究, (5): 671–681, 799–800.

王积龙. 2009. 跨文化传播中环境新闻的不对等问题研究. 西南民族大学学报 (人文社会科学版), 30 (1): 188–191.

王晋军. 2002. 医生和病人会话中的问句与权势关系. 解放军外国语学院学报, (5): 10–14.

王兰春, 王硕. 2013. 英语语音中的"不一致式". 外国语文, 29 (1): 92–95.

王梅. 2012. 多模态与多元文化读写能力培养实证研究. 外语教学, (1): 66–69, 80.

王品. 2010. 系统功能语言学的互补思想——M. A. K. Halliday 新著 *Complementarities in Language* 述介. 外国语 (上海外国语大学学报), (2): 20–25.

王品. 2022. 系统功能类型学视阈下的语法描写范式——以语气系统为例. 外国语 (上海外国语大学学报), 45 (5): 53–64.

王品, 王振华. 2016. 作为社会过程的法律语篇与概念意义研究——以《中华人民共和国婚姻法》为例. 当代修辞学, (4): 56–67.

王士元. 2011. 演化语言学的演化. 当代语言学, (1): 1–21, 93.

王天华. 2012. 新闻语篇隐性评价意义的语篇发生研究. 外语学刊, （1）: 104–107.

王伟. 2014. 评价系统态度资源的接受研究. 西安外国语大学学报, 22（4）: 61–64.

王文峰, 张敬源. 2019. 国内系统功能语言学发展趋势与前沿. 北京科技大学学报（社会科学版）, （3）: 24–29.

王勇. 2019. 领主属宾句的功能分析. 汉语学报, （4）: 50–59, 96.

王勇, 孙亚迪. 2021. 语篇分析中的解释. 中国外语, 18（5）: 35–44.

王勇, 徐杰. 2010. 汉语存在句的构式语法研究. 语言研究, 30（3）: 62–70.

王勇, 徐杰. 2011. 系统功能语言学与语言类型学. 外国语（上海外国语大学学报）, （03）: 40–48.

王勇, 徐杰. 2018. 现代汉语诗歌中的名词动用. 华中师范大学学报（人文社会科学版）, （5）: 106–114.

王勇, 周迎芳. 2014. 现代汉语中的事件类存在句. 外国语（上海外国语大学学报）, （3）: 71–82.

王振华. 2001. 评价系统及其运作——系统功能语言学的新发展. 外国语（上海外国语大学学报）, （06）: 13–20.

王振华. 2004. 法庭交叉质询中的人际关系——系统功能语言学"情态"视角. 外语学刊, （03）: 51–59, 112.

王振华. 2006. "自首"的系统功能语言学视角. 现代外语, （1）: 1–9, 108.

王振华. 2009. 语篇语义的研究路径. 中国外语, （6）: 26–38.

王振华. 2012. 詹姆斯·R·马丁的司法语言研究及其启示. 当代外语研究, （1）: 19–24, 63.

王振华, 方硕瑜. 2021. 抗疫演讲语篇中的顺应、同化与合作: 语篇语义视角. 浙江大学学报（人文社会科学版）, 51（4）: 213–227.

王振华, 李佳音. 2021. 高危话语与极端活动: 基于评价性语言的心理实现性讨论. 当代修辞学, （2）: 49–59.

王振华, 刘成博. 2014. 作为社会过程的法律语篇——态度组带与人际和谐. 中国外语, 11（3）: 19–25, 33.

王振华, 路洋. 2010. "介入系统"嬗变. 外语学刊, （3）: 51–56.

王振华, 瞿桃. 2020. 多模态语篇的评价研究: 过去、现在与未来. 外国语（上海外国语大学学报）, （6）: 43–51.

王振华，石春煦．2016. 名物化语言现象在语篇中的作用．现代外语，39（6）：751–762.

王振华，王冬燕．2020. 从动性，质性到物性：对比英汉两种语言中的名物化语言现象．外国语（上海外国语大学学报），43（1）：13–22.

王振华，吴启竞．2017. 自顶向下的语篇连结机制——以法律教科书语篇为例．外语教学，（6）：12–17，79.

王振华，张庆彬（译）．2013. 系统功能语言学的演变：小句之外——J. R. 马丁教授访谈录．当代外语研究，（10）：1–12.

王竹青，苗兴伟．2015. 文学语篇的语言艺术分析框架——麦田守望者的功能文体分析．外国语文，31（1）：106–111.

韦琴红．2009. 多模态化与大学生多元识读能力研究．外语电化教学，（2）：28–32.

魏榕，何伟．2019. 国际生态话语之介入系统分析模式建构．解放军外国语学院学报，42（06）：91–99.

魏银霞，杨连瑞．2020. 评价型"V得C"小句嵌入显赫趋向特征的系统功能语法研究．外国语（上海外国语大学学报），（1）：23–33.

魏银霞，杨连瑞．2021. 系统功能语法视角下的英汉迂回致使研究．现代外语，44（04）：495–507.

吴安萍，钟守满．2010. 评价性形容词形式范畴化的语义结构模式研究．外语与外语教学，（5）：29–32.

吴建明．2020. 语言的谱系分类和类型学分类．现代外语，43（03）：330–340.

吴玲娟，张德禄．2019. 基于雨课堂的通用英语设计学习模式研究——兼论多元读写能力的培养．现代教育技术，（3）：78–84.

夏宁满．2022. 教育语言学的研究范式：解构与重构．外语研究，（2）：24–29.

向大军．2016. 系统功能认知视域下英语名词性"同义反复"的元功能分析．外语研究，（1）：55–59.

向大军．2017. 基于语料库的英语Let结构之加的夫语法视角研究．重庆：西南大学博士学位论文．

向大军．2022. 系统功能语言学的共生思想．北京科技大学学报（社会科学版），（5）：525–532.

向大军，刘承宇．2017. 论加的夫语法对系统功能语言学的发展．外语与外语教学，（1）：49–58，147.

肖祎，刘承宇. 2014. 系统功能语言学中的语义发生理论：回顾与展望. 外语学刊，（6）：17–21.

谢翠平，刘承宇. 2015. 系统功能语言学中的复杂自适应系统思想探析. 现代外语，（1）：48–57, 146.

谢妮妮. 2014. 视觉叙事阅读述评. 当代外语研究，（9）：74–76.

谢之君，王仙风. 2006. 概念功能、人际功能与汉语小句英译. 同济大学学报（社会科学版），（4）：62–67.

解敏. 2022. 外语教师课堂讲解的语义发展探究：跨学科视角. 外语教学理论与实践，（1）：130–141.

辛志英. 2012. 系统功能适用语言学发展五十年回顾. 中国外语，（3）：16–23.

辛志英，黄国文. 2010. 系统功能类型学：理论、目标与方法. 外语学刊，（5）：50–55.

辛志英，黄国文. 2011. 系统功能普通语言学发展五十年回顾. 外语教学，（4）：22–26, 84.

辛志英，黄国文. 2013. 系统功能语言学与生态话语分析. 外语教学，（3）：7–10.

徐宏颖，彭宣维. 2020. 为何有"Y处坐着 X"/"Y死了 X"一类语序？——凸显消息意义的相关句式系统溯因. 外国语（上海外国语大学学报），（6）：52–63.

徐珺. 2011. 评价理论视域中的商务翻译研究. 解放军外国语学院学报，（1）：81–91.

徐盛桓. 2021. 交叉学科研究视域下理论概念的移用与发展——语言学科理论创新探究之一. 天津外国语大学学报，28（1）：1–13, 158.

徐玉臣. 2013. 中国评价理论研究的回顾与展望. 外语教学，34（3）：11–15.

徐玉臣. 2015. 情态评价意义的语义学视角. 外语教学，36（3）：17–22.

徐玉臣，剡璇，苏蕊. 2014. 态度评价手段的篇章分布规律研究. 外语学刊，（4）：28–32.

许家金. 2013. 中国学习者英语口头叙事中的话语评价研究. 外语教学与研究，45（1）：69–79.

许婺，吴玲娟. 2008. 概念隐喻视角下的科技文本翻译. 上海翻译，（1）：1–3.

许酉萍，彭宣维. 2017. 及物性过程模式重构. 外语教学，（4）：18–24.

许正隆. 1999. 追寻时代 把握特色——谈谈环境新闻的采写. 新闻战线，（5）：41–42.

严恒斌，Jonathan W. 2011. 功能及语篇结构的标注和可视化：基于协作性云计算平台的实现. 北京科技大学学报（社会科学版），27（04）：32–36.

严世清. 2002. 论韩礼德的语言哲学思想. 外语研究,（2）：7–10, 19.

严世清. 2005. 论语篇功能思想的元理论意义. 外国语（上海外国语大学学报）,（5）：47–53.

严世清. 2012. 意义进化论理论溯源. 外语教学与研究,（1）：45–53.

严世清. 2019. 汉语失语症的系统功能语言学描述与阐述：一个案例报告. 当代外语研究,（3）：70–79.

杨炳钧. 2015. 从隐性范畴和渐变群的视角认识汉语动词的限定性. 当代外语研究,（8）：6–10, 77.

杨炳钧. 2018. "王冕死了父亲"的概念语法隐喻视角. 浙江外国语学院学报,（5）：96–104.

杨炳钧. 2019. "台上坐着主席团"的概念语法隐喻阐释. 中国外语,（1）：48–54.

杨炳钧. 2021. 从亚里士多德的隐喻论到韩礼德的语法隐喻论. 中国外语, 18（05）：26–34.

杨波. 2013. 概念语法隐喻的认知视角. 外国语（上海外国语大学学报）, 36（05）：27–35.

杨才英, 官齐. 2017. 基于语类的二语意义写作教学框架探索. 中国外语,（1）：81–87.

杨林. 2013. 科技英语名物化的语篇衔接功能与翻译. 中国科技翻译,（1）：1–3.

杨曙, 常晨光. 2013. 系统功能类型学——类型学之功能视角. 外语与外语教学,（4）：35–38.

杨信彰. 2003. 语篇中的评价性手段. 外语与外语教学,（01）：11–14.

杨信彰. 2010. 马丁对语域理论的发展和应用. 当代外语研究,（10）：39–42.

杨信彰. 2011. 英语科技语篇和科普语篇中的词汇语法. 外语教学,（4）：18–21, 100.

杨信彰. 2012. 功能语言学与外语教学. 载黄国文、辛志英（主编）. 系统功能语言学研究现状和发展趋势. 北京：外语教学与研究出版社, 376–397.

杨信彰. 2015. 英语专业学生的语类意识与外语能力. 外语与外语教学,（3）：21–25.

杨信彰. 2018. 英语物理学语篇中的言据性动词. 英语研究,（1）：66–76.

杨信彰. 2019. 学科语篇研究的若干问题. 外语教学,（2）：8–12.

杨雪芹. 2013. 语法隐喻理论及意义进化观研究. 南京：南京大学出版社.

杨雪燕. 2010. 对系统功能语言学的再认识. 中国外语, 7（06）：39–46.

杨延宁 . 2020. 汉语语法隐喻研究 . 北京：北京大学出版社 .

杨增成 . 2022. 多模态翻译研究范式的构建 . 中国外语，19（04）：05–111.

杨忠 . 2010. 语言相对论与语义研究视角摭议 . 外国问题研究，（1）：12–16.

杨忠 . 2022. 系统功能语言学视阈的语法隐喻研究 . 上海：上海外语教育出版社 .

杨忠，林正军 . 2011. 功能语言学语义研究范式探析 . 中国外语，（5）：83–88.

于浩鹏，何晓炜，王海燕 . 2017. 普通话特殊型语言障碍儿童关系从句产出研究 . 现代外语，（4）：495–506，584.

于晖 . 2018. 系统功能语言学视阈下教育语言学研究范式 . 解放军外国语学院学报，41（4）：52–60.

于晖，苗宁 . 2020. 教育语篇因果逻辑语法隐喻的模式与类型探析 . 中国外语，17（06）：26–34.

于晖，王丽萍 . 2020. 生态话语及物性分析模式探究——以教育语篇为例 . 外语与外语教学，（06）：43–54，120，148.

于晖，于婷婷 . 2017. 不同学科教育语篇知识结构的对比研究 . 北京科技大学学报（社会科学版），（2）：1–7.

于建平. 2006. 概念隐喻：实现科技英语语篇语体特征的有效途径. 中国科技翻译，（2）：40–43.

于丽 . 2016. 系统功能语言学与高校外语教学 . 外语学刊，（6）：130–133.

于丽 . 2019. 小说翻译中评价意义的重构研究 . 外语学刊，（1）：57–62.

余继英. 2010. 评价意义与译文意识形态——以阿 Q 正传英译为例. 外语教学理论与实践，（2）：83–90.

俞理明 . 2018. 教育语言学缘起的四大动因 . 外语与外语教学，（2）：1–6，147.

俞理明，袁平华 . 2004. 应用语言学还是教育语言学？——对二语习得研究学科属性的思考 . 现代外语，（3）：282–293，329.

袁传有 . 2008. 警察讯问语言的人际意义——评价理论之"介入系统"视角 . 现代外语，（2）：141–149，218–219.

袁贵仁，韩震 . 1988. 论人性、人的本质人的主体性的相互关系 . 求索，4：48–54.

岳丽媛，张增一 . 2017. 风险与安全："PX"议题报道中专家话语分析 . 自然辩证法研究，33（8）：45–50.

岳颖，刘玉洁，罗道玉 . 2017. 基于态度意义的语篇组织文本可视化 . 外语学刊，

（2）：38–44.

张德禄. 2009a. 多模态话语分析综合理论框架探索. 中国外语，（1）：24–30.

张德禄. 2009b. 多模态话语理论与媒体技术在外语教学中的应用. 外语教学，（4）：15–20.

张德禄. 2009c. 汉语语气系统的特点. 外国语文，（5）：1–7.

张德禄. 2010. 多模态外语教学的设计与模态调用初探. 中国外语，（3）：48–53, 75.

张德禄. 2011. 加的夫语法述评. 当代语言学，（3）：247–255.

张德禄. 2012a. 系统功能语言学的句法研究. 同济大学学报（社会科学版），（1）：90–98.

张德禄. 2012b. 多模态学习能力培养模式探索. 外语研究，（2）：9–14.

张德禄. 2015. 多模态话语分析理论与语言教学. 北京：高等教育出版社.

张德禄. 2017. 多模态论辩修辞框架探索. 当代修辞学，（1）：1–8.

张德禄. 2018a. 多模态话语中的情景语境. 解放军外国语学院学报，（3）：1–9, 159.

张德禄. 2018b. 语际功能文体学探索——以汉英寓言文体对比为例. 浙江外国语学院学报，（5）：47–56.

张德禄. 2019. 评价理论介入系统中的语法模式研究. 外国语（上海外国语大学学报），42（2）：2–10.

张德禄. 2020. 系统功能语言学与外语教育研究. 上海：上海外语教育出版社.

张德禄，丁肇芬. 2013. 外语教学多模态选择框架探索. 外语界，（3）：39–46, 56.

张德禄，董娟. 2014. 语法隐喻理论发展模式研究. 外语教学与研究，（1）：32–44.

张德禄，郝兴刚. 2019. 超文化交际能力培养模式构建探索. 外语界，（5）：57–63, 96.

张德禄，郝兴刚. 2020. 同题新闻评论文体对比研究. 外语教学，41（2）：1–7.

张德禄，刘睿. 2014. 外语多元读写能力培养教学设计研究——以学生口头报告设计为例. 中国外语，（3）：45–52.

张德禄，刘世铸. 2006. 形式与意义的范畴化——兼评评价语言——英语的评价系统. 外语教学与研究，38（6）：423–427.

张德禄，穆志刚. 2012. 多模态功能文体学理论框架探索. 外语教学，33（3）：1–6.

张德禄，王璐. 2010. 多模态话语模态的协同及在外语教学中的体现. 外语学刊，（2）：97–102.

张德禄，王群. 2011. 交通标志牌的图文关系与解读过程. 外语教学，32（4）：27–30.

张德禄，王正. 2016. 多模态互动分析框架探索. 中国外语，（2）：54–61.

张德禄，张时倩. 2014. 论设计学习——多元读写能力培养模式探索. 解放军外国语学院学报，（02）：1–8, 159.

张德禄，赵静. 2022. 多模态话语分析是否需要多模态语法. 载王振华、王品编. 语言学的适用研究. 北京：北京大学出版社，153–168.

张德禄，雷茜. 2013. 语法隐喻研究在中国. 外语教学，34（03）：1–6.

张会平，刘永兵. 2013. 新及物性模式下中国学生语法隐喻的习得历程. 外国语（上海外国语大学学报），36（06）：53–62.

张慧，林正军，董晓明. 2021. 体认观视阈下逻辑语法隐喻的英译策略研究. 外语学刊，（5）：80–85.

张敬源. 2010. 功能语言学与翻译研究. 北京：外语教学与研究出版社.

张敬源，段耀华. 2013. 汉语性质词组的句法功能研究. 北京第二外国语学院学报，（6）：11–16.

张敬源，顾颖. 2009. 加的夫语法对悉尼语法词组单位的扩展. 外语教学，（2）：17–21.

张敬源，王深. 2013. 基于加的夫语法的现代汉语"把"字结构及物性研究. 当代外语研究，（4）：12–15.

张敬源，王文峰. 2016. 中国的加的夫语法研究二十年：回顾、思索与展望. 外语研究，（5）：28–34.

张美芳，黄国文. 2002. 语篇语言学与翻译研究. 中国翻译，（3）：5–9.

张庆彬，王振华. 2019. "政治等效"与"评价等效"：中国外交表态词的评价机制和翻译原则. 浙江大学学报（人文社会科学版），49（5）：157–166.

张瑞杰，何伟. 2018. 生态语言学视角下的人际意义系统. 外语与外语教学，（02）：99–108, 150.

张威. 2004. 美国环境新闻的轨迹及其先锋人物（1844—1966）. 国际新闻界，（3）：25–29.

张威. 2010. 功能语言学关照下的翻译形式等效——游子吟英译文的及物性剖析. 当代外语研究，（5）：18–22.

张先刚. 2007. 评价理论对语篇翻译的启示. 外语教学，（6）：33–36.

张先刚. 2012. 语类读写教学法对学术论文摘要写作的启示. 外语教学，（1）：56–60.

张先刚.2013.悉尼学派的语类教学法理论.外语界,（2）：24–32.

张宜敏.2017.构建语义波实现再语境化———一项基于 SFL 和 LCT 的累积式英语阅读教学模式探索.外国语文,（2）：132–139.

张征.2013.基于"设计"理念的多元读写能力培养模式.外语与外语教学,（2）：11–15.

赵常友,刘承宇.2019.边缘话语分析———一项关于服刑人员语言状态的田野调查.天津外国语大学学报,26（5）：66–78,159–160.

赵常友,刘承宇.2020.语言生态化研究及生态语言学的两个转向.东北大学学报（社会科学版）,22（2）：112–119.

赵德全,李伟.2010.纯理功能与语法隐喻.河北大学学报（哲学社会科学版）,35（03）：130–133.

赵宏伟,何伟.2018.英语"从属型动词词组复合体"归属之功能视角研究.外语与外语教学,（5）：69–78,149.

赵宏伟,何伟.2019.现代汉语"被"字结构的功能视角研究.外语学刊,（1）：45–51.

赵俊海.2012.阿尔茨海默症患者话语的系统功能语言学研究.重庆：西南大学博士学位论文.

赵俊海,杨炳钧.2012.临床话语分析的系统功能语言学理据及途径.中国外语,（6）：96–101.

赵莉.2017.基于 BNC 语料库的小句级阶上概念语法隐喻研究.解放军外国语学院学报,40（04）：35–43,159–160.

赵蕊华.2016.系统功能视角下生态话语分析的多层面模式———以生态报告中银无须鳕身份构建为例.中国外语,13（05）：84–91.

赵蕊华.2018.基于语料库 CCL 的汉语语言生态研究———以"野生动物"为例.外语与外语教学,（05）：12–20,147.

赵蕊华,黄国文.2017.生态语言学研究与和谐话语分析———黄国文教授访谈录.当代外语研究,（04）：15–18,25.

赵蕊华,黄国文.2021.和谐话语分析框架及其应用.外语教学与研究,（1）：42–53,159–160.

赵为学.2008.新闻传播学研究中话语分析的应用：现状,局限与前景.上海大学学报（社会科学版）,15（4）：90–111.

赵永刚. 2015. 论韩礼德的音系观. 外国语文, 31（03）: 76–83.

赵永青, 陈婧, 黄滔, 秦丽莉. 2012. 基于评价系统的 EFL 演讲者话语身份构建研究. 外语教学, （2）: 22–26.

郑元会, 苗兴伟. 2008. 诗歌翻译中人际意义的建构——评莎士比亚第十八首十四行诗的翻译. 四川外国语学院学报, （1）: 104–107.

周惠, 刘永兵. 2014. 意义·思维·学习——Halliday 的语言发展理论. 中国外语, （4）: 33–41.

周惠, 刘永兵. 2017. 英语学位论文摘要中语法隐喻的使用与语篇功能研究. 现代外语, 40（04）: 484–494, 583–584.

周书俊. 2002. 主体性原则的解构. 东岳论丛, 23（6）: 76–78.

周文娟. 2016. 阿尔温·菲尔教授访谈录. 鄱阳湖学刊, （4）: 25–29.

周文娟. 2017. 中国语境下生态语言学研究的理念与实践——黄国文生态语言学研究述评. 西安外国语大学学报, 25（03）: 24–28.

周祥. 2017. 悉尼学派语类教学法对大学英语写作教学之启示——"以读促学"与王初明"以写促学"的结合. 西安外国语大学学报, （1）: 72–77.

周晓康. 1999. 现代汉语物质过程小句的及物性系统. 当代语言学, （03）: 36–50, 62.

朱永生. 2006. 名词化、动词化与语法隐喻. 外语教学与研究, 38（2）: 83–90.

朱永生. 2007. 多模态话语分析的理论基础与研究方法. 外语学刊, （5）: 82–86.

朱永生. 2008. 多元读写能力研究及其对我国教学改革的启示. 外语研究, （4）: 10–14.

朱永生. 2011. 系统功能语言学中的个体发生学. 中国外语, （6）: 18–25.

朱永生. 2012. 系统功能语言学个体化研究的动因及哲学指导思想. 现代外语, （4）: 331–337.

朱永生, 严世清. 2001. 系统功能语言学多维思考. 上海: 上海外语教育出版社.

朱永生, 严世清. 2011. 系统功能语言学再思考. 上海: 复旦大学出版社.

朱永生, 严世清, 苗兴伟. 2004. 功能语言学导论. 上海: 上海外语教育出版社.

Alexander, L. 1996. Bad beginnings. *University of Pennsylvania Law Review*, *145*(1): 57–87.

Alexander, R. & Stibbe, A. 2014. From the analysis of ecological discourse to the ecological analysis of discourse. *Language Sciences*, *41*: 104–110.

Baker, M. 1992. *In Other Words: A Coursebook on Translation*. London: Routledge.

Baldry, A. 2000. Multimodality and Multimediality in the Distance Learning Age: Papers in *English Linguistics*. Campobasso: Palladino.

Baldry, A. P. & Thibault, P. J. 2006. *Multimodal Transcription and Text Analysis*. London: Equinox.

Bang, J. C. & Døør, J. 1993. Eco-linguistics: A framework. In *AILA'93*, 31–60.

Bang, J. C. & Trampe, W. 2014. Aspects of an ecological theory of language. *Language Sciences, 41* (1): 83–92.

Barthes, R. 1977. *Image—Music—Text*. London: Macmillan.

Bateman, J. 1990. Upper modeling: Organizing knowledge for natural language processing. In Proceedings of the 5th International Natural Language Generation Workshop, Pittsburgh, PA, 54–60.

Bateman, J. 2008. *Multimodality and Genre: A Foundation for the Systematic Analysis of Multimodal Documents*. Basingstoke & New York: Springer.

Bateman, J. 2011. The deco mposability of semiotic modes. In K. L. O'Halloran & B. A. Smith (Eds.), *Multimodal Studies: Multiple Approaches and Domains*. London: Routledge, 17–38.

Bateman, J. 2022. Multimodality, where next?—Some meta-methodological considerations. *Multimodality & Society, 2(1)*: 41–63.

Bateman, J. & O'Donnell, M. 2015. Computational Linguistics: The Halliday Connection. In J. Webster (Ed.), *The Bloomsbury Companion to M. A. K. Halliday*. London: Bloomsbury Academic, 453–466.

Bateman, J., Wildfeuer, J. & Hiippala, T. 2017. *Multimodality: Foundations, Research and Analysis. A Problem-oriented Introduction*. Berlin: Mouton de Gruyter.

Bateman. J. A. & Paris, C. L. 1991. Constraining the deployment of lexicogrammatical resources during text generation: Towards a computational instantiation of register theory. In E. Ventola (Ed.), *Functional and Systemic Linguistics: Approaches and Uses*. Berlin: Mouton de Gruyter, 81–106.

Bauman, R. & Briggs, C. L. 1990. Poetics and performance as critical perspectives on language and social life. *Annual Review of Anthropology*, 19, 59–88.

Beangstrom, T. & Adendorff, R. 2013. An APPRAISAL analysis of the language of real estate advertisements. *Southern African Linguistics and Applied Language Studies, 31*(3): 325–347.

Bednarek, M. 2006a. Evaluation and cognition: Inscribing, evoking and provoking opinion. In H. Pishwa (Ed.), *Language and Memory: Aspects of Knowledge Representation*. Berlin: Mouton de Gruyter, 187–221.

Bednarek, M. 2006b. *Evaluation in Media Discourse*. London: Continuum.

Bednarek, M. 2008a. *Emotion Talk Across Corpora*. London: Palgrave Macmillan.

Bednarek, M. 2008b. Semantic preference and semantic prosody re-examined. *Corpus Linguistics and Linguistic Theory*, (2): 119–139.

Bednarek, M. 2009. Language pattern and attitude. *Functions of Language, 16*(2): 165–192.

Bednarek, M. 2010. Corpus linguistics and systemic functional linguistics: Interpersonal meaning, identity and bonding in popular culture. In M. Bednarek & J. Martin (Eds.), *New Discourse on Language: Functional Perspectives on Multimodality, Identity and Affiliation*. London: Continuum, 237–266.

Bednarek, M. 2015. Corpus-assisted multimodal discourse analysis of television and film narratives. In P. Baker & T. McEnery (Eds.), *Corpora and Discourse Studies*. London: Palgrave Macmillan, 63–87.

Benítez-Castro, M. Á. & Hidalgo-Tenorio, E. 2019. Rethinking Martin & White's affect taxonomy. In J. Lachlan Mackenzie & L. Alba-Juez (Eds.). *Emotion in Discourse*. Amsterdam & Philadelphia: John Benjamins, 301–332.

Berger, P. & Luckmann, T. 1966. *The Social Construction of Reality*. Harmondsworth: Penguin.

Bernstein, B. 1971. *Class, Codes and Control: Theoretical Studies Towards a Sociology of Language* (Vol. 1). London: Routledge.

Bernstein, B. 1996. *Pedagogy, Symbolic Control and Ideology: Theory Research Critique*. London: Routledge.

Bezemer, J. & Kress, G. 2008. Writing in multimodal texts: A social semiotic account of designs for learning. *Written Communication, 25*(2): 166–195.

Bhatia, V. K. 1993. *Analysing Genre-Language Use in Professional Settings*. London: Longman.

Bhatia, V. K. 2004. *Worlds of Written Discourse: A Genre-Based View*. London: Continuum.

Biber, D. & Conrad, S. 2009. *Register, Genre and Style*. Cambridge: Cambridge University Press.

Biber, D., Conrad, S. & Reppen, R. 1998. *Corpus Linguistics: Investigating Language Structure and Use*. Cambridge: Cambridge University Press.

Bowcher, W. L. & Smith, B. A. 2014. *Systemic Phonology: Recent Studies in English*. Basingstoke, Hampshire & New York: Palgrave Macmillan.

Brumfit, C. J. & Johnson, K. 1979. *The Communicative Approach to Language Teaching*. Oxford: Oxford University Press.

Butler, C. S. 2004. Corpus studies and functional linguistic theories. *Functions of Language, 11*(2): 147–186.

Butt, D., Henderson-Brooks, C., Moore, A., Meares, R., Haliburn, J., Korner, A. & Eyal, R. 2014. Motivated selection in verbal art, "verbal science", and psychotherapy: When many methods are at one. In Y. Fang & J. Webster (Eds.), *Developing Systemic Functional Linguistics: Theory and Application*. Sheffield: Equinox, 298–322.

Byrnes, H. 2014. Linking task and writing for language development: Evidence from a genre-based curricular approach. In H. Byrnes &. R. Manchón (Eds.), *Task-Based Language Learning—Insights from and for L2 Writing*. Amsterdam: John Benjamins, 237–263.

Caffarel, A. 2006. *A Systemic Functional Grammar of French*. London: Continuum.

Caffarel, A., Martin, J. & Matthiessen, C. M. I. M. 2004. Introduction: Systemic functional typology. In A. Caffarel, J. Martin & C. Matthiessen

(Eds.), *Language Typology: A Functional Perspective*. Amsterdam: John Benjamins, 1–76.

Carvalho, A. & Burgess, J. 2005. Cultural circuits of climate change in UK broadsheet newspapers, 1985—2003. *Risk Analysis: An International Journal, 25*(6): 1457–1469.

Catford, J. C. 1965. *A Linguistic Theory of Translation*. Oxford: Oxford University Press.

Chen, A. & Eriksson, G. 2019a. The making of healthy and moral snacks: A multimodal critical discourse analysis of corporate storytelling. *Discourse, Context & Media, 32*: 100347.

Chen, A. & Eriksson, G. 2019b. The mythologization of protein: A multimodal critical discourse analysis of snacks packaging. *Food, Culture & Society, 22*(4): 423–445.

Christie F. & Martin, J. R. 1997. *Genre and Institutions: Social Processes in the Workplace and School*. London: Pinter.

Coffin, C. 2001. Theoretical approaches to written language: A TESOL perspective. In A. Burns & C. Coffin (Eds.), *Analyzing English in a Global Context: A Reader*. London: Routledge, 93–122.

Coffin, C. 2013. Using systemic functional linguistics to explore digital technologies in educational contexts. *Text & Talk, 33*(4–5): 497–522.

Conrad, S. & Biber, D. 2000. Adverbial marking of stance in speech and writing. In S. Hunston & G. Thompson (Eds.), *Evaluation in Text: Authorial Stance and the Construction of Discourse*. Oxford: Oxford University Press, 56–73.

De Beaugrande, R. 1991. *Linguistic Theory: The Discourse of Fundamental Works*. London: Routledge.

Derewianka, B. 2003. Grammatical metaphor in the transition to adolescence. In A. Simon-Vandenbergen, M. Taverniers & L. Ravelli (Eds.), *Grammatical Metaphor: Views from Systemic-Functional Linguistics*. Amsterdam & Philadelphia: John Benjamins, 185–218.

Derrida, J. 1976. The supplement of copula: Philosophy before linguistics. *The Georgia Review, 30(3)*: 527–564.

De Saussure, F. 1915. *A Course in General Linguistics*. New York: McGraw-Hill.

Desolneux, A., Moisan, L. & Morel, J. M. 2008. The helmholtz principle. In A. Desolneux, L. Moisan & J. M. Morel (Eds.), *From Gestalt Theory to Image Analysis: A Probabilistic Approach*. Springer Nature, 31–45.

Djonov, E. & van Leeuwen, T. 2011. The semiotics of texture: From tactile to visual. *Visual Communication, 10(4)*: 541–564.

Doran, Y. J. 2018. *The Discourse of Physics: Building Knowledge Through Language, Mathematics and Image*. New York: Routledge.

Djonov, E. 2005. Analyzing the organization of information in websites. Doctoral dissertation, University of New South Wales, Australia.

Eggins, S. 1994. *An Introduction to Systemic Functional Linguistics* (2nd Ed.). London & New York: Continuum.

Haugen, E. 1972. *The Ecology of Language*. Stanford: Stanford University Press.

Ellestrom, L. 2014. *Media Transformation: The Transfer of Media Characterisitcs Among Media*. Basingstoke: Palgrave Macmillan.

Englebretson, R. 2007. Stancetaking in discourse: An introduction. In R. Englebretson (Ed.), *Stancetaking in Discourse: Subjectivity, Evaluation, Interaction*. Amsterdam: John Benjamins, 1–25.

Fairclough, N. 1992. *Discourse and Social Change*. Cambridge: Polity.

Fairclough, N. 2007. *Discourse and Contemporary Social Change* (Vol. 54). Bern: Peter Lang.

Fairclough, N. 2013. Critical discourse analysis. In Fairclough, N. (Ed.), *Critical Discourse Analysis: The Critical Study of Language*. London & New York: Routledge, 35–46.

Fang, J. 2022. *A Systemic Functional Grammar of Chinese Nominal Groups*. Singapore: Springer.

Fang, Z. & Schleppegrell, M. J. 2008. *Reading in Secondary Content Areas: A Language-based Pedagogy*. Ann Arbor: University of Michigan Press.

Fang, Z. & Schleppegrell, M. J. 2010. Disciplinary literacies across content areas: Supporting secondary reading through functional language analysis. *Journal of Adolescent & Adult Literacy, 53*(7): 587–597.

Farahani, A. A. & Hadidi, Y. 2008. Semogenesis under scrutiny: Grammatical metaphor in science and modern prose fiction. *International Journal of Applied Linguistics, 11*: 51–81.

Fawcett, R. P. 1980. *Cognitive Linguistics and Social Interaction: Towards an Integrated Model of a Systemic Functional Grammar and the Other Components of a Communicating Mind.* Heidelberg: Julius Groos and Exeter University.

Fawcett, R. P. 1981/1973. Generating a sentence in systemic functional grammar. In M. A. K. Halliday & J. Martin (Eds.), *Readings in Systemic Linguistics.* London: Batsford, 146–183.

Fawcett, R. P. 2000. *A Theory of Syntax for Systemic Functional Linguistics.* Amsterdam & Philadelphia: John Benjamins.

Fawcett, R. P. 2013. Choice and choosing in systemic functional grammar: What is it and how is it done? In L. Fontaine, T. Bartlett & G. Grady (Eds.), *Systemic Functional Linguistics: Exploring Choice.* Cambridge: Cambridge University Press, 115–134.

Fawcett, R. P., Tucker, G. H. & Lin, Y. 1993. The role of realization in realization: How a systemic grammar works. In H. Horacek & M. Zock (Eds.), *From Planning to Realization in Natural Language Generation.* London: Pinter, 114–186.

Felder, E. 2012. *Pragma-semiotische Textarbeit und der Hermeneutische Nutzen von Korpusanalysen für die Linguistische Mediendiskursanalyse* (Vol. 44). Berlin: Mouton de Gruyter, 115–174.

Ferguson, A., Spencer, E. & Armstrong, E. 2017. Systemic functional linguistics and clinical linguistic. In T. Bartlett & G. O'Grady (Eds.), *The Routledge Handbook of Systemic Functional Linguistics.* London & New York: Routledge, 491–505.

Figueredo, G. 2020. Axial argumentation and cryptogrammar in textual grammar: THEME in Brazilian Portuguese. In J. R. Martin, Y. Doran & G. Figueredo (Eds.), *Systemic Functional Language Description: Making Meaning Matter*. London & New York: Routledge, 129–161.

Fill, A. 2001. Ecolinguistics: State of the art. In A. Fill & P. Mühlhäusler (Eds.), *The Ecolinguistics Reader: Language, Ecology, and Environment*. London & New York: Continuum, 43–53.

Fill, A. & Mühlhäusler, P. 2001. *The Ecolinguistics Reader: Language, Ecology, and Environment*. London & New York: Continuum.

Fincham, J. 2009. Language and semogenesis in philosophy: Realizational Patternings of Ideology in Lexico-grammar. MA thesis, Marshall University, West Virginia.

Firth, J. R. 1957. *Papers in Linguistics 1934–1951*. London: Oxford University Press.

Fontaine, L. 2013. *Analyzing English Grammar: A Systemic-Functional Introduction*. Cambridge: Cambridge University Press.

Forceville, C. J. 1999. Educating the eye? Kress and van Leeuwen's *Reading Images: The Grammar of Visual Design* 1996. *Language and Literature: International Journal of Stylistics*, 8(2): 163–178.

Forceville, C. J. 2007. Multimodal transcription and text analysis: A multimedia toolkit and coursebook. *Journal of Pragmatics*, 39(6): 1235–1238.

Foucault, M. 1977. *Language, Counter-memory, Practice*. Ithaca: Cornell University Press.

Francis, G., Hunston, S. & Manning, E. 1998. *Collins Cobuild Grammar Patterns 2: Nouns and Adjectives*. London: Harper Collins.

Frome, M. 1998. *Green Ink: An Introduction to Environmental Journalism*. Salt Lake City: University of Utah Press.

Fuoli, M. 2012. Assessing social responsibility: A quantitative analysis of Appraisal in BP's and IKEA's social reports. *Discourse & Communication*, 6(1): 55–81.

Fuoli, M. 2018a. A stepwise method for annotating APPRAISAL. *Functions of Language, 25*(2): 229–258.

Fuoli, M. 2018b. Building a trustworthy corporate identity: A corpus-based analysis of stance in annual and corporate social responsibility reports. *Applied Linguistics, 39*(6): 846–885.

Fuoli, M. & Hommerberg, C. 2015. Optimising transparency, reliability and replicability: Annotation principles and inter-coder agreement in the quantification of evaluative expressions. *Corpora, 10*(3): 315–349.

Fónagy, I. 1999. Why iconicity? In O. Fischer & M. Nänny (Eds.), *Form Miming Meaning*. Amsterdam: John Benjamins, 3–35.

Gardner, S. 2008. Integrating ethnographic, multidimensional, corpus linguistic and systemic functional approaches to genre description: An illustration through university history and engineering assignments. Paper presented at 19th European Systemic Functional Linguistics Conference and Workshop, Saarbrucken, Germany.

Geng, Y. & Wharton, S. 2016. Evaluative language in discussion sections of doctoral theses: Similarities and differences between L1 Chinese and L1 English writers. *Journal of English for Academic Purposes, 22*, 80–91.

Gerbig, A. 1993. The construction of reality in the discourse on ozone protection. In *Values and the Environment*, Proceedings of the Conference organised by the Faculty of Human Studies, University of Surrey, 23–24.

Goatly, A. 1996. Green grammar and grammatical metaphor, or language and the myth of power, or metaphors we die by. *Journal of Pragmatics, 25* (4): 537–560.

Goatly, A. 2002. The representation of nature on the BBC world service. *Text, 22* (1): 1–27.

Greenberg, J. H. 1966. *Universals of Language* (2nd ed.). Cambridge: The MIT Press.

Gregory, M. J. 1967. Aspects of varieties differentiation. *Journal of Linguistics*, (3): 177–198.

Halliday, M. A. K. 1956. Grammatical categories in modern Chinese. *Transactions of the Philological Society, 55*(1): 177–224.

Halliday, M. A. K. 1959. The Language of the Chinese "Secret History of the Mongols". Oxford: Blackwell.

Halliday, M. A. K. 1961. Categories of the theory of grammar. *Word, 17*(3): 241–292.

Halliday, M. A. K. 1963a. Intonation in English grammar. *Transactions of the Philological Society, 62,* 143–169.

Halliday, M. A. K. 1963b. The tones of English. *Archivum Linguisticum, 15,* 1–28.

Halliday, M. A. K. 1966. Some notes on "deep" grammar. *Journal of Linguistics,* 2, 110–118.

Halliday, M. A. K. 1967a/1968. Notes on transitivity and themes in English (Parts 1–3). *Journal of Linguistics, 3(1, 2), 4(2).*

Halliday, M. A. K. 1967b. *Intonation and Grammar in British English.* The Hague: Mouton de Gruyter.

Halliday, M. A. K. 1969. Options and functions in the English clause. *Brno Studies in English, 8*: 8–88.

Halliday, M. A. K. 1970. *A Course in Spoken English: Intonation.* Oxford: Oxford University Press.

Halliday, M. A. K. 1973. *Explorations in the Functions of Language.* London: Arnold.

Halliday, M. A. K. 1975. *Learning How to Mean.* London: Arnold.

Halliday, M. A. K. 1978. *Language as Social Semiotic: The Social Interpretation Language and Meaning.* London: Arnold.

Halliday, M. A. K. 1979/2004. The ontogenesis of dialogue. In J. Webster (Ed.), *The Language of Early Childhood.* London & New York: Continuum, 144–152.

Halliday, M. A. K. 1985. *An Introduction to Functional Grammar.* London: Arnold.

Halliday, M. A. K. 1989. Some grammatical problems in scientific English.

Australian Review of Applied Linguistics, 6: 13–37.

Halliday, M. A. K. 1990a. New ways of meaning: The challenge to applied linguistics. *Journal of Applied Linguistics, 6*: 7–36.

Halliday, M. A. K. 1990b/2007. On the concept of "Educational Linguistics". In J. Webster (Ed.), *Collected Works of M. A. K. Halliday: Language and Education* (Vol. 9). London: Continuum.

Halliday, M. A. K. 1992/1995. On language in relation to the evolution of human consciousness. First published in *Of Thoughts and Words* (Proceedings of Nobel Symposium 92: The Relation Between Language and Mind), edited by S. Allén. London: Imperial College Press and the Nobel Foundation, 1995. Also in J. Webster (Ed.), *On Language and Linguistics*. London: Continuum, Reprinted in《论语言与语言学》(韩礼德文集 3). Beijing: Peking University Press, 2003.

Halliday, M. A. K. 1992a. How do you mean. In M. Davies & L. Ravelli (Eds.), *Advances in Systemic Linguistics: Recent Theory and Practice*. London: Pinter, 20–36.

Halliday, M. A. K. 1992b. Systemic grammar and the concept of a "science of language". *Waiguoyu* (Journal of Foreign Languages), *78*(2): 1–9.

Halliday, M. A. K. 1993. Towards a language-based theory of learning. *Linguistics and Education, 5*(2): 93–116.

Halliday, M. A. K. 1994a. *An Introduction to Functional Grammar* (2nd ed.). London: Arnold.

Halliday, M. A. K. 1994b. A language development approach to education. In N. Bird (Ed.), *Language and Learning*. Hong Kong: The Hong Kong Institute of Education, 5–17.

Halliday, M. A. K. 1995. Language and the reshaping of human experience. In B. Dendrinos (Ed.), *Proceedings of the Fourth International Symposium on Critical Discourse Analysis*. Athens: University of Athens Press.

Halliday, M. A. K. 1998. On the grammar of pain. *Functions of Language, 5*(1): 1–32.

Halliday, M. A. K. 1999. Grammar and the construction of educational knowledge. In J. Webster (Ed.), *The Collected Works of M. A. K. Halliday* (Vol. 4). London: Continuum, 353–372.

Halliday, M. A. K. 2000. *An Introduction to Functional Grammar* (2nd ed.). Beijing: Foreign Language Teaching and Research Press.

Halliday, M. A. K. 2001a. New ways of meaning: The challenge to applied linguistics. In P. Mühlhausler & A. Fill (Eds.), *The Ecolinguistics Reader: Language, Ecology and Environment.* London: Continuum, 175–202.

Halliday, M. A. K. 2001b. Towards a theory of good translation. In E. Steiner & C. Yallop (Eds.), *Exploring Translation and Multilingual Text Production: Beyond Context.* Berlin: Mouton de Gruyter, 13–18.

Halliday, M. A. K. 2002. *On Grammar.* J. Webster (Ed.). London & New York: Continuum.

Halliday, M. A. K. 2004a. The language of early childhood. In J. Webster (Ed.), *Collected Works of M. A. K. Halliday* (Vol. 4). London: Continuum.

Halliday, M. A. K. 2004b. On grammar as the driving force from primary to higher order consciousness. In G. Williams & A. Lukin (Eds.), *The Development of Language: Functional Perspective on Species and Individuals.* London: Continuum.

Halliday, M. A. K. 2004c. *The Language of Science.* J. Webster (Ed.). New York: Bloombury.

Halliday, M. A. K. 2005a. *Computational and Quantitative Studies.* J. Webster (Ed.). London & New York: Continuum.

Halliday, M. A. K. 2005b. *Studies in English Language.* J. Webster (Ed.). London & New York: Continuum.

Halliday, M. A. K. 2005c. A note on systemic functional linguistics and the study of language disorders. *Clinical Linguistics & Phonetics, 19*(3): 133–135.

Halliday, M. A. K. 2006. Systemic theory. In K. Brown et al. (Eds.), *Encyclopedia of Language and Linguistics* (2nd ed., Vol. 12). London: Elsevier, 443–447.

Halliday, M. A. K. 2007. *Language and Education.* J. Webster (Ed.). London & New York: Continuum.

Halliday, M. A. K. 2008a. *Complementarities in Language.* Beijing: The Commercial Press.

Halliday, M. A. K. 2008b. Working with meaning: Towards an appliable linguistics. In J. Webster (Ed.), *Meaning in Context: Implementing Intelligent Applications of Language Studies.* London: Continuum, 7–23.

Halliday, M. A. K. 2009. The gloosy ganoderm: Systemic functional linguistics and translation. *Zhongguo Fanyi*, (1): 17–26.

Halliday, M. A. K. 2010. Pinpointing the choice: Meaning and the search for equivalents in a translated text. In A. Mahboob & N. Knight (Eds.), *Appliable Linguistics.* London: Continuum, 13–24.

Halliday, M. A. K. 2013. *Halliday in the 21st Century.* J. Webster (Ed.). London & New York: Bloomsbury.

Halliday, M. A. K. 2014. *Halliday's Introduction to Functional Grammar* (4th ed.). Revised by C. M. I. M. Matthiessen. London & New York: Routledge.

Halliday, M. A. K. & Greaves, W. S. 2008. *Intonation in the Grammar of English.* London: Equinox.

Halliday, M. A. K. & Hasan, R. 1976. *Cohesion in English.* London: Longman.

Halliday, M. A. K. & Hasan, R. 1985. *Language, Context and Text: Aspects of Language in a Socio-semiotic Perspective.* Oxford: Oxford University Press.

Halliday, M. A. K. & James, Z. 1993. A qualitative study of polarity and primary tense in the English finite clause. In J. Sinclair, M. Hoey & G. Fox (Eds.), *Techniques of Description: Spoken and Written Discourse.* London: Routledge, 32–66.

Halliday, M. A. K. & Matthiessen, C. M. I. M. 1999. *Construing Experience Through Meaning: A Language-based Approach to Cognition.* London & New York: Continuum.

Halliday, M. A. K. & Matthiessen, C. M. I. M. 2004. *An Introduction to Functional Grammar* (3rd ed.). London: Arnold.

Halliday, M. A. K. & Matthiessen, C. M. I. M. 2014. *Halliday's Introduction to Functional Grammar* (4th ed.). London: Routledge.

Halliday, M. A. K., Mclntosh, A. & Strevens, P. 1964. *The Linguistic Sciences and Language Teaching*. London: Longman.

Hao, J. & Humphrey, S. 2012. Burnishing and tarnishing in academic literacy. International Systemic Functional Congress, Sydney, Australia.

Hasan, R. 1984. Coherence and cohesive harmony. In J. Flood (Ed.), *Understanding Reading Comprehension*. Delaware: International Reading Association, 181–219.

Hasan, R. 1987. The grammarian's dream: Lexis as the most delicate grammar. In M. A. K. Halliday & R. Fawcett (Eds.), *New Developments in Systemic Functional Linguistics: Theory and Description*. London: Pinter, 184–211.

Hasan, R. 2005. Language, society and consciousness. In J. Webster (Ed.), *The Collected Works of Ruquaiya Hasan* (Vol. 1). London: Equinox.

Hasan, R. 2009. Semantic variation: Meaning in society and sociolinguistics. In J. Webster (Ed.), *The Collected Works of Ruquaiya Hasan* (Vol. 2). London: Equinox.

Hasan, R. 2011. *Selected Works of Ruquaiya Hasan: On Applied Linguistics*. Beijing: Foreign Language Teaching and Research Press.

Hasan, R. 2012. The concept of semiotic mediation: Perspectives from Bernstein's sociology. In H. Daniels (Ed.), *Vygotsky and Sociology*. London: Routledge, 80–92.

Hasan, R. 2014. Linguistic sign and the science of linguistics: The foundations of appliability. In F. Yan & J. J. Webster (Eds.), *Developing Systemic Functional Linguistics: Theory and Application*. Sheffield: Equinox, 106–137.

Haugen, E. 1970. On the ecology of languages. Talk delivered at a conference at Burg Wartenstein, Austria.

He, Q.-S. 2019. *A Corpus-based Approach to Clause Combining in English from the Systemic Functional Perspective*. Singapore: Springer.

He, W. 2014. "Bi-functional constituent constructions" in modern mandarin

Chinese: A Cardiff Grammar approach. *Language Sciences, 42*: 43–59.

He, W. 2017. "Subject-predicate predicate sentences" in modern mandarin Chinese: A Cardiff Grammar approach. *Linguistics*, (4): 935–977.

He, W. 2020. An alternative model of the transitivity system of Chinese. In G. Tucker, G. Huang, L. Fontaine & E. McDonald (Eds.), *Approaches to Systemic Functional Grammar: Convergence and Divergence*. Sheffield & Bristol: Equinox, 269–292.

He, Y.-F. 2020. Animation as a semiotic mode: Construing knowledge in science animated videos. Doctoral dissertation, Sydney University, Sydney.

He, Y.-F. 2021. Towards a stratified metafunctional model of animation. *Semiotica, 239*: 1–35.

Heine, B. & Nurse, D. 2000. *African Languages: An Introduction*. Cambridge: Cambridge University Press.

Hiippala, T. 2013. Modelling the structure of a multimodal artefact. Doctoral disserfation, University of Helsinki, Helsinki.

Hiippala, T. 2017. An overview of research within the genre and multimodality framework. *Discourse, Context & Media, 20*: 276–284.

Hjemslev, L. 1953. *Prolegomena to a Theory of Language* (2nd ed.). Trans. by F. J. Whitefield. Madison: University of Wisconsin Press.

Ho, J. K. K. 2014. Formulation of a systemic PEST analysis for strategic analysis. *European Academic Research, 2*(5): 6478–6492.

Hocks, M. E. & Kendrick, M. R. 2003. *Eloquent Images*. Cambridge: The MIT Press.

Hodge, B. 2017. *Social Semiotics for a Complex World*. Cambridge: Polity.

Hodge, R. I. V. & Kress, G. R. 1988. *Social Semiotics*. Ithaca: Cornell University Press.

Hommerberg, C. & Don, A. 2015. Appraisal and the language of wine appreciation: A critical discussion of the potential of the Appraisal framework as a tool to analyse specialised genres. *Functions of Language*,

22(2): 161–191.

House, J. 1977. A model for assessing translation quality. *Meta, 22*(2): 103–109.

Howlett, M. & Raglon, R. 1992. Constructing the environmental spectacle: Green advertisements and the greening of the corporate image, 1910–1990. *Environmental History Review, 16*(4): 53–68.

Huang, G.-W. & Zhao R.-H. 2021. Harmonious discourse analysis: Approaching people's problems in a Chinese context. *Language Science, 82*, 1–18.

Hunston, S. 1994. Evaluation and organization in a sample of written academic discourse. In M. Coulthard (Ed.), *Advances in Written Text Analysis*. London: Routledge, 191–218.

Hunston, S. 2000. Evaluation and ideology in scientific writing. In M. Ghadessy (Ed.), *Register Analysis: Theory and Practice*. London: Pinter, 57–73.

Hunston, S. 2003. Frame, phrase or function: A comparison of frame semantics and local grammars. Corpus Linguistics conference, University Centre for Computer Corpus Research on Language, 342–358.

Hunston, S. 2011. *Corpus Approaches to Evaluation: Phraseology and Evaluative Language*. New York: Routledge.

Hunston, S. 2013. Systemic functional linguistics, corpus linguistics, and the ideology of science. *Text & Talk, 33*(4–5): 617–640.

Hunston, S. & Francis, G. 2000. *Pattern Grammar: A Corpus-driven Approach to the Lexical Grammar of English*. Amsterdam & Philadelphia: John Benjamins.

Hunston, S. & Su, H. 2019. Patterns, constructions, and local grammar: A case study of "evaluation". *Applied Linguistics, 40*(4): 567–593.

Hunston, S. & Thompson, G. (Eds.). 2000. *Evaluation in Text*. Oxford: Oxford University Press.

Hyland, K. 2004. *Genre and Second Language Writing*. Michigan: University of Michigan Press.

Janaway, C. 1995. *Images of Excellence: Plato's Critique of the Arts*. New York: Oxford University Press.

Jewitt, C. 2008. *Technology, Literacy, Learning: A Multimodality Approach*. London & New York: Routledge.

Jewitt, C. (Ed). 2009. *The Routledge Handbook of Multimodal Analysis*. London & New York: Routledge.

Jewitt, C. 2013. Multimodal methods for researching digital technologies. In S. Price, C. Jewitt & B. Brown. (Eds.), *The SAGE Handbook of Digital Technology Research*. London & Thousand Oaks: Sage, 250–265.

Jewitt, C. 2014. Multimodal approaches. In S. Norris & C. D. Maier (Eds.), *Interactions, Images and Texts: A Reader in Multimodality*. Berlin: Mouton de Gruyter , 127–136.

Jewitt, C. & Kress, G. (Eds.). 2003. *Multimodal Literacy*. New York: Peter Lang.

Kahn, M. 1992. The passive voice of science: Language abuse in the wildlife profession. *The Trumpeter, 9*(4).

Kim, M., Munday, J., Wang, Z. H. & Wang, P. 2022. *Systemic Functional Linguistics and Translation Studies*. London: Bloomsbury.

Kramsch, C. 1993. *Context and Culture in Language Teaching*. Oxford: Oxford University Press.

Kress, G. 1990. Critical discourse analysis. *Annual Review of Applied Linguistics, 11*, 84–99.

Kress, G. 1993. Against arbitrariness: The social production of the sign as a foundational issue in critical discourse analysis. *Discourse & Society, 4*(2): 169–191.

Kress, G. 2003. Visual and verbal modes of representation in electronically mediated communication: The potentials of new forms of text. In I. Snyder (Ed.), *Page to Screen*. London: Routledge, 53–79.

Kress, G. 2010. *Multimodality: A Social Semiotic Approach to Contemporary Communication*. London & New York: Routledge.

Kress, G. & van Leeuwen, T. 1996/2006. *Reading Images: The Grammar of Visual Design*. London: Routledge.

Kress, G. & van Leeuwen, T. 2001. *Multimodal Discourse: The Modes and Media of*

Comtemporary Communication. London: Arnold.

Kvåle, G. 2016. Software as ideology: A multimodal critical discourse analysis of Microsoft Word and SmartArt. *Journal of Language and Politics, 15(3)*: 259–273.

Labov, W. 1972. *Language in the Inner City: Studies in the Black English Vernacular* (No. 3). Philadelphia: University of Pennsylvania Press.

Larson, B. 2011. *Metaphors for Environmental Sustainability: Redefining Our Relationship with Nature*. New Haven: Yale University Press.

Lavid, J., Arús, J. & Zamorano-Mansilla, J. R. 2012. *Systemic Functional Grammar of Spanish: A Contrastive Study with English*. London: Bloomsbury.

Ledin, P. & Machin, D. 2016. A discourse-design approach to multimodality: The visual communication of neoliberal management discourse. *Social Semiotics, 26(1)*: 1–18.

Ledin, P. & Machin, D. 2019. Doing critical discourse studies with multimodality: From meta-functions to materiality. *Critical Discourse Studies, 16(5)*: 497–513.

Lee, M. 2015. The persuasive effects of reading others' comments on a news article. *Current Psychology, 34*, 753–761.

Leech, G. 2008. *Language in Literature: Style and Foregrounding*. Harlow: Longman.

Lemke, J. 1998. Multiplying meaning. In J. R. Martin & R. Veel (Eds.), *Reading Science: Critical and Functional Perspectives on Discourses of Science*. London: Routledge, 87–113.

Lemke, J. 2000. Across the scales of time: Artifacts, activities, and meanings in ecosocial systems. *Mind, Culture and Activity, 7(4)*: 273–290.

Lemke, J. 2002 Multimedia genres for science education and scientific literacy. In M. Schleppegrell & M. C. Colombi (Eds.), *Developing Advanced Literacy in First and Second Languages*. Mahwah: Erlbaum.

Lemke, J. 2009. Multimodal genres and transmedia traversals: Social semiotics and the political economy of the sign. *Semiotica, 173*: 283–297.

Lemke, J. L. 2002. Language development and identity: Multiple timescales in the social ecology of learning. In C. Kramsch (Ed.), *Language Acquisition and Language Socialization: Ecological Perspectives*. London & New York: Continuum, 68–87.

Lim, F. V. 2004. Developing an integrative multisemiotic model. In K. L. O'Halloran (Ed.), *Multimodal Discourse Analysis: Systemic Functional Perspectives*. London & New York: Continuum, 220–246.

Lim, F. V. 2011. A systemic functional multimodal discourse analysis approach to pedagogic discourse. Doctoral dissertation, National University of Singapore, Singapore.

Logi, L. & Zappavigna, M. 2021. A social semiotic perspective on emoji: How emoji and language interact to make meaning in digital messages. *New Media & Society*, 14614448211032965.

Machin, D. 2007. *Introduction to Multimodal Analysis*. London: Hodder Arnold.

Machin, D. 2013. What is multimodal critical discourse studies? *Critical Discourse Studies*, 10(4): 347–355.

Machin, D. 2016. The need for a social and affordance-driven multimodal critical discourse studies. *Discourse & Society*, 27(3): 322–334.

Machin, D. & Mayr, A. 2012. *How to Do Critical Discourse Analysis: A Multimodal Introduction*. New York: Sage.

Mahboob, A. & Knight, N. 2010a. *Appliable Linguistics*. London & New York: Continuum.

Mahboob, A. & Knight, N. (Eds.). 2010b. *Appliable Linguistics*. London: Continuum.

Malinowski, B. 1935. *The Language of Magic and Garden (Vol. 2)*. Bloomington: Indiana University Press.

Marsh, E. E. & Domas White, M. 2003. A taxonomy of relationships between images and text. *Journal of Documentation*, 59(6): 647–672.

Martin, J. R. 1992a. *English Text: System and Structure*. Amsterdam: John Benjamins.

Martin, J. R. 1992b. Theme, method of development and existentiality: The price of reply. *Occasional Papers in Systemic Linguistics*, (13): 141–184.

Martin, J. R. 1997. Register and genre: Modeling social context in functional linguistics-narrative genres. In E. Pedro (Ed.), *Discourse Analysis: Proceedings of First International Conference on Discourse Analysis*. Lisbon: Portuguese Linguistics Association, 305–344.

Martin, J. R. 1999a. Mentoring semogenesis: "Genre based" literacy pedagogy. In F. Christie (Ed.), *Pedagogy and the Shaping of Consciousness: Linguistic and Social Process*. London: Cassel, 123–155.

Martin, J. R. 1999b. Modelling context. In M. Ghadessy (Ed.), *Text and Context in Functional Linguistics*. Amsterdam: John Benjamins.

Martin, J. R. 2000. Beyond exchange: Appraisal systems in English. In S. Huston & G. Thompson (Eds.), *Evaluation in Text: Authorial Stance and the Construction of Discourse*. Oxford: Oxford University Press.

Martin, J. R. 2001. A context for genre: Modelling social processes in functional linguistics. In J. Devilliers & R. Stainton (Eds.), *Communication in Linguistics: Papers in Honour of Michael Gregory*. Toronto: GREF. 287–328.

Martin, J. R. 2002. Meaning beyond the clause: SFL perspectives. *Annual Review of Applied Linguistics, 22*, 52.

Martin, J. R. 2004. Positive discourse analysis: Solidarity and change. *Revista Canaria de Estudios Ingless, 49*, 179–200.

Martin, J. R. 2010a. Semantic variation: Modeling system, text and affiliation in social semiosis. In M. Bednarek & J. R. Martin (Eds.), *New Discourse on Language: Functional Perspectives on Multimodality, Identity and Affiliation*. London: Continuum, 1–34.

Martin, J. R. 2010b. SFL theory. In Z.-H. Wang (Ed.), *Collected Works of J. R. Martin* (Vol. 1). Shanghai: Shanghai JiaoTong University Press.

Martin, J. R. 2012a. Forensic linguistics. In Z.-H. Wang (Ed.), *Collected Works of J. R. Martin* (Vol. 8). Shanghai: Shanghai JiaoTong University Press.

Martin, J. R. 2012b. Language in education. In Wang Z.-H. (Ed.), *The Collected Works of J. R. Martin* (Vol. 7). Shanghai: Shanghai JiaoTong University

Press.

Martin, J. R. 2013a. *Interviews with M. A. K. Halliday: Language Turned Back on Himself*. London: Bloomsbury.

Martin, J. R. 2013b. *Systemic Functional Grammar: A Next Step into the Theory—Axial Relations*. Beijing: Higher Education Press.

Martin, J. R., Maton, K. & Doran, Y. 2020. *Accessing Academic Discourse: Systemic Functional Linguistics and Legitimation Code Theory*. Abingdon: Routledge.

Martin, J. R., Matthiessen, M. C. M. I. & Painter, C. 2010. *Deploying Functional Grammar*. Hong Kong: The Commercial Press.

Martin, J. R. & Rose, D. 2003. *Working with Discourse: Meaning Beyond the Clause*. London: Continuum.

Martin, J. R. & Rose, D. 2007. Interacting with text: The role of dialogue in learning to read and write. *Foreign Languages in China, 4*(5): 66–80.

Martin, J. R. & Rose, D. 2008. *Genre Relations: Mapping Culture*. London: Equinox.

Martin, J. R. & White, P. R. 2005. *The Language of Evaluation: Appraisal in English*. London: Palgrave Macmillan.

Martin, J. R. & Zappavigna, M. 2019. Embodied meaning: A systemic functional perspective on paralanguage. *Functional Linguistics, 6*(1): 1–33.

Martin, J., Zappavigna, M. & Dwyer, P. 2014. Beyond redemption: Choice and consequence in youth justice conferencing. In Y. Fang & J. Webster (Eds.), *Developing Systemic Functional Linguistics: Theory and Application*. Sheffield: Equinox, 18–47.

Martinec, R. 1998. Cohesion in action. *Semiotica, 120* (1–2): 161–180.

Martinec, R. 2000. Types of process in action. *Semiotica, 130*, 243–268.

Maton, K. 2010. Analysing knowledge claims and practices: Languages of legitimation. In K. Maton & R. Moore (Eds.), *Social Realism, Knowledge and the Sociology of Education: Coalitions of the Mind*. London: Continuum, 35–59.

Maton, K. 2013. Making semantic waves: A key to cumulative knowledge-building. *Linguistics and Education*, 24(1): 8–22.

Maton, K. 2016. Legitimation code theory: Building knowledge about knowledge-building. In K. Maton, S. Hood & S. Shay (Eds.), *Knowledge-building: Educational Studies in Legitimation Code Theory*. Abingdon: Routledge, 1–23.

Matthiessen, C. M. I. M. 1990. Two approaches to semantic interfaces in text generation. In *COLING 1990 Volume 2: Papers Presented to the 13th International Conference on Computational Linguistics*.

Matthiessen, C. M. I. M. 1995. *Lexicogrammatical Cartography: English Systems*. Tokyo: International Language Sciences Publishers.

Matthiessen, C. M. I. M. 1996. Tense in English seen through the systemic-functional theory. In C. Butler, M. Berry, R. Fawcett & G. Huang (Eds.), *Meaning and Form: Systemic Functional Interpretation*, 431–498.

Matthiessen, C. M. I. M. 2004. The evolution of language: A systemic functional exploration of phylogenetic phases. In G. Williams & A. Lukin (Eds.), *The Development of Language: Functional Perspectives on Species and Individuals*. New York: Continuum, 45–90.

Matthiessen, C. M. I. M. 2006. Frequency profiles of some basic grammatical systems: An interim report. In G. Thompson & S. Hunston (Eds.), *System and Corpus: Exploring Connections*. London & Oakville: Equinox, 103–142.

Matthiessen, C. M. I. M. 2012. Systemic functional linguistics as appliable linguistics: Social accountability and critical approaches. *DELTA Documentação de Estudos em Lingüística Teórica e Aplicada*, 28: 437–471.

Matthiessen, C. M. I. M. 2013. Applying systemic functional linguistics in healthcare contexts. *Text & Talk*, 33 (4–5): 437–466.

Matthiessen, C. M. I. M. 2014. Appliable discourse analysis. In Y. Fang & J. Webster (Eds.), *Developing Systemic Functional Linguistics: Theory and Application*. London: Equinox, 138–208.

Matthiessen, C. M. I. M. & Halliday, M. A. K. 2009. *Systemic Functional*

Grammar: A First Step into the Theory. Beijing: Higher Education Press.

Matthiessen, C. M. I. M. & Nesbitt, C. 1996. On the idea of theory neutral descriptions. In C. Cloran, D. Butt & R. Hasan (Eds.), *Functional Descriptions: Theory into Practice.* Amsterdam: John Benjamins, 39–84.

McMurtrie, R. J. 2013. Spatiogrammatics: A social semiotic perspective on moving bodies transforming the meaning potential of space. Doctoral dissertation, University of New South Wales, Sydney.

McMurtrie, R. J. 2016. *The Semiotics of Movement in Space.* London & New York: Routledge.

Melrose, R. 1991. *The Communicative Syllabus: A Systemic-Functional Approach to Language Teaching.* London: Pinter.

Messaris, P. 1997. *Visual Persuasion: The Role of Images in Advertising.* London & Thousand Oaks: Sage.

Millar, N. & Hunston, S. 2015. Adjectives, communities, and taxonomies of evaluative meaning. *Functions of Language, 22*(3): 297–331.

Mondada, L. 2014. The local constitution of multimodal resources for social interaction. *Journal of Pragmatics, (65)*: 137–156.

Murdy, W. H. 1975. Anthropocentrism: A modern version: Belief in the value and creative potential of the human phenomenon is requisite to our survival. *Science, 187*(4182): 1168–1172.

Myskow, G. 2018. A framework for analyzing evaluative language in historical discourse. *Functions of Language, 25*(3): 335–362.

Naess, A. 1973. The shallow and the deep, long-range ecology movement. A summary. *Inquiry an Interdisciplinary Journal of Philosophy, 16* (1): 95–100.

Naess, A. 1989. *Ecology, Community, and Lifestyle: Outline of an Ecosophy.* New York: Cambridge University Press.

Nespor, M. & Vogel, I. 1986. *Prosodic Phonology.* Dordrech-Holland & Riverton: Foris Publications.

Ngo, T., Hood, S., Martin, J. R., Painter, C., Smith, B. A. & Zappavigna, M. 2022. *Modelling Paralanguage Using Systemic Functional Semiotics: Theory and*

Application. London: Bloomsbury.

Ngo, T. & Unsworth, L. 2015. Reworking the appraisal framework in ESL research: Refining attitude resources. *Functional Linguistics, 2*(1): 1–24.

Norris, S. 2004. *Analyzing Multimodal Interaction: A Methodological Framework*. London: Routledge.

Ochs, E. 1989. The pragmatics of affect. *Text*, 9(1).

Ochs, E. & Schieffelin B. 1989. Language has a heart. *Text-Interdisciplinary Journal for the Study of Discourse, 9*(1): 7–26.

Odum, E. P. 1969. The strategy of ecosystem development: An understanding of ecological succession provides a basis for resolving man's conflict with nature. *Science, 164*(3877): 262–270.

Ortony, A. 1993. *Metaphor and Thought*. Cambridge: Cambridge University Press.

O'Donnell, M. 2008a. Systemic functional linguistics and corpus linguistics: Interconnections and current state. In Y. Fang & J. Webster (Eds.), *Developing Systemic Functional Linguistics: Theory and Application*. London: Equinox, 345–369.

O'Donnell, M. 2008b. The UAM corpus tool: Software for corpus annotation and exploration. In B. Callejas, M. Carmen et al. (Eds.), *Applied Linguistics Now: Understanding Language and Mind / La Lingüística Aplicada Hoy: Comprendiendo el Lenguaje y la Mente*. Almería: Universidad de Almería Press, 1433–1447.

O'Halloran, K. L. 1999. Towards a systemic functional analysis of multisemiotic mathematics texts. *Semiotica, 124* (1–2): 1–30.

O'Halloran, K. L. 2005. *Mathematical Discourse: Language, Symbolism and Visual Images*. London: Continuum.

O'Halloran, K. 2007. Critical discourse analysis and the corpus-informed interpretation of metaphor at the register level. *Applied Linguistics, 28*: 1–24.

O'Halloran, K. (Ed.). 2004. *Multimodal Discourse Analysis: Systemic Functional*

Perspectives. London & New York: Continuum.

O'Halloran, K. 1999b. Interdependence, interaction and metaphor in multisemiotic texts. *Social Semiotics, 9*(3): 317–354.

O'Halloran, K. & Lim, V. F. 2014. Systemic functional multimodal discourse analysis. In S. Norris & C. D. Maier (Eds.), *Texts, Images, and Interactions: A Reader in Multimodality*. Berlin: Mouton de Gruyter, 135–154.

O'Toole, M. 1994/2011. *The Language of Displayed Art*. Leicester: Leicester University Press.

Painter, C. 2008. The role of color in children's picture books: Choices in AMBIANCE. In L. Unsworth (Ed.), *New Literacies and the English Curriculum*. London & New York: Continuum, 89–111.

Pajo, J. 2015. Danger explodes, space implodes: The evolution of the environmental discourse on nuclear waste, 1945–1969. *Energy, Sustainability and Society, 5*: 1–13.

Patten, T. 1988. *Systemic Text Generation as Problem Solving*. Cambridge: Cambridge University Press.

Penman, R. 1994. Environmental matters and communication challenges. *Australian Journal of Communication, 21*(3): 26–39.

Peng, X.-W. 2017. Stroke systems in Chinese characters: A systemic functional perspective on simplified regular script. In J. Webster & X. W. Peng (Eds.), *Applying Systemic Functional Linguistics: The State of the Art in China Today*. London & New York: Bloomsbury, 43–58.

Poberezhskaya, M. 2018. Traditional media & climate change in Russia: A case study of Izvestiia. In M. Poberezhskaya & T. Ashe (Eds.), *Climate Change Discourse in Russia*. London: Routledge. 64–79.

Ravelli, L. & McMurtrie, R. J. 2015. *Multimodality in the Built Environment: Spatial Discourse Analysis*. London & New York: Routledge.

Ravelli, L. & Wu, X.-Q. 2022. History, materiality and social practice: Spatial discourse analysis of a contemporary art museum in China. *Multimodality & Society, 2*(4): 333–354.

Ritterfeld, U., Shen, C., Wang, H., Nocera, L. & Wong, W. L. 2009. Multimodality and interactivity: Connecting properties of serious games with educational outcomes. *Cyberpsychology & Behavior, 12(6)*: 691–697.

Roderick, I. 2021. Recontextualising employability in the active learning classroom. *Discourse Studies in the Cultural Politics of Education, 42(2)*: 234–250.

Rose, D. 2006. A systemic functional approach to language evolution. *Cambridge Archaeological Journal, 16*: 73–96.

Rose, D. & Martin, J. R. 2012. *Learning to Write, Reading to Learn: Genre, Knowledge and Pedagogy in the Sydney School*. London: Equinox.

Royce, T. 2002. Multimodality in the TESOL classroom: Exploring visual-verbal synergy. *TESOL Quarterly, 36(2)*: 191–205.

Rudge, L. 2022. *Exploring British Sign Language via Systemic Functional Linguistics: A Metafunctional Approach*. London: Bloomsbury.

Rutherford, P. 1994. The administration of life: Ecological discourse as "intellectual machinery of government". *Australian Journal of Communication, 21(3)*: 40–55.

Römer, U. 2008. Identification impossible? A corpus approach to realisations of evaluative meaning in academic writing. *Functions of Language, 15(1)*: 115–130.

Römer, U. 2009. The inseparability of lexis and grammar. *Annual Review of Cognitive Linguistics, 7*: 141–163.

Saussure, F. 2001. *Course in General Linguistics*. Translated by Roy Harris. Beijing: Foreign Language Teaching and Research Press.

Scannell, L. & Gifford, R. 2010. Defining place attachment: A tripartite organizing framework. *Journal of Environmental Psychology, 30(1)*: 1–10.

Schiering, R., Bickel, B. & Hildebrandt, K. A. 2010. The prosodic word is not universal, but emergent. *Journal of Linguistics, 46(3)*: 657–709.

Schlegel, F. von. 1808. *Über die Sprache und Weisheit der Indier*. Heidelberg: Mohr & Zimmer.

Schleppegrell, M. 2000. How SFL can inform writing instruction: The grammar of expository essays. *Revista Canaria de Estudios Ingleses*, 40, 171–188.

Schleppegrell, M. J. 2004. *The Language of Schooling: A Functional Linguistics Perspective*. New York: Routledge.

Schleppegrell, M. J. 2017. Systemic functional grammar in the K–12 classroom. In E. Hinkel (Ed.), *Handbook of Research in Second Language Teaching and Learning*. New York: Routledge, 384–396.

Schleppegrell, M. & Achugar, M. 2003. Learning language and learning history: A functional linguistics approach. *TESOL Journal, 12*(2): 21–27.

Shen, D. 2012. Stylistics in China in the new century. *Language and Literature, 21*(1): 93–105.

Simon-Vandenbergen, A.-M., Taverniers, M. & Ravelli, L. 2003. Grammatical metaphor: Views from systemic functional linguistics. Amsterdam & Philadelphia: John Benjamins.

Sinclair, J. 1991. *Corpus Concordance Collocation*. Oxford: Oxford University Press.

Sinclair, J. 2004. *Trust the Text: Language, Corpus and Discourse*. London: Routledge.

Slade, D. et al. 2015a. *Communicating in Hospital Emergency Departments*. Berlin: Springer.

Slade, D. et al. 2015b. *The Role of Communication of Safe and Effective Health Care*. Berlin: Springer.

Stamou, A. G. & Paraskevopoulos, S. 2008. Representing protection action in an ecotourism setting: A critical discourse analysis of visitors' books at a Greek reserve. *Critical Discourse Studies, 5*(1): 35–54.

Steffensen, S. & Fill, A. 2014. Ecolinguistics: The state of the art and future horizons. *Language Sciences, 41*: 625.

Stibbe, A. 2004. Environmental education across cultures: Beyond the discourse of shallow environmentalism. *Language and Intercultural Communication*, (4), 242–260.

Stibbe, A. 2014. An ecolinguistic approach to critical discourse studies. *Critical Discourse Studies, 11*(1): 117–128.

Stibbe, A. 2015. *Ecolinguistics: Language, Ecology and the Stories We Live by.* London: Routledge.

Stibbe, A. & Zunino, F. 2008. Boyd's forest dragon or the survival of humanity: Discourse and the social construction of biodiversity. In M. Döring, H. Penz & W. Trampe (Eds.), *Language, Signs and Nature: Ecolinguistic Dimensions of Environmental Discourse.* Stauffenburg Verlag: Tübingen, 165–181.

Stöckl, H. 2004. In between modes: Language and image in printed media. In E. Ventola, C. Charles & M. Kaltenbacher (Eds.), *Perspectives on Multimodality.* Amsterdam: John Benjamins, 9–30.

Su, H. 2015. Judgement and adjective complementation patterns in biographical discourse: A corpus study. Doctoral dissertation, University of Birmingham, UK.

Su, H. 2016. How products are evaluated? Evaluation in customer review texts. *Language Resources and Evaluation. 50*: 475–495.

Su, H. 2020. Synergising corpus, functional and cultural approaches to critical discourse studies: A case study of the discursive representation of Chinese Dream. In B. Yang & W. Li (Eds.), *Corpus-based Approaches to Grammar, Media and Health Discourses.* Singapore: Springer.

Su, H. & Hunston, S. 2019a. Adjective complementation patterns and JUDGEMENT: Aligning lexical-grammatical and discourse-semantic approaches in appraisal research. *Text & Talk, 39*(3): 415–439.

Su, H. & Hunston, S. 2019b. Language patterns and attitude revisited: Adjective patterns, attitude and appraisal. *Functions of Language, 26*(3): 343–371.

Swales, J. M. 1990. Discourse analysis in professional contexts. *Annual Review of Applied Linguistics,* 11, 103–114.

Swales, J. M. 1998. Textography: Toward a contextualization of written academic discourse. *Research on Language and Social Interaction, 31*(1): 109–121.

Swales, J. M. 2004. *Research Genres: Explorations and Applications.* Cambridge: Cambridge University Press.

Tang, L. 2021. Transitive representations of China's image in the US mainstream newspapers: A corpus-based critical discourse analysis. *Journalism,* (3): 804–820.

Tann, K. 2010. Semogenesis of a nation. Doctoral dissertation, Sydney University.

Teich, E. 1999. *Systemic Functional Grammar in Natural Language Generation: Linguistic Description and Computational Representation.* London & New York: Cassell.

Tench, P. 1992. *Studies in Systemic Phonology.* London & New York: Pinter.

Tench, P. 1996. *The Intonation Systems of English.* London & New York: Cassell.

Tench, P. 2003. Processes of semogenesis in English intonation. *Functions of Language, 10*(2): 209–234.

Teruya, K. 2007. *A Systemic Functional Grammar of Japanese.* London: Continuum.

Teruya, K. 2009. Grammar as a gateway into discourse: A systemic functional approach to subject, theme, and logic. *Linguistics and Education, 20*: 67–79.

Thompson, G. 1996. *Introducing Functional Grammar.* London: Arnold.

Thompson, G. 2004. *Introducing Functional Grammar* (2nd ed.). London: Arnold.

Thompson, G. 2010. Book review of emotion talk across corpora. *Linguistics and the Human Sciences, 3*(3): 399–404.

Thompson, G. 2014. *Introducing Functional Grammar* (3rd ed.). London: Routledge.

Thompson, G. & Alba-Juez, L. (Eds.). 2014. *Evaluation in Context* (Vol. 242). Amsterdam: John Benjamins.

Thompson, G., Bowcher, W., Fontaine, L. & Schönthal, D. (Eds.). 2019. *The Cambridge Handbook of Systemic Functional Linguistics.* Cambridge: Cambridge University Press.

Thomson, E. & Armour, W. 2013. *Systemic Functional Perspectives of Japanese: Descriptions and Applications*. London: Equinox.

Thibault, P. 1987. An interview with Michael Halliday. In R. Steele & T. Threadgold (Eds.), *Vol. II of Language Topics: Essays in Honour of Michael Halliday*. Amsterdam: John Benjamins, 601–627.

Thibault, P. 2000. The multimodal transcription of a television advertisement: Theory and practice. In A. Baldry (Ed.), *Multimodality and Multimediality in the Distance Learning Age*. Campo Basso: Lampo, 311–385.

Torr, J. 1997. From child tongue to mother tongue: A case study of language development in the first two and a half years. University of Nottingham.

Trim, J. L. 1959. Historical, descriptive and dynamic linguistics. *Language and Speech*, 2(1): 9–25.

Trubetzkoy, N. S. 1939. *Grundzüge der Phonologie*. Göttingen: Vandenhoeck and Ruprecht.

Tseronis, A. & Forceville, C. (Eds.). 2017. *Multimodal Argumentation and Rhetoric in Media Genres*. Amsterdam: John Benjamins.

Van, H. V. 1997. *An Experiential Grammar of the Vietnamese Clause: A Functional Description*. Sydney: Macquarie University Press.

van Dijk, T. A. 1988. *News as Discourse*. New Jersey: Lawrence Erlbaum.

Van Dijk, T. A. 1993. Principles of critical discourse analysis. *Discourse & Society*, 4(2): 249–283.

van Leeuwen, T. 1999. *Speech, Music, Sound*. London: Bloomsbury.

van Leeuwen, T. 2005a. *Introducing Social Semiotics*. London: Routledge.

van Leeuwen, T. 2005b. Three models of interdisciplinarity. In R. Wodak & P. Chilton (Eds.), *A New Agenda in (Critical) Discourse Analysis: Theory, Methodology and Interdisciplinarity*. Amsterdam: John Benjamins, 3–18.

van Leeuwen, T. 2008. *Discourse and Practice: New Tools for Critical Discourse Analysis*. New York: Oxford University Press.

van Leeuwen, T. 2011. *The Language of Colour: An Introduction*. London: Routledge.

van Leeuwen, T. 2012. The critical analysis of musical discourse. *Critical Discourse Studies, 9*(4): 319–328.

van Leeuwen, T. 2013. Critical analysis of multimodal discourse. In C. A. Chapelle (Ed.), *The Encyclopedia of Applied Linguistics*. London: Blackwell, 4002–4006.

van Leeuwen, T. 2017. A social semiotic theory of synesthesia?—A discussion paper. *Hermes-Journal of Language and Communication in Business*, (55): 105–119.

van Leeuwen, T. 2021a. The semiotics of movement and mobility. *Multimodality & Society, 1*(1): 97–118.

van Leeuwen, T. 2021b. *Multimodality and Identity*. London & New York: Routledge.

van Leeuwen, T. & Wodak, R. 1999. Legitimizing immigration control: A discourse-historical analysis. *Discourse Studies, 1*(1): 83–118.

Veltman, R. 2003. Phonological Metaphor. In A. M. Simon-Vandenbergen, M. Taverniers & L. J. Ravelli (Eds.), *Grammatical Metaphor: Views from Systemic Functional Linguistics*. Amsterdam: John Benjamins, 5–33.

Wang, B. & Ma, Y.-Y. 2020. *Lao She's Teahouse and Its Two English Translations: Exploring Chinese Drama Translation with Systemic Functional Linguistics*. London: Routledge.

Wang, B. & Ma, Y.-Y. 2021. *Systemic Functional Translation Studies: Theoretical Insights and New Directions*. London: Equinox.

Wang, B. & Ma, Y.-Y. 2022. *Key Themes and New Directions in Systemic Functional Translation Studies*. London: Routledge.

Wang, P. 2020. Axial argumentation and cryptogrammar in interpersonal grammar: A case study of classical Tibetan MOOD. In J. R. Martin, Y. Doran & G. Figueredo (Eds.), *Systemic Functional Language Description: Making Meaning Matter*. London & New York: Routledge, 73–101.

Wang, W. S.-Y. 1978. The three scales of diachrony. In B. B. Kachru (Ed.), *Linguistics in the Seventies: Directions and Prospects*. Department of Linguistics,

University of Illinois, 63–75.

Wang, Y. 2022. From syntax to morphology: Noun-incorporation in Chinese. *Studies in Language*, (2): 872–900.

Wang, Y. & Zhou, Y.-F. 2014. A functional study of event-existentials in modern Chinese. *Functional Linguistics*, (7): 91–107.

Webster, J. 2008. *Meaning in Context: Implementing Intelligent Applications of Language Studies*. London & New York: Continuum.

Webster, J. & Peng, X. 2017. *Applying Systemic Functional Linguistics: The State of the Art in China Today*. London & New York: Bloomsbury.

Williams, G. & Lukin, A. (Eds.). 2004. *The Development of Language: Functional Perspectives on Species and Individuals*. New York: Continuum.

Winograd, T. 1972. *Understanding Natural Language*. Edinburgh: Edinburgh University Press.

Wolf, W. 2007. Description as a transmedial mode of representation: General features and possibilities of realization in painting, fiction and music. In W. Wolf & W. Bernhart (Eds.), *Description in Literature and Other Media, No. 2 in Studies in Intermediality*. Amsterdam: Rodopi, 1–90.

Wong, B. T. M., Chow, I. C., Webster, J. J. & Yan, H. B. 2014. The Halliday centre tagger: An online platform for semi-automatic text annotation and analysis. European Language Resources Association, 1664–1667.

Wu, X.-Q. 2022. Space and practice: A multifaceted understanding of the designs and the uses of "Active Learning Classrooms". Doctoral dissertation, University of New South Wales, Sydney.

Wu, X.-Q. (in press). *Space, Practice and Pedagogy: A Multimodal Agenda*. London & New York: Routledge.

Wu, X.-Q. & Ravelli, L. 2021. The mediatory role of whiteboards in the making of multimodal texts: Implications of the transduction of speech to writing for the English classroom in tertiary settings. In S. Diamantopoulou & S. Ørevik (Eds.), *Multimodality in English Language Learning*. London & New York: Routledge, 161–175.

Wu, X.-Q. & Ravelli, L. 2022. Introducing Spatial Discourse Analysis: A multimodal case study of a university library in mainland China. In Z. H. Wang & P. Wang (Eds.), *Appliable Research of Linguistics (Yuyanxue Shiyong Yanjiu)*. Beijing: Peking University Press.

Yan, H. 2014. Automatic labelling of transitivity functional roles. *Journal of World Languages, 1*(2): 157–170.

Yang, B.-J. 2020. Interpersonal metaphor used in different discursive moves in reply posts of an online health forum. In B. J. Yang & W. Li (Eds.), *Corpus-based Approaches to Grammar, Media and Health Discourses*. Singapore: Springer.

Yang, S. 2022. *A Systemic Functional Study of Modality in Modern Chinese*. Singapore: Springer.

Yang, Y. 2007. Typological interpretation of differences between Chinese and English in grammatical metaphor. *Language Sciences, 30*: 450–478.

Yang, Y. 2011. Grammatical metaphor in Chinese: A corpus-based study. *Functions of Language, 18*(1): 1–28.

Yu, Z.-G. 2021. Knowledge-building of chemistry in secondary school chemistry textbooks: A multisemiotic perspective. Doctoral dissertation, Tongji University, Shanghai.

Zhang, D.-B. 2020. Axial argumentation below the clause: The verbal group in Khorchin Mongolian. In J. R. Martin, Y. Doran & G. Figueredo (Eds.), *Systemic Functional Language Description: Making Meaning Matter*. London & New York: Routledge, 35–72.